EL SISTEMA POLÍTICO
DE ESTADOS UNIDOS

YOLANDA CASADO RODRÍGUEZ
(*Coordinadora*)

EL SISTEMA POLÍTICO DE ESTADOS UNIDOS

AUTORES

YOLANDA CASADO RODRÍGUEZ
HENAR CRIADO OLMOS
CARMEN DE LA GUARDIA HERRERO
ESTHER DEL CAMPO
CARMELO JIMÉNEZ SEGADO
MANUEL PASTOR MARTÍNEZ
PEDRO FRANCISCO RAMOS JOSA

Diseño de cubierta:
J. M. Domínguez y J. Sánchez Cuenca

1.ª edición, 2016
Reimpresión, 2018

Reservados todos los derechos. El contenido de esta obra está protegido por la Ley, que establece penas de prisión y/o multas, además de las correspondientes indemnizaciones por daños y perjuicios, para quienes reprodujeren, plagiaren, distribuyeren o comunicaren públicamente, en todo o en parte, una obra literaria, artística o científica, o su transformación, interpretación o ejecución artística fijada en cualquier tipo de soporte o comunicada a través de cualquier medio, sin la preceptiva autorización.

© YOLANDA CASADO RODRÍGUEZ, HENAR CRIADO OLMOS, CARMEN DE LA GUARDIA HERRERO, ESTHER DEL CAMPO, CARMELO JIMÉNEZ SEGADO, MANUEL PASTOR MARTÍNEZ y PEDRO FRANCISCO RAMOS JOSA, 2016
© EDITORIAL TECNOS (GRUPO ANAYA, S. A.), 2018
Juan Ignacio Luca de Tena, 15 - 28027 Madrid
ISBN: 978-84-309-7071-1
Depósito Legal: M. 39.172-2016

Printed in Spain

ÍNDICE

INTRODUCCIÓN, por *Yolanda Casado Rodríguez* .... *Pág* 11

CAPÍTULO 1. ESTADOS UNIDOS. LA FUNDACIÓN Y LA CONSTITUCIÓN, por *Carmen de la Guardia Herrero* 15
1. INTRODUCCIÓN 15
2. FUNDACIÓN. DECLARACIONES DE DERECHOS Y CONFEDERACIÓN DE ESTADOS 16
   2.1. *Razones para la Revolución* 16
      2.1.1. Culturas políticas y revolución 16
      2.1.2. Reforzamiento de la política imperial 18
      2.1.3. Guerra y revolución 22
   2.2. *De colonias a la Confederación de Estados* 25
      2.2.1. Las nuevas constituciones de los Estados 26
      2.2.2. Guerra y acuerdos de paz 28
3. LA CONSTITUCIÓN 32
   3.1. *El período crítico* 33
      3.1.1. Hacia un reforzamiento del poder común a los Estados 33
      3.1.2. La Constitución Federal 34
   3.2. *Problemas para la ratificación* 37
      3.2.1. Antifederalistas y federalistas 38
      3.2.2. Declaración de Derechos (*Bill of Rights*) 38
4. BIBLIOGRAFÍA 39
5. PÁGINAS WEB 40

CAPÍTULO 2. EL CONGRESO, por *Manuel Pastor Martínez* 41
1. INTRODUCCIÓN HISTÓRICO-CONSTITUCIONAL 41
2. ELECCIONES, ESTRUCTURA Y FUNCIONAMIENTO DE LA CÁMARA DE REPRESENTANTES Y DEL SENADO FEDERALES 45
3. ACTORES Y VIDA POLÍTICA 47
   3.1. *La peculiaridad de las elecciones primarias* 47
   3.2. *El nuevo movimiento* Tea Party *y el Congreso desde 2010* 48
   3.3. *La dualidad americana: las otras elecciones de 2012* 49
   3.4. *Las elecciones del Congreso en 2014* 52
4. BIBLIOGRAFÍA 55
5. PÁGINAS WEB 55

CAPÍTULO 3. PRESIDENCIA Y LIDERAZGO PRESIDENCIAL, por *Yolanda Casado Rodríguez* 57
1. INTRODUCCIÓN 57
2. LA EVOLUCIÓN DE LA PRESIDENCIA 58
   2.1. *La Presidencia tradicional y los Presidentes de la Nueva República* 58
   2.2. *A. Lincoln y la Segunda Revolución: «Una casa dividida contra sí misma no puede durar» y el final de la esclavitud* 61
   2.3. *FDR y la Presidencia moderna en la evolución del sistema político de los EEUU* 62
3. PRERROGATIVAS Y RECURSOS DEL PRESIDENTE 65

4. De la carrera por la nominación a la Casa Blanca. El Colegio Electoral 67
  5. El proceso de destitución del Presidente 70
  6. Jefe del Poder Ejecutivo y Roles presidenciales 72
     6.1. Líder simbólico del país 78
     6.2. Jefe de la Diplomacia 78
     6.3. Comandante en Jefe de las Fuerzas Armadas 84
     6.4. Líder Legislativo 90
     6.5. Líder de su Partido Político 92
     6.6. Líder de Opinión Nacional y Global 93
  7. La evaluación del liderazgo y del legado presidencial: algunos criterios de análisis 96
  8. Bibliografía 101
  9. Páginas web 102

Capítulo 4. EL PODER JUDICIAL, por *Carmelo Jiménez Segado* 103
  1. Introducción 103
  2. La división de poderes en la Constitución y la *judicial review* 104
     2.1. La división de poderes 104
     2.2. La judicial review 106
  3. El sistema jurídico y sus fuentes 108
  4. Los sistemas judiciales 112
     4.1. Tribunales estatales 112
        4.1.1. Tribunales de instancia 113
        4.1.2. Tribunales supremos estatales y tribunales de apelación 113
     4.2. Tribunales federales 114
        4.2.1. Ámbito de la jurisdicción federal 114
        4.2.2. Tribunales de la Constitución y tribunales del legislativo 115
        4.2.3. Tribunales federales de distrito 116
        4.2.4. Tribunales federales de apelación 117
     4.3. Los jueces y su selección 118
        4.3.1. Jueces federales 118
        4.3.2. Jueces estatales 119
  5. El Tribunal Supremo de Estados Unidos y sus sentencias 120
     5.1. Composición, funcionamiento y competencias 120
     5.2. Casos y sentencias 122
  6. Bibliografía 124
  7. Páginas web 125

Capítulo 5. PARTIDOS POLÍTICOS Y SISTEMAS DE PARTIDOS, por *Pedro Francisco Ramos Josa* 127
  1. Organización de los partidos políticos 127
     1.1. La organización interna de los partidos 128
  2. La financiación de los partidos 132
  3. Causas de la persistencia del bipartidismo y de la debilidad de los terceros partidos 133
  4. Evolución del sistema de partidos 135
     4.1. El primer sistema de partidos, 1796-1816 136
     4.2. El segundo sistema de partidos, 1828-1856 138
     4.3. El tercer sistema de partidos, 1860-1892 139
     4.4. El cuarto sistema de partidos, 1896-1932 139
     4.5. El quinto sistema de partidos, 1932-1968 140
     4.6. El sexto sistema de partidos, 1972-[...] 141
  5. Bibliografía 147
  6. Páginas web 147

ÍNDICE

Capítulo 6. EL COMPORTAMIENTO ELECTORAL EN ESTADOS UNIDOS, por *Henar Criado Olmos* 149
1. Introducción 149
2. La participación electoral en Estados Unidos y su evolución a lo largo del tiempo 149
    2.1. *Algunas teorías sobre la tendencia decreciente de la participación electoral en Estados Unidos* 151
        2.1.1. Movilización electoral 151
        2.1.2. El sistema electoral 152
        2.1.3. Confianza política 152
        2.1.4. Capital social 152
        2.1.5. La paradoja del voto 153
3. Los determinantes del voto en Estados Unidos 154
    3.1. *La Escuela de Columbia* 154
    3.2. *La Escuela de Michigan* 155
    3.3. *Declive de la identificación partidista: el nuevo votante americano* 157
    3.4. *Voto económico y votante retrospectivo* 157
4. Bibliografía 158
5. Bases de datos y páginas web de interés para el estudio del comportamiento electoral en Estados Unidos 158

Capítulo 7. INTERESES Y GRUPOS DE PRESIÓN EN LA DEMOCRACIA AMERICANA, por *Esther del Campo* 161
1. Introducción: ¿cómo aparecen los intereses? 161
2. Los grupos de interés y el sistema político americano 165
3. ¿Qué intereses? y ¿cómo influyen? Definición, tipos de grupos y estrategias de presión 168
4. La regulación de los intereses: el *lobby* y los «lobistas» 174
5. Conclusiones: los intereses y los retos de la democracia estadounidense .. 178
6. Bibliografía 180
7. Páginas web 181
8. Principales grupos de interés 182

ANEXO I: MATERIAL FÍLMICO 183

ANEXO II: PLANTA JUDICIAL DE LOS TRIBUNALES FEDERALES DE EEUU 187

INTRODUCCIÓN

Yolanda Casado Rodríguez
Profesora Titular de Ciencia Política
Facultad de Ciencias Políticas y Sociología
Universidad Complutense de Madrid
ycasador@ucm.es

Desde los ataques terroristas a las Torres Gemelas y al Pentágono del 11 de septiembre de 2001, la escena política norteamericana se ha transformado de nuevo en dos sentidos: de un lado, las amenazas externas terroristas han provocado un aumento del peso de la seguridad nacional y de la cultura de la vigilancia, y de otro, las fuentes del poder y la posición de los EEUU en el mundo está sufriendo una transformación que plantea nuevos desafíos para la democracia estadounidense.

El libro que presentamos trata sobre la vida política de los Estados Unidos de América, proporciona una explicación académica actual del sistema político, sus principales actores políticos y sociales, el funcionamiento de las instituciones y aspectos relevantes de la democracia norteamericana. El propósito de este trabajo es ahondar en el conocimiento histórico y en el funcionamiento real actual del sistema político, un presidencialismo puro, con una estructura federal en la que los estados aún importan, que ha inspirado la configuración política territorial de muchos países del mundo. El funcionamiento efectivo del sistema inspirado por Madison de *checks and balances* descansaría en que las estructuras formales interactúan con las estructuras informales para producir resultados democráticos.

Los autores de este trabajo queremos ofrecer algunas de las claves de funcionamiento de la vida política de los Estados Unidos con una lectura que esperamos sea amena, interesante e instructiva. Pretendemos que el texto posibilite el debate crítico informado dentro del aula entre los profesores y los alumnos y una evaluación de la relevancia actual de creencias y valores, de las tendencias ideológicas y de los *issues* políticos y sociales así como de los conflictos culturales presentes en la actualidad. Acercamos al interesado a las soluciones propuestas en la literatura especializada más destacada ante las crisis de adaptación y disfunciones del sistema político. Por ello, cada capítulo incorpora algunas de las referencias más significativas de obras clásicas y actuales y los enlaces a sitios como instituciones oficiales, organizaciones y centros sociales de investigación, *think tanks*, bases de datos y revistas especializadas que consideramos útiles para la realización de trabajos académicos.

Como profesores e investigadores, cada uno de nosotros tenemos una amplia experiencia docente desde las perspectivas histórica, politológica y jurídica en los temas específicos que tratamos en cada capítulo y hemos disfrutado de períodos de investigación en los Estados Unidos.

Carmen de la Guardia aborda los comienzos —en esta tierra de inmigrantes— del fascinante proceso que comienza con los colonos protestantes de Plymouth en el siglo XVII y la formación de las trece colonias inglesas, explica las razones del fracaso de la primera constitución de estados independientes concebida como una Confederación y termina con un análisis histórico de la Constitución elaborada por una excepcional élite ilustrada del siglo XVIII, que no instituye en ella una religión oficial y que en su Primera Enmienda ampara la libertad religiosa. La originalidad de la Fundación y el vigor de su Constitución más de doscientos cincuenta años después de su creación descansa también en su capacidad para adecuarse a los cambios políticos y sociales.

El estudio de las Cámaras federales es el objeto del análisis que realiza Manuel Pastor. La personalización de la política y la polarización política extrema ante los *issues* ha sido la norma de los legisladores en el funcionamiento de las Cámaras federales en un patrón de Gobierno dividido. La complejidad de la negociación en el proceso legislativo dominado por los poderosos presidentes de los comités y el solapamiento de proyectos y encargos en sus respectivas jurisdicciones, son algunos de los rasgos distintivos de la estructura formal de las Cámaras. El autor analiza el nuevo movimiento *Tea Party* y termina su trabajo evaluando su impacto en las elecciones de medio mandato de 2010 y la subsiguiente situación de polarización bajo los mandatos del Presidente Barack Obama en la Casa Blanca.

Yo misma, Yolanda Casado, me ocupo de la Presidencia, fascinada por el actor político más visible del sistema político estadounidense y mundial. He querido presentar al presidente de los EEUU en los principales roles que desempeña tras señalar las acciones clave llevadas a cabo por señalados jefes del ejecutivo que cambiaron la institución para siempre, aquellos que definieron y controlaron los acontecimientos de su época, sin olvidar los extravíos históricos producidos en el siglo XX en el sistema de *checks and balances* a favor de la institución, situación conocida en la academia estadounidense como presidencia imperial. La evolución hacia una complejidad inigualable del poder ejecutivo en sus dimensiones y funcionamiento se da en una institución unipersonal, y por esta razón las llamadas «cuestiones de carácter» relativas a la persona que ocupa el cargo en el desempeño de los distintos roles presidenciales resulta fundamental. Los presidentes de los EEUU tienen como principal labor la presión y la persuasión de las Cámaras y de la opinión pública y las iniciativas que lleven a cabo con éxito pueden ser agentes de cambio y transformación del ámbito nacional y global. Asimismo, recojo algunos análisis académicos notorios que considero útiles para evaluar el legado de un presidente, consciente del relativismo histórico y del perspectivismo al que queda sujeto dicho análisis.

El profesor y magistrado Carmelo Jiménez Segado, respondiendo al interés de los estudiantes españoles por comprender el poder judicial en los

Estados Unidos, analiza las previsiones de la Constitución sobre el poder judicial, las fuentes de su ordenamiento jurídico y el significado de la revisión judicial de la constitucionalidad de las leyes. Acaba su trabajo con una revisión de aquellos casos y sentencias dictadas por el Tribunal Supremo que han constituido un hito para la consecución de los derechos políticos y sociales vigentes.

Los retos y desafíos de los partidos políticos en la segunda década del siglo XXI se derivan en gran parte de los cambios demográficos esenciales como el crecimiento sustantivo y electoralmente decisivo de la minoría hispana desde 2004 y el envejecimiento de la población blanca no hispana. Si la igualdad de condiciones como señalaba A. de Tocqueville y de oportunidades ha sido el motor esencial de los EEUU, aflora una nueva preocupación ciudadana por la desigualdad económica, que induce a pensar en un proceso ideológico de europeización de la política partidista tras los procesos de americanización en tantos ámbitos de la política europea. Desde 1801 —y salvo en los raros procesos en que han surgido terceros candidatos en la competición por los cargos federales— el bipartidismo ha sido y es la norma en la competición electoral. En su capítulo, Pedro Francisco Ramos Josa, se detiene en la explicación pormenorizada de los cambios que dieron lugar a los distintos sistemas de partidos y aborda el funcionamiento real de estas organizaciones, definidas por el patronazgo y las diferentes tácticas usadas de relaciones clientelares.

Henar Criado Olmos, trata el comportamiento electoral en los Estados Unidos: analiza la evolución de la participación en las elecciones presidenciales, a la Cámara de Representantes y al Senado y hace una revisión de las distintas aproximaciones teóricas explicativas de la tendencia descendente observada en las últimas décadas.

La protección constitucional del derecho de petición de influencia inglesa conduce a la organización de los intereses de todo tipo. En España los *lobbies* no están regulados a día de hoy (2016) y por lo tanto resulta interesante conocer de qué forma persiguen sus objetivos los grupos de interés, cómo influyen en los legisladores y las leyes aprobadas y cómo están regulados los *lobbies*. La asunción de que la teoría pluralista de la democracia debe corregirse con la evidencia de que las oportunidades de acceso a los legisladores y a la administración no es igual para todos, se ha convertido en un malestar entre la ciudadanía difícil de solucionar. Esther del Campo, termina su estudio recogiendo la preocupación por la influencia del dinero ilimitado en las campañas electorales e identifica los principales grupos de interés que operan en el proceso a todos los niveles de la política.

El dominio político, económico, militar y tecnológico de los EEUU en la llamada Centuria Americana aunado a la globalización y el uso extendido de las redes sociales, ha acercado a los españoles a un mejor conocimiento —aunque todavía deficiente— de un país extenso, diverso geográficamente y muy plural en actitudes políticas y culturales ante la vida. Hasta la década de los ochenta en que cristaliza la ruptura del consenso, la Nación, crisol de culturas, se definía con el «Credo americano» del maestro S. M. Lipset. Actualmente, la noción de mosaico podría ser más certera. En 2016 no puede ser más profética la obra de S. Huntington, quien se preguntaba en ¿*Quiénes somos?* (2004) la cuestión nacional identitaria y sus desafios. La innegable atracción de sus universidades, de sus mitos y de su *way of life*, transmitidos principalmente a través de la literatura, la música y el cine, ha sido y es un referente cultural esencial en el proceso de socialización de los españoles. El «excepcionalismo» estadounidense, en sus diferentes acepciones históricas y definiciones sigue siendo una percepción muy extendida entre sus ciudadanos. Prevalece la noción de que los Estados Unidos de América es un país bendecido por Dios, que actúa en un plano moral más elevado que las demás naciones de la Tierra ya que tiene una misión transformadora del mundo. Este país ofrece, en el imaginario colectivo, la posibilidad de realizar el *sueño americano* a todos los que trabajan duro para conseguirlo. El Presidente Obama expresaba recientemente una percepción algo más crítica, atemperando esta creencia por la incidencia de graves problemas derivados de la *performance* de la política exterior del país tras el 11 de septiembre de 2001, de patrones específicos de violencia en su sociedad y de trazas de una discriminación racial larvada persistente.

Se escriben innumerables ensayos sobre si los EEUU están en declive, el tipo de liderazgo global, el estado de las relaciones transatlánticas en la segunda década del siglo XXI, dominantes en el siglo XX, y el desplazamiento del eje de interés prioritario hacia China en el siglo XXI. Tambien existe una extensa narrativa crítica sobre la identificación de las disfunciones de su sistema político y las posibles soluciones. En un mundo global y con graves problemas transnacionales hoy, más incluso que en cualquier otro momento de la Historia, interesa lo que acontece en el país que ha sido el pilar de la seguridad mundial, ha forjado acuerdos internacionales y los ha hecho cumplir, y que tiene voluntad de seguir liderando el mundo. Por todo ello, este libro quiere ser una invitación de los autores a la reflexión, al debate y a la lectura de otros textos y ensayos relacionados con los temas que tratamos en nuestro libro para todos aquellos que como nosotros consideran la vida política de la democracia americana extremadamente sugestiva.

CAPÍTULO 1

ESTADOS UNIDOS. LA FUNDACIÓN Y LA CONSTITUCIÓN

Carmen de la Guardia Herrero
Profesora Titular de Universidad
Universidad Autónoma de Madrid
carmen.guardia@uam.es

1. INTRODUCCIÓN

Cuando el vasco Valentín de Foronda arribó a Filadelfia en 1801 como cónsul de la Monarquía Hispana en Estados Unidos, le llamaron la atención muchas características diferentes de la joven nación americana. En sus *Apuntes ligeros sobre los Estados Unidos de Norteamérica* destacó el tamaño de sus ciudades, la libertad de prensa y sobre todo su gran diversidad. «En ese país hay muchas materias heterogéneas. Muchos demócratas, muchos federalistas y una multitud de sectas. El volcán de una revolución no puede tardar en hacer una erupción que cubra de cenizas y sangre este extendido país», escribía de forma errónea Foronda. Y es verdad que la gran diferencia entre los Estados Unidos y la Europa de finales del siglo XVIII y principios del XIX era que las antiguas Trece Colonias inglesas se habían convertido en una nación diversa, heterogénea y múltiple pero eso en lugar de acarrear destrucción, como temía Foronda, se transformó en una ventaja que posibilitó el surgimiento de una nación joven y vigorosa.

Una vez rotas las relaciones entre las Trece Colonias y su metrópoli, en 1775, e iniciado el proceso revolucionario, en los debates, reflexiones y acuerdos de los Padres Fundadores se fue forjando una realidad política novedosa y rica que en parte ha llegado hasta nuestros días.

En este capítulo exploraremos cómo partiendo de la certeza de que el poder es sujeto de corrupción, los revolucionarios estadounidenses enarbolaron la necesidad de pactar y de reflexionar. Para ellos era necesario controlar a las temidas facciones. El temor a que una facción, es decir un grupo de ciudadanos que lucha por su propio interés aunque este socave el bien común, se impusiera sobre los demás llevó a los Padres Fundadores a diseñar un régimen político en donde era fundamental evitar que la misma facción estuviera en todos los ámbitos de poder. Salían según ellos de una tiranía, la del rey Jorge III, y debían debatir cómo evitar que ésta se reprodujese. Tras unos primeros años conflictivos, con los Artículos de la Confederación en vigor, el federalismo y la estricta separación de poderes fueron los descubrimientos de los revolucionarios estadounidenses. Los dos estuvieron presentes en la Constitución Federal de los Estados Unidos elaborada en 1787 y ratificada en 1789.

2. FUNDACIÓN. DECLARACIONES DE DERECHOS Y CONFEDERACIÓN DE ESTADOS

Nada parecía vaticinar la tormenta revolucionaria que se abrió en el mundo atlántico a finales del siglo XVIII. Aunque las críticas al Antiguo Régimen eran grandes, nadie pensaba en romper de forma tan drástica con un mundo que había permanecido inalterable durante siglos. Pero las consecuencias de la Guerra de los Siete Años (1756-1763) fueron importantes para todas las naciones implicadas. Las reformas, los cambios en el sistema colonial, la llamada a la racionalización se escapó de las manos a sus propias instigadoras, las metrópolis europeas.

2.1. Razones para la Revolución

Son muchos los estudiosos que coinciden al considerar que las causas para el estallido de la Revolución de Estados Unidos fueron, por un lado, la extensión en la mayoría de las colonias de una cultura política ecléctica que defendía la virtud republicana y la racionalización de las relaciones con la metrópoli y, por otro, el reforzamiento del régimen colonial impuesto por Gran Bretaña a partir de 1763, fecha final de la Guerra de los Siete Años.

2.1.1. *Culturas políticas y revolución*

La cultura política que estuvo detrás de la Revolución americana coincidía con la de la mayor parte de las naciones europeas durante el siglo XVIII pero la experiencia que vivieron las Trece Colonias inglesas fue singular y ello ocasionó una lectura revolucionaria y práctica de los textos de los filósofos más renombrados desde la antigüedad clásica.

Una de las corrientes más extendidas en esa cultura que posibilitó la revolución estadounidense es la que los politólogos e historiadores, desde las obras de Bernard Bailyn, J. G. A. Pocock y Gordon S. Wood, conocen como republicana. Para todos ellos el republicanismo procedía de una corriente de pensamiento que hundía sus raíces en Grecia y Roma, que fue enriquecida en las repúblicas italianas renacentistas, sobre todo en la Florencia de Maquiavelo, y también con la experiencia de la revolución inglesa. Esta corriente republicana estaba presente en la Ilustración sobre todo en la Ilustración escocesa. Además de este flujo republicano, en los textos de los revolucionarios se aprecian pinceladas de los autores clásicos del liberalismo y, si hacemos caso al historiador Mario Hernández Sánchez-Barba, hasta de la casuística española del Siglo de Oro. Para muchos historiadores en la insistencia en la sobriedad y la moderación, que hicieron los revolucionarios, se vislumbraban influencias del puritanismo de muchos de los fundadores de las Trece Colonias.

El republicanismo norteamericano bebió pues de múltiples fuentes lo que se vislumbra en la correspondencia y en los textos de los patriotas estadounidenses. Por un lado, los Padres fundadores —aquellos que participaron en los debates de la Declaración de Independencia, de los Artículos de la Confederación y de la Constitución— citaban en sus explicaciones y debates a autores del mundo clásico. Filósofos e historiadores griegos como Sócrates, Platón, Aristóteles, Herodoto y Tucídides eran muy evocados. También los norteamericanos estaban familiarizados con autores latinos. La pasión de los revolucionarios estadounidenses por la Historia de Roma desde el período de las guerras civiles, en el siglo I a. C., hasta el establecimiento, sobre las ruinas de la República, del Imperio en el siglo II d. C. era una realidad. Para ellos existía una clara similitud entre su propia historia y la de la «decadencia de Roma». Las comparaciones entre la corrupción del Imperio romano con las actitudes voluptuosas y corruptas de la Inglaterra del rey Jorge III eran constantes. Los revolucionarios reivindicaban en sus escritos los valores sencillos de las colonias frente a las lujosas y decadentes costumbres de la metrópoli y de las otras cortes europeas. Autores como Tácito, Salustio o Cicerón, que escribieron cuando los principios de la república romana estaban seriamente amenazados, fueron los favoritos de los Fundadores. También citaron mucho a John Locke, a Harrington, a David Hume, a Montesquieu y a otros autores pertenecientes a la Ilustración escocesa y francesa.

Ese bagaje cultural llevó a que los americanos ilustrados considerasen, a lo largo de todo el siglo XVIII, que existía un conflicto común a todas las organizaciones políticas y sociales: el del enfrentamiento entre la libertad y el poder. Había que buscar un equilibrio. Sólo a través del ejercicio de la virtud cívica se gozaría de los valores necesarios para la imprescindible libertad sin caer en el desorden. En Europa, según los revolucionarios, la corrupción estaba presente. Eran Estados que para garantizar el orden habían violentado la libertad y abusaban con desmesura del poder. No buscaban el bien común. Sólo querían el bien para un pequeño grupo de súbditos que vivía en el lujo y el exceso. Para los norteamericanos que protagonizaron la Revolución había que ser virtuoso, que sacrificar el interés individual en aras del bien común. Los buenos republicanos actuaban con moderación, prudencia, sobriedad, independencia y autocontrol. Frente a estas opciones se alzaban la avaricia, el lujo, la corrupción y la desmesura todas ellas, según los revolucionarios, practicadas en las «decadentes» cortes europeas.

Ésta era la cultura política que circulaba en gran parte de las colonias americanas en el siglo XVIII y era la cultura que posibilitó la visibilidad del descontento que las colonias tuvieron con la metrópoli.

2.1.2. Reforzamiento de la política imperial

En 1775 trece de las colonias inglesas de Norteamérica mostraron de forma rotunda y novedosa sus puntos de vista frente a la nueva política imperial. Expresaron con firmeza su cansancio por la nueva política imperial que, aunque Gran Bretaña defendiera que era racional, les perjudicaba.

Pero no todo el mundo colonial sintió el mismo descontento. De todos los territorios que poseía Gran Bretaña en América del Norte sólo trece colonias declararon la guerra a la metrópoli en 1775. Georgia; Carolina del Sur; Carolina del Norte; Virginia; Maryland; Delaware; Pennsylvania; Nueva York; New Jersey; Connecticut; Rhode Island; Massachusetts, y New Hampshire tenían en común un profundo descontento con la nueva política imperial de la metrópoli así como la extensión entre su ciudadanía de esa cultura política compleja y ecléctica que conocemos como republicana. Sin embargo, tanto la antigua Florida española como el que fue el Canadá francés cedidos los dos por las potencias borbónicas en 1763 (Paz de París), no se unieron a los rebeldes independentistas. Efectivamente en la Paz de París que puso punto final a la Guerra de los Siete Años o Guerra Franco-India como la conocieron en América (1756-1763), el Imperio Británico salió triunfante frente a las borbónicas Francia y España. El Canadá y La Florida, territorios muy despoblados y colonizados por población rural y con tradiciones culturales muy distintas a las de las Trece Colonias no entendieron y, por ello no se unieron, las razones que llevaron a los colonos de las otras colonias americanas a rebelarse. Tampoco la escasa población blanca de las Indias occidentales encontró motivos para la revuelta. Todos ellos plantadores, y muchos de ellos residiendo en Inglaterra, no veían con simpatía las nuevas ideas políticas que circulaban por Europa y América encumbrando a la razón o a la virtud por encima de valores tradicionales que desde luego les beneficiaban.

La deuda pública británica había crecido mucho tras la Guerra de los Siete Años y el coste ordinario que suponía la administración del Imperio se había incrementado al tener que vincular Inglaterra los nuevos territorios del Canadá y La Florida al resto del Imperio. Las dos regiones estaban repletas de indios hostiles a los colonos europeos. Y muchos de los colonos del Canadá francés estaban descontentos con su nueva vinculación al Imperio Británico. En este contexto, Gran Bretaña consideró necesaria la creación de un ejército permanente en América del Norte que garantizase la estabilidad del territorio. Si hacemos caso al historiador Gordon S. Wood la deuda contraída por Inglaterra tras la guerra de los Siete Años ascendía a ciento treinta y siete millones de libras generando unos intereses anuales de cinco millones de libras mientras que el presupuesto anual de Inglaterra era tan sólo de ocho millones de libras. Si a eso unimos el coste del nuevo ejército colonial entenderemos la inmensa preocupación de Jorge III y sus ministros por las finanzas imperiales.

Estos cambios —la deuda y el encarecimiento de la administración del Imperio— son las razones para que se hiciera una revisión en profundidad del pacto colonial. Las leyes de Grenville y las leyes de Townshend intentaron, reorganizando las relaciones entre metrópoli y colonias, racionalizar el sistema y obtener ingresos para las vacías arcas británicas.

Las primeras medidas revisando el pacto colonial las promulgó el primer ministro británico George Grenville en 1763. Con su primer bloque de normas quería organizar la administración de los nuevos territorios adquiridos de Francia y España, pero también estas medidas afectaron a territorios que las Trece Colonias inglesas consideraban como propios. Así, la real pragmática del 7 de octubre de 1763 establecía que las nuevas colonias del Canadá y de La Florida serían gobernadas por gobiernos representativos similares a los existentes en las Trece Colonias. Pero, además, afirmaba que los territorios situados al oeste de los Apalaches serían administrados por dos agentes para los asuntos indios nombrados por la Corona. Estos territorios habían formado parte de los límites imprecisos de las potencias Borbónicas y también aparecían en las desdibujadas cartas otorgadas por Gran Bretaña a las Trece colonias inglesas en América del Norte. Estaban habitados por nativos americanos, en su mayoría hostiles a la presencia europea, y constituían un objetivo claro del movimiento expansivo de los habitantes de las Trece Colonias. Inglaterra quería, con esta medida que impedía avanzar hacia el Oeste, reducir los enfrentamientos entre colonos e indígenas y abaratar así los costes imperiales, pero las colonias se sintieron molestas al ver limitadas sus posibilidades de expansión y de autogobierno en territorios que consideraban propios.

La segunda de las medidas de George Grenville fue una ley fiscal para incrementar los ingresos procedentes de las colonias. Gravaba una serie de productos importados por las Trece Colonias entre ellos las melazas. También estableció una reforma drástica en el servicio de aduanas. Elaborando un registro estricto de las salidas y entradas de los buques en todos los puertos coloniales, incrementando el número de oficiales de aduanas y endureciendo el procedimiento y las penas de los juicios contra el comercio ilegal, George Grenville pretendía terminar con el contrabando endémico sobre todo con la América española, como medida eficaz para racionalizar el sistema colonial británico. Una segunda ley, la Ley del Timbre, aprobada en marzo de 1765, que gravaba los documentos legales, los periódicos, los almanaques y todo lo que se hacía en papel en las colonias fue tremendamente impopular como lo fue la imposición de que todos los impuestos se pagasen en libras esterlinas y no en moneda colonial.

Además los nuevos gravámenes utilizaban un procedimiento de implantación absolutamente novedoso para las Trece Colonias. No habían sido establecidos directamente por el monarca y tampoco habían sido discutidos y aprobados en las asambleas coloniales. Fue el ministro Grenville y el Parlamento Británico los que los impusieron y para los colonos se estaba transgrediendo el pacto colonial.

La imposición de las novedosas medidas y procedimientos causó protestas formales de las asambleas coloniales de Virginia, Nueva York, Connecticut, Rhode Island y Massachusetts. También provocó la convocatoria de un Congreso extraordinario en Nueva York, en octubre de 1765 —el Congreso de la Ley del Timbre— en el cual treinta y siete delegados, de nueve, de las Trece Colonias, ratificaron una serie de documentos negando al Parlamento Británico su capacidad para imponer impuestos a las colonias y también organizaron boicots a los productos ingleses. Y además estallaron actos violentos. Asalto a casas y despachos de funcionarios reales, amenazas y gritos se extendían por todas las colonias. Se estaba organizando la sociedad civil estadounidense contra el «abuso» de poder británico. Así aparecieron asociaciones locales, conformadas muchas veces por miembros de los diferentes gremios de artesanos, por maestros, impresores y otros grupos urbanos, en cada una de las Trece Colonias. Eran los Hijos de la Libertad que además firmaron escritos y reflexiones que llenaron periódicos y panfletos. Un eslogan era constante: «Impuestos sin representación son tiranía». Frente a estas movilizaciones, el Parlamento Británico suspendió la Ley del Timbre en marzo de 1766 pero, a su vez, aprobó una disposición afirmando su derecho a imponer tributos a las colonias.

La crisis de la Ley del Timbre fue un punto de inflexión en la relación de las Trece Colonias de América del Norte con su metrópoli. Tanto la convocatoria de asambleas y mítines como la publicación de panfletos y pasquines crearon un sentido de unidad, un sentido de «nosotros» entre los colonos norteamericanos que permaneció siempre.

La nueva actitud imperial no se detuvo. En 1767, un nuevo gobierno, liderado por el Ministro de Hacienda Charles Townshend, defendió en el Parlamento británico nuevos impuestos que afectaban al té, a la pintura, al papel, y al cristal. Otra vez, las colonias se opusieron tanto a los gravámenes como al procedimiento utilizado por la metrópoli. No era el Parlamento Británico, según ellas, quien tenía capacidad para decidir la imposición de impuestos a las colonias. Los revolucionarios encontraron intolerable que no se consultara a las asambleas coloniales antes de su promulgación y decidieron boicotear los nuevos impuestos evitando el consumo de té y de otros productos procedentes de la metrópoli. En estos boicots, como en todos los actos de lucha relacionados con el consumo doméstico, las organizaciones de mujeres y los actos planificados por ellas fueron importantes.

La colonia de Massachusetts fue la más radical en su enfrentamiento con la metrópoli. Cada acción de Gran Bretaña ocasionaba una cadena de algaradas y revueltas que incrementaba en importancia conforme pasaban los años. Como afirma el historiador Gordon S. Wood, en Massachusetts y por lo menos desde el año 1768, uno de los líderes revolucionarios, Samuel Adams, afirmaba que la única solución para las colonias inglesas era ya la de la independencia. En Filadelfia, John Dickinson escribió un panfleto publicado en forma anónima titulado: *Letters from a Farmer in Penssylvania*, en donde de forma comedida recordaba que de nuevo se había violentado el principio de «no impuestos sin representación».

Las relaciones entre Gran Bretaña y sus colonias estaban ya muy deterioradas en 1770. Los artículos en los periódicos, las movilizaciones callejeras, las escaramuzas cerca de las aduanas entre soldados y comerciantes eran habituales y dificultaban la aplicación de las Leyes de Townshend. A finales de año, el Parlamento británico durante el gobierno de Frederick Lord North tomó otra decisión grave. Suspendió los nuevos impuestos salvo los que gravaban al té, y confirmó su derecho a imponer tasas sin la intervención de las asambleas coloniales.

En 1773, utilizando su autoridad, Lord North, concedió el monopolio del comercio del té a una compañía británica: La Compañía de las Indias Orientales. De nuevo pretendía ser una medida racional. Por un lado salvaba las finanzas de la Compañía. Por otro, la Corona seguía obteniendo beneficios por la venta del té en América pero podía suspender el criticado gravamen sobre su consumo. Era la Compañía la que a cambio de la concesión del monopolio sobre la citada mercancía, debía entregar una cantidad a la Corona. Para sorpresa de Jorge III, esta decisión provocó de nuevo revueltas en las Trece Colonias.

Se había producido una alianza imparable. Los comerciantes americanos, descontentos desde las primeras medidas impositivas británicas, habían sido ahora privados de comerciar con el té y se habían aliado con los revolucionarios radicales seguidores de Samuel Adams y que eran claramente independentistas. En muchos puertos los colonos impidieron descargar el té británico. En Charleston los americanos secuestraron un cargamento localizado en los almacenes de la Compañía de las Indias. En Nueva York y Filadelfia se obligó a los barcos que traían el té a darse la vuelta. En Boston, un grupo de unos cincuenta hombres, liderados por Samuel Adams disfrazados de indios, abordaron las embarcaciones de la compañía monopolística y arrojaron al mar 45 toneladas de té. Fue un hecho importante para la retórica revolucionaria y se conoció como la «Reunión de Té de Boston». La medida fue alabada y aplaudida en todas las colonias.

El rey Jorge III y sus ministros decidieron de nuevo tomar medidas drásticas y promulgaron las «Leyes coercitivas». Por ellas quedó cerrado al tráfico el puerto de Boston hasta que los bostonianos repusieran el valor de las 45 toneladas de té que habían arrojado al mar (no lo hicieron). Además, se introdujo una novedad jurídica que afectaba a los rebeldes: los delitos de los disidentes norteamericanos serían juzgados en Gran Bretaña. La metrópoli podía requisar, si lo consideraba oportuno, edificios de la ciudad para convertirlos en sede de destacamentos militares. Las autoridades británicas controlarían directamente las instituciones políticas de la colonia de Massachusetts. La última de las medidas fue la conocida como el Acta de Quebec por la que se extendían las fronteras del Canadá por todo el territorio al Norte del Ohio y del Oeste de los montes de Allegheny. Aunque esta medida se estaba contemplando desde tiempo atrás y tenía la doble intención de, por un lado, mejorar el comercio de pieles del nordeste y, por otro, lograr que los habitantes católicos de origen francés que habitaban en Michigan y en Illinois se sintieran gobernados por autoridades más afines, en Massachusetts esta nueva medida se comprendió como una acción punitiva.

Sin embargo, la dureza imperial no fue contestada con el esperado sometimiento de las colonias. De nuevo surgieron boicots, se editaron panfletos y se escribieron duros artículos en la prensa colonial mostrando una inmensa simpatía por los bostonianos. La sociedad civil americana era vigorosa y cada vez se sentía más unida y fuerte. Cuando los miembros de la Asamblea de Virginia, reunidos en la Taberna de Raleigh, lanzaron un llamamiento para que se reuniera un congreso para discutir «los intereses comunes de América», la respuesta fue entusiasta e inmediata.

2.1.3. *Guerra y revolución*

De las Trece Colonias sólo Georgia, que fundada en 1730 estaba todavía culturalmente muy próxima a la metrópoli, no eligió representantes para la asamblea común que habían convocado los rebeldes.

Las asambleas de las otras doce colonias sí eligieron representantes para reunirse en el Primer Congreso Continental, celebrado en Filadelfia, a partir del 5 de septiembre de 1774. Samuel Adams y su primo John Adams, George Washington, John Jay, Patrick Henry y John Dickinson formaron parte de los 55 delegados que integraron este primer Congreso.

Además de discutir y promulgar una profunda reflexión sobre los derechos de las colonias y también sobre las ofensas recibidas al reforzarse y alterarse el sistema imperial titulada *Declarations and Resolves*, este Primer Congreso Continental tomó otras medidas importantes para la futura independencia de Estados Unidos. Por un lado los colonos refrendaron las resoluciones del condado de Suffolk, en Massachusetts, que proponían una resistencia fuerte a las recién promulgadas leyes coercitivas. Por otro, crearon una Asociación Continental para difundir y aplicar, entre la población americana de las diferentes colonias, las resoluciones del Congreso. Recordemos que las colonias eran independientes unas de otras y que las distancias eran mucho mayores que en la actualidad por los escasos medios de comunicación y lo abrupto del territorio. Además el Congreso organizó un boicot a los productos británicos y sería la nueva Asociación Continental la encargada de difundirlo y organizarlo. Las Trece Colonias ni importarían, ni exportarían, ni consumirían productos procedentes del Imperio. «Creemos que un pacto de no importación, no consumo y no exportación [...] es la medida más rápida, pacífica y eficaz» recogían los *Journals of the Continental Congress*, «Por tanto, desde y a partir del primer día del próximo mes de diciembre no importaremos a la América Británica desde Gran Bretaña o Irlanda o de cualquier otro lugar que hayan sido exportados ni bienes ni mercancías». Y continuaban los representantes en este primer Congreso Continental enumerando los productos que iban a boicotear: «No importaremos ningún té de la India desde ningún puerto del mundo; ni melazas, ni siropes, ni paneles, ni café, ni pimento de las plantaciones británicas o de Dominica, ni vino de Madeira [...] ni tampoco importaremos esclavos», concluían.

CAPÍTULO 1: ESTADOS UNIDOS. LA FUNDACIÓN Y LA CONSTITUCIÓN

Frente al boicot y a los «desórdenes callejeros» el Parlamento británico respondió declarando a las colonias inglesas en estado de rebelión y reforzando la presencia militar en la colonia más rebelde: la de Massachusetts. El general británico Thomas Cage fue nombrado gobernador real, sustituyendo al gobierno civil que siempre había existido en Massachusetts en mayo de 1774. Cage mandó detener, acusados de traición, a dos de los independentistas más queridos: Samuel Adams y John Hancock. Éstos huyeron refugiándose en Lexington. Mientras tanto las milicias de la colonia, partidarias ya de la rebelión, almacenaron armas y municiones en Concord. El general Cage envió allí a más de setecientos soldados para destruir el almacén de armamento de los rebeldes. En el camino, el 18 de abril de 1775, en Lexington, donde estaban escondidos John Hancock y Samuel Adams, se produjo el primer enfrentamiento violento entre colonos y el ejército británico. Desde Lexington, las tropas británicas continuaron hacia Concord enfrentándose duramente con las milicias coloniales. La Guerra entre Gran Bretaña y sus colonias había empezado.

En ese momento considerando que la gravedad era mayor que nunca las colonias convocaron un nuevo Congreso Continental.

El Segundo Congreso Continental (1775-1781) se reunió también en Filadelfia y tuvo que afrontar retos muy graves. Por un lado, como la guerra había estallado debía organizarla o frenarla. El Congreso, en caso de continuar con el enfrentamiento bélico, debía establecer relaciones diplomáticas con las naciones que podían ser amigas de los rebeldes pero también el Segundo Congreso, como en todo proceso revolucionario, tenía que dibujar una nueva organización política porque la ruptura con la metrópoli invalidaba la existente.

Los primeros días el Congreso Continental todavía intentó evitar lo inevitable y envió una misión de paz a Londres. A fin de cuentas los colonos no contaban con un ejército regular y estaban temerosos de enfrentarse al glorioso ejército de Su Majestad Británica. «La petición del Ramo del Olivo» fue el último intento norteamericano de lograr una salida negociada al conflicto. Los americanos ofrecían la posibilidad «de una reconciliación feliz y permanente». Pero cualquier esperanza de reconciliación se rompió al negarse el rey Jorge III a recibir la petición y al recordar, el 23 de agosto de 1775, por el contrario, que las colonias estaban en estado de rebeldía. Esta actitud avivó la ira de los colonos americanos.

Thomas Paine (1737-1809), antiguo corsetero inglés, maestro y funcionario real, que había llegado a Estados Unidos a finales de 1774, publicó en 1776 su panfleto *El Sentido Común*. Era un escrito ardoroso criticando la irracionalidad del sistema colonial y llamando a la independencia de las colonias. El texto tuvo una inmensa acogida entre los colonos americanos logrando, en 1776, 25 reimpresiones. Y Paine no estaba solo. La mayoría de los líderes de la «rebeldía» creía que el tiempo había llegado para la independencia. Y ello hacía la guerra necesaria. Muchos colonos apoyaron la independencia y el surgimiento de un nuevo orden a pesar del temor a lo desconocido.

Roto, pues, cualquier intento de conciliación y con la población americana cada vez más valiente e inclinada hacia la independencia, una de las primeras acciones del Congreso Continental fue la de nombrar al plantador virginiano George Washington (1732-1799) como comandante en jefe de un ejército que todavía había que crear. Hasta entonces, de la defensa de las colonias se encargaba el ejército británico y los colonos participaban a través de las milicias coloniales. Las Fuerzas Armadas continentales fueron una novedad y permanecieron desde 1775 hasta su sustitución en 1784 por las Fuerzas Armadas de los Estados Unidos que han llegado hasta nuestros días. Washington logró del Congreso Continental el apoyo económico para su ejército y su nueva armada.

De todas formas para ganar la guerra era necesario lograr apoyos diplomáticos y militares de las grandes potencias europeas porque los *patriotas, Whigs americanos o rebeldes* —es así como se llamaron los independentistas— sabían que se enfrentaban a uno de los grandes ejércitos del siglo XVIII. Los rebeldes buscaron las simpatías de las potencias borbónicas. Tanto Francia como España tenían que resarcirse de la debacle sufrida en la Guerra de los Siete Años. Francia aceptó firmar tratados de amistad con los patriotas americanos después de la batalla de Saratoga en 1778 e inició así su participación en la Guerra de Independencia como aliada de Estados Unidos. La decisión española fue más difícil. El Secretario de estado del rey Carlos III, el conde de Floridablanca, estaba preocupado. Ayudar a unas colonias rebeldes en su proceso de independencia suponía apoyar una causa que si se extendiera por toda América perjudicaría sobre todo a la estabilidad del Imperio español. Pero, por otro lado, la guerra debilitaría a su enemiga en América, Gran Bretaña, y le permitiría recuperar todos los territorios perdidos a lo largo del siglo XVIII. Sobre todo La Florida, Menorca y Gibraltar. La opción fue declarar la guerra a Inglaterra en 1779 pero no firmar tratados con las colonias rebeldes. Fue una decisión extraña y a la larga difícil para los intereses americanos de España. El ejército de Washington además contó con la ayuda de los Países Bajos. Reforzados por las tres potencias amigas, los hombres de Washington fueron avanzando lentamente hacia la victoria.

Pero además de ocuparse de la guerra, el Segundo Congreso Continental debía, como ya hemos señalado, diseñar un nuevo modelo político. Lo primero que consideraron necesario fue demostrar a la comunidad de naciones y a los propios estadounidenses que sus intenciones eran ya las de la independencia. El Congreso designó a un comité formado por cinco de los miembros del congreso más queridos y prestigiosos (Benjamin Franklin, John Adams, Roger Sherman, Robert Livingston y el joven Thomas Jefferson). De todos ellos, fue Thomas Jefferson el que preparó un borrador. Sabemos que lo escribió de pie, en un atril de un albañil llamado Graff y que tardó un par de semanas en redactarlo. El texto fue preciso y claro pero aun así buscando un mayor consenso entre las colonias se alteró en los debates más de una cuarta parte. El fragmento suprimido más llamativo fue el que acusaba «al tirano», al rey Jorge III, de ser responsable del comercio de esclavos. No era el momento de enfrentar a las colonias esclavistas con las libres según los miembros del Congreso Continental.

La Declaración de Jefferson tenía muchas influencias pero las más explícitas fueron las de John Locke y las de su amigo George Mason. De Locke le gustó su iusnaturalismo. La certeza de la existencia de unos derechos universales y previos a la constitución de la sociedad y la necesidad que tienen los gobiernos de respetarlos. Es más, para Locke y también para Jefferson el propósito de todo gobierno es el de garantizar esos derechos naturales y universales: la vida, la libertad y la posibilidad de consecución de la felicidad de los gobernados. Su amigo George Mason, en la Declaración de Derechos de Virginia (1775), ya había trasladado esos principios a un texto escrito afirmando que «todos los hombres son por naturaleza iguales, libres e independientes y tienen ciertos derechos inalienables... sobre todo el disfrute de la vida y la felicidad con el objetivo de alcanzar y obtener felicidad y seguridad».

La Declaración de Independencia de los Estados Unidos reflejó pues los ideales de la cultura política patriota, además enumeraba las causas que habían llevado a las antiguas colonias a su proceso de independencia y por último contenía la declaración de independencia de los ahora nuevos Estados. En uno de los párrafos más precisos y claros de la historia de las ideas, Thomas Jefferson recordaba los ideales republicanos que sustentaban a la revolución y afirmaba: «[...] Que todos los hombres son creados en igualdad y dotados por el creador de ciertos derechos inalienables entre los que se encuentran la vida, la libertad y el derecho a la felicidad. Que para asegurar esos derechos, los hombres crean gobiernos que derivan sus justos poderes del consentimiento de los gobernados. Que cuando quiera que cualquier forma de gobierno se torna destructora de estas finalidades es derecho del pueblo alterarla o abolirla». Jefferson remarcaba en la Declaración que había sido el rey de Gran Bretaña quien había violado el pacto con sus gobernados al intentar «el establecimiento de una tiranía absoluta sobre estos Estados». Por tanto, Jorge III era «indigno de ser gobernante de un pueblo libre». Las antiguas colonias se proclamaban, en la tercera parte de la Declaración: «Estados libres e independientes; que se consideran libres de toda unión con Gran Bretaña».

El texto de Thomas Jefferson fue debatido durante cuatro días en el Congreso Continental y promulgado el 4 de julio de 1776. Había nacido la primera nación soberana en América.

2.2. DE COLONIAS A LA CONFEDERACIÓN DE ESTADOS

Declarada la independencia y roto todo nexo con la metrópoli, los ahora Estados debían completar un nuevo marco político que ordenase las relaciones políticas, sociales y económicas de la nueva nación. Y además tenían que ganar la Guerra de Independencia al ejército de Su Majestad Británica.

2.2.1. *Las nuevas constituciones de los Estados*

Los debates para elaborar los nuevos textos políticos que sustituyeran a las viejas cartas coloniales y que organizasen a las antiguas colonias como estados soberanos fueron de un enorme interés. Las fuentes en donde los Padres Fundadores habían bebido aparecían con claridad. Pero no todas las lecturas tuvieron la misma utilidad. Ni tampoco se utilizaron de forma simultánea. La experiencia y las necesidades concretas invitaban a la selección de uno u otro texto. Como se apreció en la *Declaración de la Independencia* los antiguos colonos ya no evocaban a la «Constitución inglesa», ni a las Cartas coloniales, ni a la «tradición inmemorial» de las colonias inglesas, para justificar sus derechos. No podían y no querían hacerlo porque habían roto todo nexo con Gran Bretaña. Si la independencia se justificaba, como había escrito Jefferson, por «las Leyes de la Naturaleza y por el Dios de la Naturaleza», los derechos de los americanos emanaban desde luego de las mismas fuentes. La experiencia de la ruptura ocasionó, pues, que de todas las reflexiones se acercasen a las de los derechos naturales descritas por Locke en *Two Treatises of Government* (1689). Es verdad que muchos americanos no habían leído este texto de John Locke. No era una lectura fácil y mucho menos popular. Pero sí habían oído o leído algunas de las interpretaciones que había hecho, de ésta y otras de sus obras, uno de los autores más populares del siglo XVIII en el mundo de habla inglesa. El *Robinson Crusoe* (1719) muy influido por Locke, escrito por Daniel Defoe fue un texto muy popular en Estados Unidos en el período revolucionario.

También la independencia impulsó la aceptación de los principios del republicanismo que influyeron en el nuevo orden político de los ahora Estados. Los rebeldes conocían, como ya hemos señalado, los textos de la cultura republicana pero la experiencia revolucionaria les llevó a una interpretación viva y directa. Durante la Guerra de Independencia era imposible abstenerse de sus principios. Las obras de teatro, los pasquines, los artículos de prensa, los seudónimos utilizados por los articulistas políticos, las canciones populares, tenían una fuerte carga republicana. Representaciones del *Catón* de Addison, del *Julio César* de Shakespeare, de *Alejandro el Grande* de Nathaniel Lee se estrenaban en los teatros de casi todos los Estados. El propio George Washington organizó una representación de *Catón* para levantar la moral de sus tropas.

Esta cultura política diversa, polémica, ecléctica y rica y muchas veces popular se plasmó pues en los nuevos textos políticos que organizaban a la nueva nación. Pero la riqueza de las fuentes y las necesidades, que la propia experiencia revolucionaria iba señalando, hicieron que en determinados períodos se eligieran unos autores y en otros se optara por otros. O que las mismas obras políticas tuvieran diferentes lecturas. Pero, en cualquier caso, el peso de la cultura política y de la práctica política fue esencial en la formulación de un nuevo orden que anticipaba la modernidad política europea y americana. En los debates de las diferentes asambleas que gobernaban en los trece Estados y en los propios debates del Congreso común a todos, del

Congreso Continental, se aprecia que por primera vez el hombre se consideró capaz de que la teoría descendiese del mundo de las ideas y capaz de articular la nueva organización institucional. Los revolucionarios pusieron todo su saber y su buen hacer en ello. Y los debates y la necesidad de consenso fueron habituales.

Todos los ahora Estados salvo Rhode Island y Connecticut, que continuaron con sus liberales cartas coloniales, decidieron redactar y promulgar nuevas constituciones escritas. Las constituciones de los Estados fueron elaboradas por asambleas constituyentes o por los congresos provinciales que habían sustituido a las autoridades británicas.

Escribir la Constitución era una gran novedad. La Constitución de Gran Bretaña estaba constituida por leyes y tradiciones no escritas, pero era comprensible que los nuevos estados quisieran redactarlas. Como había afirmado Thomas Jefferson, «habiendo disuelto» todo lazo de conexión con Jorge III al violentar este los derechos inherentes a los americanos, era imprescindible «grabar» los derechos. Las constituciones escritas serían barreras contra las tiranías. Establecían límites y guías claras para las nuevas instituciones de los Estados. Y además no fue extraño que esto ocurriera en las antiguas colonias porque allí sí habían tenido textos escritos, cartas reales, que recogían sus privilegios y derechos.

Todas las constituciones, siguiendo el modelo de la de Virginia también redactada por Thomas Jefferson, se abrían con una Declaración de Derechos; y también siguiendo, en este caso, *De l'esprit des lois* (1748) de Montesquieu, establecían un sistema de separación de poderes y un mecanismo de equilibrios y controles entre ellos como fórmula creada para evitar la violación de los derechos, la tiranía. Además, en estas constituciones se debilitó mucho el poder ejecutivo reforzando el de las legislaturas. Les preocupaba después de la experiencia monárquica que el poder recayera en una sola persona. El gobernador era, así, elegido por las legislaturas todos los años en todos los estados menos en tres que le garantizaban un tiempo mayor de gobierno. Su poder era limitado. No tenía derecho de veto, a excepción de en Massachusetts, y podía ser destituido por razones políticas. El poder legislativo salvo en Pennsylvania y Georgia recaía en dos cámaras: una Cámara de representantes y un Senado, reforzando así el sistema de equilibrios y controles.

Las constituciones de los estados no sólo dibujaron una nueva y revolucionaria organización institucional sino que también ampliaron los derechos de ciudadanía política. Aún así, en casi todos los Estados se mantuvieron los requisitos de propiedad para los electores que, estando en el siglo XVIII, eran todavía sólo los hombres libres, los varones de origen europeo. Para ser elegido además de los requisitos de propiedad se pidió pertenecer a determinados credos o pronunciar juramentos que alejaban a los católicos y a los judíos de los puestos representativos.

Los trece Estados fueron independientes unos de otros y como hemos señalado sólo tenían un embrión de organización política común: el Segundo Congreso Continental. Y recordemos que este congreso, además, tenía escasos poderes y dificultades tanto para organizar y dirigir la guerra como para establecer alianzas diplomáticas, necesarias para ganarla. Los propios congresistas lo sabían y decidieron nombrar un comité, presidido por John Dickinson (1732-1808), para estudiar la posibilidad de instaurar un marco político común. Apasionado del Barón de Montesquieu y temeroso de las tiranías, Dickinson optó por un modelo político confederal regulado por un texto conocido como los Artículos de la Confederación.

Los Artículos de la Confederación reconocían que en los Estados Confederados de América, como en el resto de las confederaciones que se habían conocido a lo largo de la Historia, la soberanía recaía en cada uno de los Estados miembros. Y eran ellos, los que a través de sus instituciones, satisfacían las demandas de los ciudadanos. En realidad, en el Congreso de la Confederación sólo se trataban problemas que afectaban a los Estados Unidos y por ello cada uno de los trece Estados, sin importar el número de habitantes que tuviera, tenía la misma representación: un solo voto. Además el Congreso de la Confederación tenía escasos poderes: dirigir la guerra, concertar tratados de paz, intercambiar delegaciones diplomáticas con otras naciones, regular los asuntos indígenas, resolver las disputas entre los distintos estados, acuñar moneda y organizar y dirigir un servicio postal confederal. No tenían capacidad ni para fijar impuestos y recaudarlos, ni convocar levas nacionales, ni para regular las competencias comerciales. Los trece Estados retenían todas las competencias que no se habían traspasado expresamente al Congreso.

El proyecto propuesto por John Dickinson fue aprobado por el Congreso Continental en 1777 pero necesitaba para su puesta en vigor, según el propio texto, la ratificación de los Estados miembros. Y allí es donde comenzaron a surgir los problemas.

Si bien todos los Estados estuvieron de acuerdo en constituirse en una Confederación de Estados soberanos, no ocurrió lo mismo con las fronteras que cada uno de los Estados reclamaban. Los trece Estados tuvieron ambiciones territoriales. Los límites entre ellos y con los imperios coloniales español e inglés no estaban bien definidos y fueron causa de enfrentamientos constantes.

Tres años tardó Estados Unidos en llegar a un acuerdo sobre las fronteras de los diferentes Estados y poder ratificar así los *Artículos de la Confederación*. Sólo en 1781, y tras duras negociaciones, y cediendo la administración de los territorios en disputa al ahora Congreso de la Confederación, los Estados ratificaron los Artículos. Desde ese momento el Segundo Congreso Continental despareció y el poder recayó en el Congreso de la Confederación.

2.2.2. *Guerra y acuerdos de paz*

La Guerra de Independencia americana fue una guerra internacional al participar junto a Estados Unidos, Francia, los Países Bajos y de alguna manera España, pero fue, y no debemos olvidarnos, también una guerra civil.

No todos los habitantes de las Trece Colonias se unieron a los rebeldes. La cuarta parte de la población permaneció fiel a la corona británica. Los simpatizantes del viejo orden se conocieron como *Realistas, Tories* o *Amigos del rey*. La mayoría de los *Realistas* compartían la cultura política revolucionaria y se opusieron, enarbolando el concepto de libertad británico, al reforzamiento del sistema imperial. Pero estaban convencidos de que la guerra era peligrosa para las colonias y también de que éstas prosperarían más y de forma más equilibrada dentro del Imperio. Sólo se debía revisar el sistema imperial, nunca romperlo. Desde el principio, los revolucionarios o patriotas exigieron fidelidad a su causa y declararon la lealtad a Jorge III como alta traición. Los castigos para los *Tories* o *Realistas* fueron duros y continuos. Desde la pena de muerte, a la confiscación de bienes y la cárcel. En todas las colonias había *Realistas* pero, sobre todo, en las de New York, New Jersey y en la más joven de Georgia. Es más, Nueva York contribuyó con más hombres al ejército de Jorge III que al de los Estados Unidos.

Otros pobladores norteamericanos también se unieron al ejército real. Cuando se les dio la oportunidad de elegir, los esclavos del Sur se integraron masivamente en el ejército británico. Durante la guerra más de 50.000 esclavos —un 10 por 100— dejaron las plantaciones, y de ellos unos 20.000 fueron evacuados por el ejército británico. Tras la derrota británica, los antiguos esclavos se exiliaron: unos a Nueva Escocia, otros a Quebec, y otros a Londres. Muchos, sin embargo, formaron parte de una nueva nación integrada por antiguos esclavos británicos: Sierra Leona en la costa occidental africana. También los *realistas*, de origen europeo, se marcharon. Unos 35.000 se instalaron en Nueva Escocia formando allí la provincia de New Brunswick, en la década de 1780. Unos 8.000 se dirigieron a Quebec fundando la provincia de Upper Canada, más tarde Ontario. Otros fueron a las Indias Occidentales y también a La Florida. Y muchos abandonaron América y se dirigieron a Inglaterra.

Pero además de guerra civil la guerra tuvo, como ya hemos señalado, un grado importante de internacionalización. Muchos europeos se involucraron de forma individual con el bando patriota en esta guerra que suponía una ruptura con el pasado y prometía la llegada de un orden nuevo. El francés marqués de Lafayette, el prusiano Von Steuben, los polacos Pulaski y Kósciuszko contribuyeron con su experiencia a la mejora del ejército americano. Y también se involucraron las potencias borbónicas y Holanda.

La Guerra de Independencia (1775-1783) comenzó bien para Gran Bretaña. Las colonias todavía sin apoyo internacional y con un ejército recién creado actuaban de forma dubitativa. Los británicos, estallada la violencia y conocida la Declaración de Independencia, enviaron una inmensa flota y más de 34.000 soldados hacia Nueva York. Muchos de ellos fueron mercenarios contratados en los diferentes principados alemanes. Los *redcoats* británicos liderados por el general William Howe obligaron, al inicio de la contienda, a Washington y al ejército continental a retirarse, a finales de 1776, más allá del río Delaware. Recuperado, el general americano George Washington atacó por sorpresa en Trenton, New Jersey, la noche de Navidad y venció otra vez en Princeton (3 de enero de 1777) antes de retirarse a sus cuarteles de invierno en Morristown. Todavía con las potencias borbónicas dubitativas sobre si entrar en guerra o no, Washington comenzó a recibir municiones, armamento, uniformes y también subsistencias de Francia y España que querían debilitar a Gran Bretaña. Y esta ayuda fue esencial para los inicios del recién creado ejército americano.

La estrategia británica, en los primeros años de la Guerra, era la de separar a los estados de Nueva Inglaterra, los más independentistas y belicosos, del resto de los Estados Unidos, pero George Washington la vislumbró pronto y decidió afrontarla con valentía. Para lograr sus objetivos, el ejército británico quería que el general John Burgoyne se reuniera desde el Canadá con las tropas del general Howe asentadas como hemos visto, en el Hudson, en concreto en Albany. El primer triunfo de las tropas de Burgoyne fue en Vermont en el fuerte Ticonderoga. Mientras las tropas del norte descendían lentamente, Howe, que tenía otras ideas embarcó a su ejército y decidió enfrentarse con Washington cerca de la Bahía de Chesapeake pensando en conquistar la hasta entonces capital política de los patriotas: Filadelfia. Los británicos vencieron en Brandywine Creek (1 de septiembre de 1777) entrando triunfantes en Filadelfia el 25 del mismo mes. Fue un hecho demoledor para los rebeldes que habían utilizado esa ciudad como centro de reunión de los Congresos Continentales. Washington intentó recuperar territorios pero, por un lado, la niebla y por otro la mala preparación de su ejército confundieron a sus tropas. El general Howe triunfante invernó en la cómoda Filadelfia mientras que los cuarteles de invierno de Washington fueron mucho menos confortables y muy fríos. Invernaron cerca de Valley Forge.

Pero a pesar de los primeros triunfos, el alejamiento del general Howe hacia el sur ocasionó que el ejército del general Burgoyne, que descendía por los actuales estados de Vermont y de Nueva York, fuera mucho más vulnerable. Burgoyne primero fue derrotado cerca de Bennington por el general americano John Stark y, después, cerca de Saratoga, por el general Horatio Gates en Freeman's Farm (esta derrota se conoce como la primera batalla de Saratoga). Después de sufrir otra derrota, el 7 de octubre en Bemis Heights (la segunda batalla de Saratoga), el general británico Burgoyne se rindió. Las batallas de Saratoga fueron cruciales para la independencia de los Estados Unidos. Francia se percató de que el ejército rebelde tenía posibilidades si se le ayudaba para vencer a la metrópoli y firmó los Tratados de Amistad reconociendo así a Estados Unidos y entrando en guerra en 1778. Poco después, como ya hemos señalado, en 1779 y 1780 España y Holanda entraban en la contienda. Con la ayuda internacional todo fue mucho más sencillo para los rebeldes.

La entrada de las potencias europeas en guerra obligó a los británicos a revisar su estrategia militar en América. Al general Howe le sucedió, al principio de 1778, Sir Henry Clinton quién decidió mover su ejército desde

CAPÍTULO 1: ESTADOS UNIDOS. LA FUNDACIÓN Y LA CONSTITUCIÓN

Filadelfia a Nueva York y también comenzó a atosigar a los Estados sureños. Clinton conquistó Savannah y Atlanta. También Charleston en Carolina del Sur cayó con rapidez, en mayo de 1780, y en agosto fue derrotado el general estadounidense Gates por los británicos en la batalla de Camden.

A pesar de que el Sur parecía caer bajo control británico, la presencia francesa y española amenazó estos triunfos ingleses. A partir de 1781, los americanos y sus aliados comenzaron a ganar batallas a los ingleses en el Sur. El general Cornwallis decidió trasladar a su ejército cerca de la costa de Virginia buscando el apoyo de la armada británica. Pero Cornwallis fue atosigado por el General Washington y más de 7.000 soldados americanos y franceses liderados por el General Rochambeau. También arribó a las costas virginianas un ejército, de más de tres mil hombres, que, liderado por el Marques de Lafayette, impidió la retirada de los británicos. A su vez, desde las Indias Occidentales, la flota francesa capitaneada por el almirante De Grasse tocó tierra impidiendo que la armada británica se acercase a las costas para ayudar a Cornwallis. Atrapado entre la flota francesa y el ejército franco-estadounidense, el general Cornwallis se rindió el día 19 de octubre de 1781.

Además los españoles habían logrado parte de sus objetivos militares. En agosto y septiembre de 1779, Bernardo de Gálvez y su ejército cruzaron el Mississippi y derrotaron a las tropas británicas en los fuertes de Manchac, Baton Rouge y Natchez en la orilla oriental del río. Después dirigió los pasos de sus hombres a los dos puertos de La Florida occidental: Mobila y Pensacola. En enero de 1780, con apoyos procedentes de La Habana, dirigió las fuerzas navales y terrestres sobre el Fuerte Charlotte, en la Mobila, logrando su rendición el 12 de marzo de 1780. Además con siete mil hombres procedentes de Cuba, Nueva Orleans y Mobila, Bernardo de Gálvez, conquistó Pensacola en marzo de 1781. Las hazañas del joven Gálvez causaron emoción en la corte de Madrid y también en el ejército norteamericano. España había logrado arrebatar La Florida a los ingleses.

Desde finales de 1781 los norteamericanos estaban convencidos de haber ganado la guerra y querían concluirla cuanto antes. Sin embargo, la Monarquía Hispana deseaba continuar. Todavía no había logrado Gibraltar que era uno de los objetivos marcados en su decisión de entrar en guerra. Además como España y Francia habían firmado el tratado de Aranjuez que obligaba a las dos naciones a continuar la guerra hasta que todos los territorios perdidos por España en el siglo XVIII se recuperaran, la guerra continuaba. Esta situación disgustó a los Estados Unidos. Creían que los objetivos que le habían llevado a la guerra con su metrópoli estaban ya cumplidos. Sólo deseaban su independencia y el reconocimiento de la misma primero por Gran Bretaña y después por el concierto de naciones.

En 1782 Benjamin Franklin, John Adams, y John Jay se encontraban en París dispuestos a negociar los tratados de paz. Tenían además instrucciones estrictas del Congreso de la Confederación. No debían firmar ninguna paz separada con Gran Bretaña y actuarían de acuerdo con su aliada Francia. Pero estos revolucionarios republicanos eran críticos con las cortes europeas y para ellos el continuar la guerra en América del Norte, por conseguir intereses coloniales españoles, era una clara muestra de la corrupción monárquica contra la que habían luchado. Ignorando sus instrucciones iniciaron conversaciones secretas con Gran Bretaña firmando las dos naciones, en septiembre de 1782, los acuerdos preliminares de Paz. Gran Bretaña reconocía y garantizaba la independencia de los Estados Unidos y se fijaron las fronteras de la nueva nación. Por el Norte los Estados Unidos alcanzarían el paralelo 45 y los Grandes Lagos, por el Oeste la frontera sería el Mississippi, por el Sur el paralelo 31, y por el Este el Océano Atlántico incluyendo todas las islas comprendidas en 20 leguas. Se garantizaban derechos ilimitados de pesca en las costas de Terranova y del Golfo del San Lorenzo; también reconocía sorprendentemente, teniendo en cuenta que tanto Luisiana como Florida eran ahora españolas, la libre navegación por el Mississippi para Gran Bretaña y para los Estados Unidos. Las deudas contraídas con prestamistas británicos y americanos debían pagarse; también se introdujo una recomendación del Congreso de que se restauraran las confiscaciones de bienes de los *realistas*, y por último, los acuerdos establecían que las tropas británicas abandonarían el suelo de los Estados Unidos.

Estaba claro que Gran Bretaña había perdido la guerra militar contra sus colonias pero estaba dispuesta a seguir siendo una gran fuerza política. Con estos Artículos preliminares tanto Gran Bretaña como Estados Unidos salían fortalecidos. Estados Unidos tendría la excusa para luchar por esas amplias fronteras que sólo su antigua metrópoli le reconocía y además insistiría en la libre navegación del Mississippi aunque las riberas fueran españolas. Gran Bretaña sabía que estaba debilitando a las potencias borbónicas. Había señalado fronteras a la nueva nación en suelo que no le pertenecía y también se había atribuido derechos cuanto menos cuestionables. La semilla de futuros enfrentamientos entre la joven república y el imperio español estaba sembrada.

El 30 de junio de 1783 Francia y España firmaban los tratados provisionales de paz con Gran Bretaña. En la Paz de París Gran Bretaña reconocía la independencia de los Estados Unidos; Francia recuperaba Tobago, Santa Lucía y el Senegal, y España recuperaba Menorca y La Florida aunque no logró recuperar Gibraltar.

3. LA CONSTITUCIÓN

Francia y España habían vengado la humillación sufrida frente a Gran Bretaña en la Guerra de los Siete Años aunque Gran Bretaña con sus acuerdos secretos había sembrado las semillas de la discordia entre Estados Unidos y la Monarquía Hispana. Las antiguas Trece Colonias inglesas ya eran para su metrópoli y también para el resto de las naciones desde 1783 una Confederación de Estados Soberanos e iniciaban su andadura histórica.

3.1. El período crítico

No fue fácil para las colonias transformarse en nación soberana. Estados Unidos salió devastado después de la dura guerra civil e internacional librada en su territorio. Además su ruptura con Gran Bretaña suponía que las viejas relaciones comerciales con la metrópoli se habían roto y que había que buscar y establecer tratados económicos y diplomáticos con el concierto de naciones. A esas dificultades que afectaron sobre todo a la economía interna se unieron graves problemas internacionales. Las potencias coloniales, como España e Inglaterra, que todavía mantenían colonias en América no contribuyeron a que unas antiguas colonias se transformasen en naciones prósperas e independientes.

Fue el filósofo John Fiske el que en su obra *The Critical Period of American History* (1788) acuñó el término de Período crítico para denominar la etapa de la historia de Estados Unidos entre 1783, fecha del reconocimiento de su independencia, y 1789 que es cuando se ratificó la Constitución. El Período crítico fue uno de los períodos más difíciles de la Historia de los Estados Unidos en el que las antiguas colonias casi desaparecieron como nación soberana.

3.1.1. *Hacia un reforzamiento del poder común a los Estados*

Tanto aquellos que como Thomas Jefferson o John Adams residían en el exterior representando a Estados Unidos en las cortes europeas, como los representantes que ocupaban cargos en los gobiernos estatales estuvieron preocupados por los escasos poderes que tenía el Congreso de la Confederación tras el reconocimiento de la independencia de Estados Unidos. En realidad los trece Estados Unidos que conformaban la Confederación eran soberanos y su Congreso común tenía, como ya señalamos, escasos poderes. No podían recaudar impuestos, ni convocar levas, ni dirigir las relaciones comerciales de los Estados Unidos. Si a eso unimos una deuda inmensa contraída en la Guerra de Independencia, la falta de un sistema comercial firme y de mercados seguros para sus productos no es de extrañar que surgieran en los jóvenes Estados Unidos de América revueltas y enfrentamientos.

Muchos granjeros se llenaron de deudas al no poder encontrar mercados para sus productos. Tanto en Massachusetts como en el Sur, en donde los plantadores habían visto huir a miles de esclavos durante la guerra para vincularse al ejército británico que les había ofertado la libertad, los sistemas de producción tradicionales hacían aguas. La rebelión de Shay en Massachusetts fue un duro ejemplo de lo que ocurría. Daniel Shay (1747-1825) y otros granjeros, muchos de ellos veteranos de la Guerra de Independencia, vieron cómo sus deudas les hacían perder sus propiedades y en muchos casos les llevaban a prisión. En 1786 Shay lideró a más de 4.000 granjeros y se enfrentaron, en distintos lugares, a las milicias privadas que las élites de Massachusetts habían financiado para mantener «su» orden.

La rebelión de Shay fue sofocada pero impulsó el deseo de reforma de muchos de los Fundadores que consideraron necesaria una revisión en profundidad de los Artículos de la Confederación.

Pero no sólo existieron problemas internos. Tanto España como Gran Bretaña actuaron con eficacia para debilitar a las antiguas colonias. España había enviado a Estados Unidos, nada más conocerse la independencia, a Diego Gardoqui como encargado de negocios con la finalidad de firmar un tratado fijando la frontera entre las dos naciones pero también con la intención explícita en sus instrucciones de debilitar a la nueva nación. Gardoqui actúo con eficacia firmando tratados con los nativos americanos para que atosigaran a los colonos que se adentrarán en tierras que los españoles consideraban como propias y, también, ofreció a Estados Unidos a través del responsable de la política exterior del Congreso de la Confederación, John Jay (1745-1829), un tratado que privilegiaba en comercio con Hispanoamérica pero que impedía la libre navegación del Mississippi. Era una oferta envenenada porque la propuesta entusiasmó a los Estados mercantiles del Noreste disgustando mucho a los territorios del Oeste que precisaban de la navegación por el gran río para su comercio. La Monarquía Hispana separaba así a las antiguas colonias creando enfrentamientos y rencillas entre los Estados y ocasionando hasta propuestas de sedición. También Gran Bretaña ocasionó dificultades al negarse a abandonar algunos de sus fuertes del Oeste —la deuda de Estados Unidos con su antigua metrópoli era grande y el Congreso no tenía medios para hacerle frente— y al reclamar territorios en la frontera del Canadá que también consideraban propios los Estados Unidos. Con esa sensación de crisis no es extraño que gran parte de la clase política americana abogara por una reunión para revisar los Artículos de la Confederación y lograr así un Estado mucho más fuerte.

3.1.2. *La Constitución Federal*

Fue Alexander Hamilton (1755?-1804), un abogado procedente de las Indias occidentales y que había participado en la política neoyorquina, quien propuso —tras una primera reunión en Annapolis, Maryland, en 1786— al Congreso de la Confederación la convocatoria de un congreso extraordinario para revisar los Artículos de la Confederación. En febrero de 1787 el Congreso convocaba a representantes de los trece Estados en Filadelfia. El 25 de mayo lo que resultó ser un congreso constituyente iniciaba sus sesiones. Acudieron 55 delegados representando a doce de los trece Estados. Rhode Island, uno de los Estados más liberales y más pequeño, no quería reforzar los poderes comunes a los Estados y no envió representación. Los representantes tenían mucho que debatir. Los Estados eran muy heterogéneos con intereses muy diversos, como nos recordaba Valentín de Foronda, y debían consensuar y pactar muchas cosas.

De los cincuenta y cinco representantes reunidos en Filadelfia, sólo ocho habían sido firmantes de la Declaración de Independencia y tan sólo seis habían rubricado los Artículos de la Confederación. La mayoría eran políticos que consideraban necesario reformular los principios de la nueva nación para lograr mayor estabilidad y a ser posible progreso. Muchos pertenecían a los grupos sociales acomodados de los doce Estados. De ellos veintinueve eran graduados universitarios en una época en donde sólo las élites acudían a la Universidad. Habían acudido a centros estadounidenses y británicos. Así había licenciados de Harvard, Yale, Columbia, Princeton, William and Mary, Oxford, Glasgow y Edimburgo. Entre los no universitarios había también representantes muy cultos aunque autodidactas como Benjamin Franklin y George Washington. Casi todos tenían entre treinta y cincuenta años. Un representante tenía ochenta y uno (Benjamin Franklin) y otro, Jonathan Dayton, sólo veintiséis.

Lo primero que hicieron los cincuenta y cinco delegados, reunidos en el Liberty Hall de Filadelfia, el mismo lugar en el que once años antes se había firmado la Declaración de Independencia, fue elegir por unanimidad a George Washington como presidente de la Convención. Después debatieron las diferentes propuestas que surgieron. Todos estuvieron de acuerdo en que los Estados Unidos serían una federación de Estados con la soberanía compartida entre el Estado federal y cada uno de los Estados miembros. El estado federal podía imponer impuestos, dirigir las relaciones exteriores, regular el comercio nacional e internacional, establecer las condiciones de naturalización, y crear una armada y un ejército de tierra nacionales. Además, la sección 10 del artículo 1 recogía prohibiciones específicas a los Estados miembros de la Unión: «Ningún Estado podrá celebrar Tratados, alianzas, o confederaciones, conceder patentes de corso y de represalia; acuñar moneda; emitir billetes de crédito, autorizar el pago de deudas en otras monedas [...]». También estuvieron de acuerdo, siguiendo a Montesquieu, en la necesidad de un sistema de separación estricta de poderes.

Pero sin embargo, los Padres Fundadores, se enfrentaron por tres temas. El primero fue el número de cámaras que detentarían el poder legislativo y cómo se elegirían sus representantes, el segundo se centró en cómo se podría conciliar esclavitud y representación republicana y por último debatieron sobre qué institución detentaría el poder ejecutivo. Así, en la Convención de Filadelfia se presentaron diferentes planes y propuestas y todas fueron debatidas con rigor y a veces con dureza. La primera fue el plan llamado de Virginia defendido por los virginianos James Madison (1751-1836) y Edmund Randolph (1753-1813). Considerando que gran parte de los problemas de la Confederación radicaban en que allí estaban representados los estados y no los ciudadanos, el nuevo Plan proponía un modelo de representación nacional en donde los intereses de los ciudadanos estuvieran presentes. Así, los representantes de la Cámara baja —proponía un sistema bicameral— serían elegidos por un sistema proporcional al número de habitantes en cada uno de los Estados y a los de la Cámara alta o Senado los elegirían los representantes de la Cámara baja. Preveía también la creación de un poder ejecutivo. El plan no gustó a los Estados más pequeños que consideraron que sus peculiaridades e intereses se diluirían en el flujo mayoritario. Pero el hecho de que el plan se debatiera supuso la aceptación implícita de gran parte de la Convención de crear un sistema político diferente al dibujado en los Artículos de la Confederación.

Los Estados pequeños disgustados con el Plan de Virginia presentaron un nuevo proyecto conocido como el Plan de New Jersey que en realidad proponía una reforma de los Artículos de la Confederación, manteniendo un Congreso en donde la representación se hacía por Estados, pero incrementado sus poderes. Este proyecto tuvo poco apoyo.

El consenso llegó con la presentación de un nuevo borrador por parte de Oliver Ellsworth (1745-1807) y Roger Sherman (1721-1823) conocido como el Compromiso de Connecticut. La solución encontrada fue la de diseñar un sistema bicameral en donde la Cámara Baja representase los intereses de los ciudadanos y estuviese conformada por un número de representantes proporcional al número de habitantes en cada uno de los Estados, y una Cámara alta que defendiera los intereses de los Estados. En ella, sin importar el tamaño, cada Estado estaría representado por dos senadores. El Compromiso preveía también la instauración de una presidencia que detentara el poder ejecutivo. Este modelo de estricta división de poderes —legislativo, las dos cámaras; ejecutivo el presidente, y judicial el Tribunal Supremo— fue el que prevaleció en la Constitución Federal de 1789.

Pero en los debates sobre la representación surgió el segundo tema que enfrentaría a los Padres Fundadores y es el de la esclavitud. ¿Eran habitantes de Estados Unidos los esclavos de origen africano? Si lo eran, debían contar a la hora de elegir representantes. La solución, tras amplios debates entre los representantes de los Estados esclavistas y de los libres, fue que cada esclavo contase como tres quintos de una persona considerada como libre y con derechos electorales y fiscales. La esclavitud no fue condenada por la Constitución buscando un consenso entre el Norte y el Sur.

El tercer gran debate necesitado de consenso fue la naturaleza de la presidencia. El poder ejecutivo había sido muy criticado en la época revolucionaria por su vinculación a la monarquía de Jorge III y, por tanto, a lo que los revolucionarios consideraron como tiranía. Sin embargo, los partidarios de un nuevo régimen enarbolaron que la figura presidencial, depositaria del poder ejecutivo era necesaria para evitar los problemas del período oscuro. La certeza de que George Washington sería el primer presidente y la fe en su virtud republicana evitó grandes enfrentamientos entre los constituyentes. Así se aprobó en la Constitución que el poder ejecutivo recayera en una presidencia electa, con amplios poderes, entre ellos la capacidad para liderar las relaciones internacionales aunque con cierta supervisión del senado (éste debía ratificar los tratados internacionales y los nombramientos de embajadores). También el ejecutivo tendría poder de veto sobre la legislación emanada del Congreso. Ahora bien, en caso de que el presidente cometiera delito, el Congreso —la unión de las dos cámaras— tenía derecho de *impeachment*. La Cámara baja tras una investigación abriría el proceso y el senado, presidido por el presidente del Tribunal Supremo cuando el encausado fuera el presidente, juzgaría. Se necesita una mayoría de dos tercios para apartar al presidente de su cargo e iniciar el juicio correspondiente.

Por temor a los excesos del gobierno popular y con una cultura política republicana, el presidente sería elegido no de forma directa por los electores sino que estos elegirían a un Colegio electoral y éste a su vez al presidente. Cada Estado tendría el mismo número de electores en el colegio electoral que el de senadores y representantes en el Congreso de Estados Unidos. En el caso de que ninguno de los candidatos tuviera la mayoría en el colegio electoral, el presidente sería elegido por la Cámara de representantes.

También la Constitución estableció un sistema de enmiendas para corregirse y actualizarse. En su artículo V se establece que para que una enmienda se introduzca en la Constitución se necesita que sea propuesta por dos tercios de los representantes del Congreso —Cámara Baja y Senado— o de las asambleas de dos tercios de los Estados y debe ser, una vez debatida, aprobada por tres cuartos de los Estados de la Unión. Éste es el procedimiento que se ha utilizado para aprobar las veintisiete enmiendas de la Constitución de Estados Unidos.

Debatidos y votados todos los problemas se eligió a un comité de estilo para revisar la redacción final de esta Constitución que a través del federalismo y de una estricta separación de poderes pretendía garantizar la virtud republicana huyendo de las continuas amenazas de corrupción. Todo el saber y la experiencia política de los Padres Fundadores se puso al servicio de diseñar una organización política novedosa para evitar que la misma facción —un grupo de ciudadanos que luchan por su interés particular y no por el bien común— estuviera en todos los ámbitos de poder. Además instauraron en la propia Constitución un sistema de tiempo de permanencia distinta en la ocupación de los cargos federales —dos años como representante, cuatro como presidente, seis como senador— y también en la elección de los representantes estatales, lo que facilitaba que el electorado cambiase de opinión política entre unas elecciones y otras, impidiendo así el acceso a la misma mayoría en todos los ámbitos de poder y la facilidad del surgimiento de facciones.

Finalizada la elaboración de la Constitución, ésta fue rubricada sólo por treinta y nueve de los cincuenta y cinco delegados. Trece de ellos, una vez concluidos los debates habían regresado a sus hogares y tres, Elbridge Gerry, George Mason y Edmund Randolph, se negaron a firmarla por no estar de acuerdo con el texto final.

3.2. Problemas para la ratificación

Y no fueron los únicos. Cuando el pueblo americano vio el resultado de la Convención, en el mes de septiembre de 1787, que tenía el mandato de corregir los artículos de la Confederación, se quedó sorprendido. Los Padres Fundadores habían extralimitado su mandato al crear un régimen político nuevo a través de la nueva Constitución Federal. Una nación con un poder central fuerte sobre todo en manos del poder ejecutivo, del presidente y de una de las ramas legislativas, el senado. Era desde luego algo muy diferente a lo que establecía la Declaración de Independencia y los Artículos de la Confederación.

3.2.1. *Antifederalistas y federalistas*

Fueron sobre todo los periódicos neoyorquinos los primeros en reflejar su descontento con lo que se había realizado en Filadelfia. Considerando que la nueva Constitución no contenía una Declaración de Derechos como freno a las posibles acciones despóticas del poder y también afirmando que las repúblicas grandes, como demostraba la historia y los propios textos del republicanismo, eran sujetos de corrupción, los antifederalistas —aquellos que se opusieron a la ratificación de la Constitución— inundaron con sus artículos la prensa de muchos de los trece Estados. Entre ellos destacaron James Winthrop de Massachusetts, Melancton Smith de Nueva York y los virginianos Patrick Henry y George Mason.

La propia Constitución señalaba que se necesitaba la ratificación de nueve de los trece Estados para su puesta en vigor pero la dura oposición antifederalista, muy fuerte en Rhode Island, Nueva York, Massachusetts y Virginia, hizo peligrar el nuevo texto constitucional.

Alexander Hamilton intentó organizar de forma sistemática la acción de los defensores del nuevo texto o federalistas. Llamó a dos de las mentes más preclaras del período revolucionario, a James Madison y a John Jay, y con ellos publicó, bajo el seudónimo de Publius, 85 artículos defendiendo la Constitución que aparecieron en la prensa americana y que hoy conocemos como los *Federalist Papers*. De todos ellos es el número 10, escrito por James Madison, el que mejor contesta a la dudas antifederalistas. Del tamaño de la república federal se hizo virtud, al afirmar Madison que la existencia del federalismo y del sistema republicano —que es en el que la representación tiene cabida— imposibilitaba que la misma facción estuviera en todos los puntos del poder. Ahora, según Madison, el mayor tamaño de la república era indispensable para garantizar la virtud republicana.

3.2.2. *Declaración de Derechos* (Bill of Rights)

Los federalistas, mejor organizados y unidos y cediendo frente a la reclamación de una Declaración de Derechos, lograron que la Constitución se ratificase por los Estados necesarios en 1789. En 1791 se incluía en el texto constitucional, como las diez primeras enmiendas, una Declaración de Derechos.

Fue el propio Congreso de los Estados Unidos nada más constituirse, tras la ratificación de la Constitución, quién aprobó un borrador, inicialmente con doce enmiendas, elaborado por James Madison, conteniendo una

Declaración de Derechos cumpliendo así con las promesas hechas a los antifederalistas. Las doce enmiendas fueron enviadas a los Estados, sobreviviendo sólo diez al proceso de ratificación. La intención de las diez primeras enmiendas era, como la de todas las Declaraciones de Derechos, ratificar el espacio de libertad individual garantizando derechos y libertades y contener así la posibilidad del ejercicio tiránico del poder por parte del gobierno de los Estados Unidos. Muy influida por la Declaración de Derechos de Virginia, de Massachusetts y de otros Estados americanos fue diferente a las Declaraciones de derechos inglesas de 1628 y de 1688. Como nos recuerdan Alan Nevins y Henry Steele Commager las declaraciones inglesas estaban muy relacionadas con cuestiones de procedimiento jurídico pero la estadounidense además de garantías jurídicas —juicios por jurado, fianzas y multas poco onerosas, prohibición de castigos «crueles e inusuales», y de privación de la vida, la propiedad y la libertad sin la existencia de un proceso justo y de acuerdo a derecho— recogía otros derechos y libertades como la libertad de expresión, de reunión, de asociación, la libertad religiosa, el derecho a portar armas y muchas más. El pueblo también conservaba aquellos derechos no enumerados en la Declaración y los poderes que no habían sido delegados en el gobierno federal se reservaban para los Estados. La inclusión de las primeras diez enmiendas tranquilizó a muchos revolucionarios al contener, de alguna manera, el inmenso poder adquirido por los poderes nacionales.

Del debate, del enfrentamiento durante los años convulsos de la independencia y de la Confederación, los estadounidenses hicieron virtud y lograron primero discutir, consensuar y, después, consolidar un texto, la Constitución de los Estados Unidos de América, que ha articulado la vida estadounidense desde entonces y que, en la actualidad, es la más antigua de las constituciones en vigor.

4. BIBLIOGRAFÍA

ALLISON, Robert (2011): *The American Revolution: A Concise History*, Oxford University Press, Nueva York.
APARISI MIRALLES, Ángela (1995): *La revolución norteamericana. Aproximación a sus orígenes ideológicos*, CEC, Madrid.
BAILYN, Bernard (1967): *The Ideological Origins of the American Revolution*, Harvard University Press, Cambridge. Existe edición española, *Los orígenes ideológicos de la Revolución norteamericana*, con estudio preliminar de Víctor Méndez Baiges, Tecnos, Madrid, 2012.
BEARD, Charles (1935): *An Economic Interpretation of the Constitution of the United States*, Macmillan, Nueva York.
FERLING, John (2011): *Independence: The Struggle to Set America Free*, Bloomsbury Press, Nueva York.
FERRAND, Max (1913): *The Framing of the Constitution of the United States*, Yale University Press, New Haven.
FISKE, John (1891): *The American Revolution*, 2 vols., Houghton Mifflin & Company, Boston.
FLEMING, Thomas (2007): *The Perils of Peace: America's Struggle for Survival After Yorktown*, Collins, Nueva York.

FORONDA, Valentín de: «Apuntes Ligeros sobre los Estados Unidos de la América Septentrional», *The Americas*, vol. 4, n.º 3 (Jan., 1948), pp. 363-387.
GAINES, James R. (2007): *For Liberty and Glory: Washington, Lafayette and Their Revolutions*, W.W. Norton & Company, Nueva York.
GRIFFIN, Patrick (2012): *America's Revolution*, Oxford University Press, Nueva York.
GUARDIA, Carmen de la (1992): *Proceso Político y elecciones en Estados Unidos*, Eudema, Madrid.
McDONALD, Forrest (1985): *Novus Ordo Seclorum, The Intellectual Origins of the Constitution*, Universtity Press of Kansas, Lawrence.
MINTZ, S.: «The Critical Period: America in the 1780s.», Digital History, http://www.digitalhistory.uh.edu/database/article_display.cfm?HHID=276.
MORISON, Samuel Eliot (1965): *Sources and Documents illustrating the American Revolution 1764-1788 and the formation of the Federal Constitution*, selección y edición de Samuel Eliot Morison, Oxford University Press, Nueva York.
POCOCK, J. G. A. (1975): *The Machiavellian Moment: Florentine Political Thought and the Atlantic Republican Tradition*, Princeton. Existe versión española: *El momento maquiavélico, el pensamiento político florentino y la tradición republicana atlántica*, Tecnos, Madrid, 2002.
WOOD, Gordon S. (1992): *The Radicalism of the American Revolution*, Knopf, Nueva York.
— (2003): *The American Revolution. A History, New York: Modern Library*. Existe edición española, (2003), *La revolución norteamericana*, Mondadori, Barcelona.
— (2004): *The Americanization of Benjamin Franklin*, Penguin Press, Nueva York.
— (2006): *Revolutionary Characters: What Made the Founders Different*, Penguin Press. Nueva York.

5. PÁGINAS WEB

Africans in American Revolution, PBS, http://www.pbs.org/wgbh/aia/part2/title.html
American Memory, Library of Congress, http://memory.loc.gov/ammem/index.html
Avalon Project, Documents in Law, History and Diplomacy, Yale Law School, http://avalon.law.yale.edu/
Digital History, Mintz, S., & McNeil, S. (2015). Digital History, http://www.digitalhistory.uh.edu
Center for History and New Media: History Matters, City University of New York, http://historymatters.gmu.edu/
Spy Letters of the American Revolution, Clements Library, http://clements.umich.edu/exhibits/online/spies/index-main2.html
The National Archives Experience, Digital Vaults, http://digitalvaults.org/
Liberty the American Revolution, PBS, http://www.pbs.org/ktca/liberty/

CAPÍTULO 2

EL CONGRESO

MANUEL PASTOR MARTÍNEZ
Catedrático de Ciencia Política
Facultad de Ciencias Políticas y Sociología
Universidad Complutense de Madrid
mpastor@cps.ucm.es

1. INTRODUCCIÓN HISTÓRICO-CONSTITUCIONAL

Tras el brevísimo Preámbulo de la Constitución de los Estados Unidos, que se inicia con la famosa invocación, principio constituyente y de la legitimación democrática, «We the People of the United States...», inmediatamente el Artículo Primero, Sección 1, dispone: «All legislative Powers herein granted shall be vested in a Congress of the United States, which shall consist of a Senate and House of Representatives» («Todos los poderes legislativos otorgados estarán garantizados en el Congreso de los Estados Unidos, que consistirá en un Senado y una Cámara de Representantes»).

El sistema político-constitucional estadounidense se caracteriza sobre todo por una fuerte separación de poderes, aunque en el texto constitucional no se menciona el concepto (típico de la tradición anglicana, subyace una constitución «no escrita», donde no se mencionan la «separación de poderes», el «federalismo», los «*checks and balances*», los «partidos políticos», la «democracia»...). Sin embargo es significativo que, en la enumeración de los poderes, el legislativo encarnado en el Congreso aparezca en primer lugar, como el órgano primigenio y más representativo de la soberanía popular. Aunque tras la evolución histórica del sistema, y especialmente a partir del siglo XX con el progresivo incremento de los poderes de la Presidencia, hoy designemos a los Estados Unidos como un sistema político «presidencial», en claro contraste con los sistemas «parlamentarios» de Europa.

En la tradición americana el Congreso es la primera institución histórica resultante de la Revolución. Como narra Charles Dickens en su famosa novela *A Tale of Two Cities*, insinuando el nacimiento de dos culturas políticas diferentes, mientras los franceses en su Revolución inventarían el Terror, los americanos creaban algo menos sangriento y más constructivo, «a Congress of British subjects in America». Concretamente, el denominado Primer Congreso Continental, reunido en septiembre de 1774, tras el proceso de rebelión desencadenado a partir del *Boston Tea Party* en diciembre de 1773. Es significativo que casi nadie recuerde, salvo los historiadores del período, quién fue el primer presidente de los Estados Unidos, presidente *político*, pre-constitucional, de la nueva Nación: Peyton Randolph, de Virginia. Todo el mundo, convencionalmente, nombra a George Washington, primer presidente según la Constitución federal de 1787, pero entre Randolph y Washington (durante los años 1774-1789) hubo una quincena de Presidencias de los Estados Unidos con trece presidentes (dos de ellos tuvieron un segundo mandato), igualmente ignorados hoy por la mayoría de la gente.

En efecto, presidieron los Estados Unidos durante el Primer Congreso Continental (1774): Peyton Randolph y Henry Middleton. Asimismo presidieron los Estados Unidos durante el Segundo Congreso Continental (1775-1781): Peyton Randolph (segundo mandato), John Hancock, Henry Laurens, John Jay, y Samuel Huntington. Finalmente presidieron los Estados Unidos durante los Congresos bajo los Artículos de la Confederación (1781-1787): Samuel Huntington (continuando su mandato), Thomas McKean, John Hanson, Elias Boudinot, Thomas Mifflin, Richard Henry Lee, John Hancock (segundo mandato), Nathaniel Gorham, Arthur St. Clair y Cyrus Griffin.

Es ilustrativo de la escasa importancia de los presidentes de los sucesivos Congresos pre-constitucionales que, por ejemplo, uno de ellos y de cierta notabilidad, el neoyorquino John Jay, que ejerció su mandato en 1779 (el cargo presidencial era de un tiempo máximo anual), al término del cual fue nombrado por el mismo Congreso embajador en España, con el objeto de negociar una alianza y acuerdos de los rebeldes americanos contra Gran Bretaña. Jay llegó a Cádiz, pero no se le permitió desplazarse a la Corte durante algún tiempo, y después, ya establecido en Madrid, se le siguió ninguneando por las máximas autoridades del gobierno de Carlos III.

En una obra reciente del historiador Ray Raphael, *Mr. President. How and Why the Founders Created a Chief Executive* (A. A. Knopf, New York, 2012), se documentan muy bien los recelos iniciales que, con algunas excepciones (como Alexander Hamilton y los *nacionalistas* Robert Morris, Gouverneur Morris, John Jay, James Duane, James Wilson, John Dickinson...), los creadores del sistema político americano tenían respecto a la figura de un Presidente excesivamente poderoso e independiente respecto al Congreso. En la práctica, como ha investigado detalladamente Charles Rappleye (*Robert Morris. Financier of the American Revolution*, Simon & Schuster, New York, 2010), por recomendación de Hamilton y Duane, Robert Morris se convierte en el más alto ejecutivo civil del gobierno americano, como director de la Oficina Financiera durante la Guerra de Independencia (*Superintendent of the Office of Finance*), que aparte de obtener préstamos de Francia, Holanda y España, fija el dólar de plata español —de ocho reales— como modelo de la nueva unidad monetaria de los Estados Unidos. El cargo de Morris prefiguraría lo que iba a ser la futura Presidencia, como poder ejecutivo y administrativo autónomo o separado del Congreso.

En todo caso esta institución seguirá ocupando una posición preeminente, como destacaría el eminente constitucionalista y fundador de la especialidad en la Universidad de Harvard, Joseph Story, desde la *Declaration of Rights of the Continental Congress, October 14, 1774*, y en la misma Declaración de Independencia, cuyo enunciado reza: «Action of the Second Continental Congress, July 4, 1776. The unanimous Declaration of the thirteen United States of America». Y al término del texto, precediendo a la lista de personalidades que lo subscriben, vuelve a referirse al mismo: «We, therefore, the Representatives of the United States of America, in General Congress, etc.». Entre los cincuenta y seis firmantes figuran seis presidentes, cuatro del Congreso Continental *confederal* (Hancock, Lee, McKean, y Huntington) y dos del posterior sistema político bajo la Constitución *federal* (John Adams y Thomas Jefferson), que habían sido destacados autores del texto de la Declaración, y serían los primeros presidentes después de George Washington, respectivamente, de los dos grandes partidos políticos, el Federalista y el Demócrata-Republicano, antecedentes históricos de los actuales partidos Republicano y Demócrata.

Asimismo, la preeminencia del Congreso quedaba definitivamente establecida bajo los *Artículos de la Confederación* de 1778 (ratificados en 1781), y en los resultados finales de la Convención constitucional de Filadelfia.

El artículo I del texto de la Confederación reza: «The style of this confederacy shall be the United States of America». Y el artículo II: «Each State retains its sovereignty, freedom, and independence, and every power, jurisdiction, and right, which is not by this Confederation, expressly delegated to the United States in Congress assembled». La expresión «the United States in Congress assembled» se repetirá casi una veintena de veces en los artículos sucesivos (V, VI, VIII, IX, X, XII, y XIII). Y en el último, se precisará: «And we do further solemnly plight and engage the faith of our respective constituents, that they shall abide by the determinations of the United States in Congress assembled, on all questions, by the said Confederation, are submitted to them; and that the articles thereof shall be inviolably observed by the States we respectively represent; and that the Union shall be perpetual, etc.».

Finalmente, la Convención de Filadelfia creó el texto definitivo y todavía vigente del sistema político norteamericano. El Artículo Primero de la *Constitución federal* de 1787, efectivamente, se dedicará al Congreso de los Estados Unidos y en su *Section 1* se determina que «All legislative Powers herein granted shall be vested in a Congress of the United States, which shall consist of a Senate and House of Representatives». Y la *Section 7*, de manera significativa, establece que «All Bills for raising Revenue shall originate in the House of Representatives; but the Senate may propose or concur with Amendments as on other Bills, etc.».

El decano de los estudios monográficos contemporáneos sobre el Congreso es el politólogo y político Woodrow Wilson (1856-1924), vigesimoctavo presidente de los Estados Unidos, líder del partido Demócrata, que fue elegido y reelegido para dos mandatos entre 1913 y 1921. El entonces profesor Wilson de la John Hopkins University publicaría en 1885 su famoso libro *Congresional Government. A Study in American Politics,* que gozaría de un gran éxito editorial en su época (quince ediciones sólo hasta 1900). En 1956 la editora Meridian Books de Nueva York publicaría una enésima edición con la interesante introducción del reputado analista político y consejero presidencial (de los demócratas Wilson, Roosevelt y Truman) Walter Lippmann. En la segunda posguerra mundial proliferan ya los estudios monográficos y de notable calidad sobre el Congreso: Dahl (1950), Galloway (1953) y Young (1956), Burnham (1959), Harris (1964), Koenig (1965), Truman (1965), Vinyard (1968), Hinckley (1971), Fenno (1973), Mayhew (1974), Chelf (1977), Sundquist (1981), Deering & Smith (1984), Maas (1984), Davidson & Oleszek (1985), Dodd & Oppenheimer (1985), Bailey (1989), Kingdon (1989), Arnold (1990), Krehbiel (1991), Mayhew (1991), Cox (1993), Rieselbach (1995), Fiorina (1996), Foley (1996), Hall (1996), Fenno (1997), McSweeney & Owens (1998), Smith (1999), English (2003), Zelizer (2004), Taylor (2013), etc.

Es sabido que en España, como resultado de un rancio antiamericanismo heredado de la generación del 98 y del «arielismo» hispanoamericano, con las notables excepciones quizá de Azorín y Unamuno (el primero con su ensayo «Los norteamericanos» de 1918, y el segundo con su conocida admiración por el pensamiento de los Federalistas, por el presidente Lincoln y por el escritor Ralph Emerson), y por supuesto el precedente más lejano de Juan Valera, el primer americanista contemporáneo con sus notables ensayos sobre los Estados Unidos desde la década de 1870, han sido escasísimos los especialistas en el sistema político norteamericano hasta tiempos muy recientes. Entre los pocos autores en la primera mitad del siglo XX que han escrito con cierto conocimiento de aquella gran nación cabe recordar a Camilo Barcia Trelles (1925, 1926, 1930, 1931, 1950), Luis de Izaga (1929), Francisco Morales Padrón (1952), Julián Marías (1956, 1968), y Manuel Fraga Iribarne. Especialmente este último es autor de dos ensayos pertinentes al tema que aquí nos ocupa: *La Reforma del Congreso de los Estados Unidos* (Ediciones Cultura Hispánica, Madrid, 1951) y *El Congreso y la política exterior de los Estados Unidos* (Ediciones Escuela Diplomática, Madrid, 1952). El primero, en concreto, es un volumen de 608 páginas, bien documentado, en el que el profesor Fraga Iribarne hace una exhibición de erudición histórica y de política comparada que todavía sorprende hoy al que se aventure en su lectura.

Sobre la Convención y la Constitución federal escribe acertadamente el profesor Fraga Iribarne: «Surgió un Congreso fuerte, con poderes totales en lo legislativo y financiero, y además intervenciones frecuentes en materias ejecutivas (en particular, la competencia del Senado, representante de los Estados, en materia internacional y de nombramientos); un presidente ejecutivo, menos dócil que los primeros gobernadores de los Estados, pero en segundo plano». Y en nota a pie de página añade: «Como veremos, en principio, prevaleció la idea federalista (un Presidente fuerte); pero la letra de la Constitución era decididamente congresional» (1951, p. 83).

De toda la literatura producida a partir de los años cincuenta, el libro de James Burnham (*Congress and American Tradition*, Regnery, Chicago, 1959) sigue siendo a mi juicio una fuente inagotable de ideas políticas y el estudio en profundidad más eficaz, desde una perspectiva histórica y filosófica (y añadiría: liberal-conservadora), de la democracia americana.

2. ELECCIONES, ESTRUCTURA Y FUNCIONAMIENTO DE LA CÁMARA DE REPRESENTANTES Y DEL SENADO FEDERALES

El Congreso federal de los Estados Unidos es un órgano legislativo bicameral, compuesto de la Cámara de Representantes (*House*) y del Senado (*Senate*). Probablemente es el único órgano legislativo realmente independiente de las democracias occidentales, ya que, a diferencia de los Parlamentos europeos (donde la fusión Ejecutivo y Legislativo es la norma, lo que conlleva una disciplina rigurosa bajo el liderazgo funcional del gobierno), y a diferencia de los Congresos latinoamericanos (con constituciones más bien nominales, y con un grave déficit democrático en sus culturas políticas), el estadounidense es un órgano representativo que «congrega» las voluntades del electorado, mayoritariamente independiente, a través de los congresistas (senadores o representantes), con una disciplina de voto partidista mínima o inexistente (el concepto de «tránsfuga» no tiene relevancia), en comparación con los otros sistemas democráticos existentes.

El Senado lo componen cien senadores (dos por cada uno de los cincuenta Estados de la Unión), con un mandato de seis años.

La Cámara de Representantes la componen 435 miembros (elegidos por distritos en proporción a la población de cada Estado), con un mandato de dos años.

Senadores y Representantes pueden ser reelegidos indefinidamente.

Cada dos años se eligen la totalidad de la Cámara de Representantes y un tercio del Senado. Como dijimos, la circunscripción para la Cámara es el distrito, en número variable según la población de cada Estado. Para el Senado la circunscripción es todo el Estado.

Todos los Estados tienen dos senadores. El número de Representantes por Estado oscila desde un mínimo de uno (los menos poblados: Alaska, Delaware, Montana, North Dakota, South Dakota, Vermont y Wyoming) hasta el máximo de 53 (el más poblado, California). Cada diez años el censo de la población puede modificar la asignación de distritos/representantes.

La Cámara tiene además Representantes con voz pero sin voto de algunos territorios no estatales (actualmente son seis: Distrito de Columbia, Puerto Rico, Samoa americana, Islas Vírgenes, Islas Marianas, y Guam).

Las elecciones al Congreso se celebran cada dos años. Pueden coincidir con las presidenciales (éstas son cada cuatro años y son Elecciones Generales: las últimas en 2012 y las próximas en 2016). O pueden celebrar entre dos Generales, y en tal caso se llaman Elecciones Intermedias («Midterm Elections»: las últimas en 2014 y las próximas en 2018).

La composición actual del Congreso (número 114 de la historia de los Estados Unidos), resultado de las Elecciones Intermedias del 4 de noviembre de 2014, en las que según el sistema electoral mayoritario el partido Republicano obtuvo mayoría absoluta en ambas cámaras, es la siguiente:

House
247 Republicanos.
188 Demócratas.

Senate
54 Republicanos.
44 Demócratas.
2 Independientes.

Los Independientes normalmente votan con los Demócratas. Uno de ellos, Bernie Sanders, senador de Vermont —que además es el único en el Congreso que se autodefine «socialista»— actualmente es candidato rival de Hillary Clinton (ex Primera Dama y ex senadora Demócrata de Nueva York) en las elecciones primarias del partido Demócrata para las elecciones presidenciales de 2016.

El liderazgo del Congreso está constituido de la manera siguiente:

House
«Speaker»: John Boehner (sustituido en 2015 por Paul Ryan) (Republicano), desde enero de 2011.
Líder de la Mayoría: Kevin McCarthy (Republicano), desde enero de 2015.
«Whip» de la Mayoría: Steve Scalise (Republicano), desde enero de 2015.
Líder de la Minoría: Nancy Pelosi (Demócrata), desde enero de 2011.
«Whip» de la Minoría: Steny Hoyer (Demócrata), desde enero de 2011.

Senate
Presidente: Joe Biden (Demócrata), desde enero de 2009.
Presidente *pro tempore*: Orrin Hatch (Republicano), desde enero de 2015.
Líder de la Mayoría: Mitch McConnell (Republicano), desde enero de 2015.
«Whip» de la Mayoría: John Cornyn (Republicano), desde enero de 2015.
Líder de la Minoría: Harry Reid (Demócrata), desde enero de 2015.
«Whip» de la Minoría: Richard Durbin (Demócrata), desde enero de 2015.

Como contempla la Constitución en el Artículo Primero (Sección 3), el presidente del Senado es el vicepresidente del Gobierno, que en este caso, desde la victoria del tándem Obama-Biden en 2008 y la reelección del mismo en 2012, ha permitido la continuidad del Demócrata Joe Biden como presidente de la Alta Cámara desde enero de 2009.

Es un caso curioso de excepción a la teórica separación de poderes legislativo-ejecutivo que subyace en la Constitución.

El orden de sucesión en la Presidencia del Gobierno, en caso de muerte, incapacidad, dimisión o destitución por «impeachment», por lo que afecta al Congreso, es el siguiente:

1. El vicepresidente.
2. El «Speaker» de la *House.*
3. El presidente *pro tempore* del Senado.
4. Secretario de Estado.
5. Etc. (demás Secretarías por orden de antigüedad).

En total el Congreso suma 535 miembros, legisladores de pleno derecho, que es también el número equivalente a los miembros del Colegio Electoral por cada Estado (2 + el número de Representantes) más 3 (que es el mínimo por cada Estado) adjudicados al distrito de la capital federal (Washington D. C.), lo que hacen un total (535 + 3) de 538 electores para la elección de la Presidencia (presidente o presidenta, aunque la redacción original que se mantiene en el Artículo Segundo está escrita en términos masculinos: «The executive Power shall be vested in a President of the United States of America. *He* shall hold *his* Office during the Term of four Years, etc.». El pronombre *He* se repite una docena de veces en el mismo artículo).

Las principales funciones del Congreso pueden resumirse en las siguientes:

1. Elaborar leyes: primero se aprueban en la *House* y después en el Senado, por simples mayorías de votos. Si el presidente ejerce el Veto, el Congreso puede superarlo con mayorías de dos tercios de votos en cada cámara.
2. Aprobar los Presupuestos.
3. Declarar la Guerra.
4. Ratificar los Tratados internacionales (Senado).
5. Constituir Comisiones de investigación y ratificación de los nombramientos de altos cargos.
6. Iniciar el procedimiento de «impeachment» (la *House* formaliza la acusación) y juicio final (el Senado vota como Gran Jurado) al presidente, al vicepresidente, a los jueces de la Corte Suprema, etc.
7. Aprobar las Enmiendas constitucionales (dos tercios de votos en ambas cámaras), antes de que sean ratificadas por dos tercios en las Legislaturas de al menos tres cuartos de los Estados.

3. ACTORES Y VIDA POLÍTICA

3.1. LA PECULIARIDAD DE LAS ELECCIONES PRIMARIAS

A diferencia de los partidos políticos en los sistemas parlamentarios en Europa —organizaciones muy estructuradas, centralizadas y disciplinadas (con una ideología muy definida)—, cuyas cúpulas directivas generalmente elaboran las listas de los candidatos a las elecciones legislativas, en Estados Unidos los partidos son grandes coaliciones de intereses con corrientes internas muy diversas, sin una estructura formal permanente, salvo a nivel de los Estados, pero sin una disciplina rígida. El sistema de elecciones primarias en Estados Unidos, además, es una garantía para evitar las derivas partitocráticas tan frecuentes en Europa y particularmente en España.

En concreto, el sistema de primarias (elecciones o caucus) implica una democracia interna en los partidos, que durante un largo proceso nacional se eligen (por ley de cada Estado) entre los diversos candidatos a ostentar la candidatura oficial de cada partido a todos los cargos electivos federales, estatales y municipales. Es decir, no sólo se practican obligatoriamente las primarias para la Presidencia, sino para todos los Representantes y senadores del Congreso.

Es importante enfatizar que los candidatos se postulan individualmente, con absoluta libertad y con sus propios medios y recursos, sin mediación de los partidos políticos, lo cual constituye una gran garantía contra la partitocracia. Los candidatos se presentan ante los electores, y por tanto, no tienen un mandato imperativo ni disciplina de partido. Una vez elegidos para el cargo, en el Congreso tampoco están sometidos a una disciplina parlamentaria a la hora de votar. Pese a las instrucciones de su Líder y las presiones de su *Whip* en cada cámara, lo harán en conciencia y teniendo en cuenta exclusivamente los intereses de sus electores. No existe el estigma de los «tránsfugas», porque de hecho es muy frecuente que los Representantes o senadores voten iniciativas o propuestas legislativas del partido rival. El Congreso de los Estados Unidos no sólo es el único poder legislativo realmente independiente de las democracias occidentales, sino que además sus miembros son también legisladores independientes respecto a sus propios partidos en un grado desconocido en las democracias parlamentarias europeas.

3.2. El nuevo movimiento Tea Party y el Congreso desde 2010

De la misma forma que el *Boston Tea Party* de 1773 tuvo cierta influencia en la génesis del primer Congreso Continental, el nuevo movimiento *Tea Party* desarrollado espontáneamente en Estados Unidos a partir de 2009 (casualmente soy testigo de su nacimiento: en septiembre de 2009 asistí a un mitin-picnic en St. Cloud, Minnesota, liderado por la congresista Michele Bachmann, que resultó ser el acto fundacional del *Tea Party* en este Estado) como reacción popular y populista —de un populismo individualista, antielitista y antiestatista: menos impuestos y menos Estado— frente al régimen Obama, influirá en la toma de conciencia de un Congreso (y en especial la *House* o Cámara de Representantes, desde 2010) que en los últimos tiempos había sido relegado a un papel secundario en el *presidencialismo* americano. La denominada *presidencia imperial* que comienza a desarrollarse con Franklin D. Roosevelt, alcanza su máxima expresión tras la victoria de Barack Obama en 2008, conquistando la Casa Blanca y la mayoría demócrata en ambas cámaras del Congreso, en el contexto de una crisis financiera internacional, y con un programa obamita de «cambio» en una dirección inequívocamente social-demócrata.

Existe ya una amplia bibliografía —aparte de la literatura basura injuriosa de izquierdas— sobre el movimiento *Tea Party*, aunque me permito recomendar en especial dos libros recientes y bastante clarificadores frente a la maraña de mentiras y descalificaciones del partido Demócrata y de los medios de comunicación progresistas, el de Elizabeth Price Foley, *The Tea Party* (Cambridge University Press, Nueva York, 2012), y el de David Brody, *The Teavangelicals* (Zondervan, Grand Rapids, Michigan, 2012). El primero me parece una obra estándar, objetiva e intelectualmente rigurosa; el segundo es interesante por resaltar las importantes conexiones religiosas —en especial las de las iglesias evangélicas, según el autor— del movimiento.

Otra obra imprescindible es la de Scott Rasmussen y Douglas Schoen, *Mad as Hell. How the Tea Party movement is fundamentally remaking our Two-Party system* (Harper Collins, Nueva York, 2010). Son asimismo interesantes las obras sobre las experiencias de dos de los nuevos líderes del *Tea Party* en el Senado: Rand Paul, *The Tea Party Goes To Washington* (Center Street, Nashville/Nueva York, 2011) y Manuel Roig-Franzia, *The Rise of Marco Rubio* (Simon & Schuster, Nueva York, 2012). Todavía no hay, que yo sepa, una biografía de la nueva estrella del movimiento, el júnior senador de Texas, Rafael «Ted» Cruz, que en las elecciones primarias (*runoff*, julio de 2012) derrotó a su competidor republicano con un porcentaje de votos (56,80 por 100 *vs.* 43,20 por 100) que se proyectaría en las elecciones generales (*Midterm*, noviembre de 2012), dándole la victoria frente al candidato demócrata (56,45 por 100 *vs.* 40,62 por 100).

Personalmente he hecho una modesta aportación al tema mediante varios artículos: «Sarah Palin» (*Semanario Atlántico* y *Libertad Digital*, 2010), «La segunda mujer más odiada» (*SA*, 2010), «Las elecciones del 2-N-2010» (*LD*, 2010), «El mitin del reverendo Glenn Beck» (*The Americano*, y *LD*, 2010), «Michele Bachmann y el *Tea Party*» (*LD*, 2010), «Primarias USA: democracia versus partitocracia» (*The Americano*, 2012), y en particular «A propósito del *Tea Party*» (*LD*, 2012). También he analizado las conexiones ideológicas del *Tea Party* con el neoconservadurismo en el ensayo «El Sexenio Leo Strauss (2003-2009). Neoconservadurismo americano y paranoia anti-neocon» (en el libro homenaje al profesor Amando de Miguel, CIS, Madrid, 2013).

3.3. LA DUALIDAD AMERICANA: LAS OTRAS ELECCIONES DE 2012

Todo el mundo quedó fascinado por el grandioso espectáculo global de las elecciones presidenciales americanas el 6 de noviembre de 2012, y me atrevo a decir que, al menos en España, una mayoría asimismo se sintió encantada con la reelección del *progresista* presidente Obama. Muy pocos, sin embargo, saben que en la misma fecha se celebraron otras elecciones: la totalidad de la Cámara de Representantes (*House*) y un tercio del Senado, en el Congreso federal; once gobernadores estatales y de otros territorios asociados (entre ellos, el de Puerto Rico); millares de legisladores de los Estados, e infinidad de cargos locales. Los electores americanos, a diferencia de los europeos, pueden elegir separadamente al presidente y a los miembros del Congreso, escogiendo incluso a candidatos de diferentes partidos.

La dualidad americana consiste, precisamente, en el hecho de que los resultados generales en el sistema político reflejan un equilibrio muy sofisticado entre los dos partidos, el Demócrata y el Republicano: el primero controla la Presidencia y el Senado (éste sin supermayoría: 53 *vs*. 45, y 2 independientes); el segundo controla la Cámara de Representantes (234 *vs*. 201) y la mayoría de los gobiernos estatales (30 *vs*. 19, y 1 independiente). Ciertamente, el voto popular en esta ocasión ha favorecido a los demócratas en las dos elecciones nacionales (50,9 por 100 *vs*. 47,3 por 100 en la elección presidencial; más igualado en la elección a la Cámara de Representantes: 49,1 por 100 *vs*. 48,1 por 100), pero las elecciones americanas, en rigor, hay que comprenderlas dinámicamente como parte de un ciclo con las elecciones intermedias, a la mitad de dos presidenciales, en las que se eligen de nuevo la totalidad de la Cámara de Representantes, un tercio del Senado, un número de gobernadores, etc. (en las elecciones de 2010, por ejemplo, el partido Republicano obtuvo una mayoría considerable del voto popular para la Cámara de Representantes: 51,4 por 100 *vs*. 44,8 por 100, un auténtico referéndum contra el presidente Obama).

Otro ejemplo curioso y particular de esta dualidad son los resultados del voto popular en el Estado de Wisconsin en el mismo año 2012, con pocos meses de diferencia, respectivamente, en el *recall* del gobernador y en la elección presidencial: en el primer caso el Republicano Scott Walker ganó frente al Demócrata Tom Barrett (53,1 por 100 *vs*. 46,3 por 100); en el segundo caso el resultado es casi el inverso, con la victoria de Obama frente a Romney (52,7 por 100 *vs*. 45,9 por 100), que en esta ocasión empujó ligeramente la mayoría Demócrata del voto popular en las elecciones para la Cámara de Representantes (50,7 por 100 *vs*. 49,2 por 100), aunque al ser por distritos, al final, los resultados en escaños favorecerían al partido Republicano (5 *vs*. 3).

El politólogo de Harvard y consejero del presidente JFK, Richard Neustadt, en su clásica obra *Presidential Power* (1960), analizando la evolución progresiva del *split ticket*, auguró que en el futuro sería considerado poco americano que los electores votaran al mismo partido para el Ejecutivo y para el Legislativo. El aumento de los independientes (según una encuesta reciente cerca del 45 por 100 del electorado) y la debilidad de los partidos, en efecto, ha contribuido a este fenómeno del voto dividido y el equilibrio de poderes resultante (en el sistema americano, a diferencia de los parlamentarismos europeos, hay una auténtica separación de poderes). Newt Gingrich rápidamente declaró el día después de las elecciones que el pueblo americano se había manifestado por un *split mandate*. Otro politólogo de

Harvard, el neoconservador straussiano Harvey Mansfield, ha sido más sarcástico declarando que Estados Unidos tiene ahora dos partidos: uno americano y capitalista (el Republicano), y otro europeo y socialista (el Demócrata). ¿Dualidad o esquizofrenia?

Las victorias presidenciales suelen empujar a su partido en las elecciones legislativas (tal como ocurrió con Obama en 2009, y en muy menor medida en 2012), pero las elecciones intermedias pueden y suelen ser un correctivo al partido que ocupa la Casa Blanca (tal como ocurrió en 2010, cuando los republicanos ganaron la mayoría en la Cámara y redujeron las distancias en el Senado, suprimiendo la supermayoría demócrata). Las últimas elecciones generales prácticamente no han modificado el *statu quo* de 2010. Obama y los demócratas mantienen el poder Ejecutivo; los republicanos controlan el Legislativo, con mayoría en la cámara baja y capacidad de bloqueo —con el «filibusteo», que sospechosamente los demócratas querían suprimir, consiguiéndolo finalmente en 2013— en la cámara alta (un factor político añadido es el control republicano en la mayoría de los gobiernos estatales, que en lógica federalista condicionan el comportamiento de los senadores en cuanto representantes de los Estados). El ciclo histórico del régimen Obama no se completará hasta las siguientes Elecciones Intermedias en 2014, en una coyuntura menos favorable para el partido de un presidente *lame duck*, amortizado, ante una astronómica crisis financiera (deuda y déficit) y un precipicio fiscal (*fiscal cliff*) de casi imposible solución. Por si ello fuera poco, las perspectivas de un colapso en la política exterior (la amenaza de Irán, la degeneración de la primavera árabe en invierno islamista, el conflicto de Israel con los palestinos, la eclosión de ISIS, sin olvidar la guinda del viejo caso *Benghazi-Gate*), no auguraban un segundo mandato cómodo para el presidente Obama.

Cuando el 21 de enero de 2013 inició su andadura la renovada Administración demócrata del que algunos ya denominan con ironía «King Obama» (por su tendencia a gobernar con órdenes y memorandos ejecutivos, sin contar con el poder legislativo), tendría en frente al nuevo Congreso con una Cámara de Representantes de mayoría republicana ratificada, y sus dirigentes sólidamente legitimados por el voto popular en sus respectivos distritos: el *Speaker* John Boehner (100 por 100), el *Leader* Eric Cantor (58,6 por 100), el *Whip* Kevin McCarthy (73,8 por 100), el *Chairman* de la Comisión de Presupuesto Paul Ryan (54,9 por 100)... Como una vez señalara el senador demócrata (y también politólogo de Harvard) Daniel Patrick Moynihan, el Congreso de los Estados Unidos es la única cámara legislativa realmente independiente en las democracias occidentales. Es su honor y su responsabilidad.

Finalmente, un pequeño secreto: con la excepción del *Speaker*, casi todos los dirigentes de la Cámara son miembros o simpatizantes del *Tea Party* (mi admirada Michele Bachmann, reelegida por cuarta vez en su distrito de Minnesota, seguirá liderando el *Tea Party Caucus*, aunque ha anunciado su retiro del Congreso para 2014), junto a las estrellas republicanas en el Senado: Marco Rubio (Florida), Ted Cruz (Texas), Rand Paul (Kentucky),

Kelly Ayotte (New Hampshire), Mike Lee (Utah), y Jim De Mint (South Carolina), patrón éste del *Tea Party*, que aunque deja el Senado para presidir la *Heritage Foundation*, desde donde librará la batalla de las ideas, ha contribuido activamente a la elección de nuevos senadores: además de Ted Cruz, Ron Johnson (Wisconsin), Jeff Flake (Arizona) y Deb Fischer (Nebraska)... y la designación de Tim Scott (South Carolina). Si el presidente Obama se empecinaba en mantener su política de aumentar sin control el gasto público y subir los impuestos, exacerbando el precipicio fiscal, previsiblemente en 2014 presenciaría una inevitable y contundente reacción en las Elecciones Intermedias al Congreso por obra del *Tea Party* (segunda parte).

El sistema político americano es más complejo de lo que parece a simple vista desde Europa. Los fundadores, sin duda, concedieron al Congreso —dentro del esquema general de separación de poderes— un papel dominante, al ser la más genuina representación de la soberanía popular, y así lo refleja la obra clásica de W. Wilson, *Congressional Government* (1885). Tras la Guerra hispano-norteamericana de 1898 y la progresiva asunción por parte de los Estados Unidos de un rol imperial, la Presidencia (con T. Roosevelt y, paradójicamente, con el propio W. Wilson) se convertirá en la institución predominante hasta el final de la Primera Guerra Mundial. Durante el período de entreguerras 1919-1939, no obstante, el Congreso volverá a ser hegemónico (como subrayó W. Lippmann), pero con Franklin D. Roosevelt y la Segunda Guerra Mundial; con la Guerra Fría y la presente Guerra Global contra el Terrorismo —que algunos consideran, respectivamente, Tercera y Cuarta Guerras Mundiales—, el Ejecutivo se transformará ineluctablemente en la *presidencia imperial* (como la definió A. Schlesinger Jr.) que hoy conocemos. No obstante, la perspectiva liberal-conservadora y *originalista* de la Constitución que, como había insinuado Walter Lippmann a mitad del siglo XX, podría reaparecer y asimismo ilustraría el análisis del gran pensador político James Burnham en *Congress and the American Tradition* (1959), en efecto no está olvidada, y en el presente ha sido restaurada y representada vigorosamente por el citado movimiento del *Tea Party*, confiriendo al Congreso durante la Era Obama un poder compensador y de bloqueo a los excesos presidenciales, siendo al mismo tiempo la expresión más auténtica y efectiva del federalismo constitucional de los Estados Unidos de América.

3.4. Las elecciones del Congreso en 2014

Con la evidente falta de liderazgo de Obama, el Congreso durante 2013 ha sido el campo de batalla del precipicio fiscal, del abismo insondable de la deuda, y del final «cierre» del gobierno, con la crisis internacional permanente de Oriente Medio (vergonzoso apaciguamiento de Irán y acuerdos con Rusia sobre Siria, fracaso de la transición en Egipto y resurgimiento del Al-Qaeda en Irak) y las inextinguibles llamas de Bengasi con sus trágicas muertes al fondo, pese a los esfuerzos del *New York Times* y otros medios progresistas de desinformar para allanar el camino de Hillary Clinton a la presidencia en 2016.

La última votación de la vieja Cámara de Representantes elegida en 2010, antes de constituirse la nueva elegida en 2012, como es sabido, fue sobre el plan urdido a última hora entre el vicepresidente Biden y el líder republicano en el Senado McConnell (y previamente aprobado por el Senado, con sólo los votos negativos de 9 republicanos) para evitar el «fiscal cliff» y que tuvo como resultado: 257 *ayes* (172 demócratas y 85 republicanos) y 167 *noes* (151 republicanos y 16 demócratas), con 8 abstenciones (5 republicanos y 3 demócratas). Obama conseguía así una peculiar victoria política, en unas circunstancias de emergencia casi desesperada para evitar una masiva subida de impuestos, dividiendo el voto del partido republicano, incluso en su cúpula: el *Speaker* Boehner y el *Chairman* Ryan votaban sí, mientras el *Leader* Cantor y el *Whip* McCarthy (con el *Tea Party Caucus* en pleno) votaban no.

Desde las elecciones de 2012, con la victoria suficiente, pero no aplastante de Obama para un segundo mandato, y su actitud de arrogancia y prepotencia frente al Congreso (en la crisis fiscal, en el asunto de la deuda, en el nombramiento de su nuevo gobierno —con candidatos progresistas *in your face*: Kerry, Hagel, Lew, Brennan— y la amenaza de «executive actions» y «executive orders» en el asunto de la tenencia de armas, corrigiendo la Segunda Enmienda) ha dado pie a sus críticos de especular sobre las intenciones de un «King Obama» o de un «Presidente Imperial». Claro que también le han surgido apoyos espontáneos entre algunos republicanos RINO (*republicans in name only*), como el del ex senador Chuck Hagel incorporado a su equipo de gobierno; el caso más sutil del gobernador Chris Christie, abrazando al Presidente y arremetiendo contra el Congreso por las consecuencias del huracán Sandy; los eventuales soportes de los republicanos progres por la otra crisis Sandy (Sandy Hook), la tragedia de la escuela infantil en Connecticut; y para el colmo, la entrada en escena del inestable general Colin Powell, acusando al partido republicano (teóricamente su partido, aunque él públicamente ha anunciado que votó a Obama en 2008 y en 2012) de racista.

Powell ha calificado los comentarios de John Sununu (exgobernador de New Hampshire) y de Sarah Palin (exgobernadora de Alaska y excandidata a vicepresidenta) sobre Obama como un «presidente perezoso» de racistas, y ha generalizado afirmando que existe en el partido Republicano una oscura corriente de intolerancia. El general no es precisamente el más indicado para hacer tales manifestaciones. Personalmente fue promocionado en su carrera militar durante las administraciones republicanas de Reagan y Bush sénior hasta las más altas posiciones en las Fuerzas Armadas, y finalmente sería designado Secretario de Estado (el primer negro en la historia americana) por Bush júnior. A Powell le sucedería en ese alto cargo, cuando él presentó su dimisión, Condoleeza Rice (una mujer también negra y, hay que decirlo, mejor cualificada intelectualmente que Powell). Menos conocida es la responsabilidad del general Powell, siendo Secretario de Estado, de encubrir a su adjunto Richard Armitage, en el complejo asunto del *caso Valerie Plame*, que aparte del coste político de un largo proceso de investigación judicial y ciertas injusticias, claramente evidenció un comportamiento de deslealtad próximo a la traición de Estado por parte de Armitage y Powell hacia el presidente G. W. Bush. Para curarse en salud, a continuación el «heroico» general avaló la candidatura de Barack H. Obama, al que efectivamente votaría, según sus propias declaraciones, en 2008 y en 2012.

El añorado Irving Kristol en 2008, poco antes de su muerte, comentó irónicamente que su hijo William Kristol era muy inteligente pero se había equivocado políticamente dos veces apoyando a dos potenciales candidatos presidenciales (Dan Quaye y Colin Powell), y esperaba que acertara a la tercera (Sarah Palin). Efectivamente, quizá Bill Kristol pueda explicarnos las motivaciones del exgeneral Powell en su reciente ataque, sin nombrarlos, a los exgobernadores Sununu y Palin, y al partido Republicano en general. Está claro que, en el enfrentamiento entre Obama y el Congreso, Powell se ha posicionado con el primero, y Palin con los Representantes en la *House* y los senadores con una notable influencia del *Tea Party*, al que los progresistas de todos los colores consideran absurda y mendazmente la fuente del racismo.

El 7 de enero de 2013, en sendos testimonios ante comisiones de investigación y confirmación del Senado, hemos vuelto a presenciar la perplejidad e indignación contenida de algunos senadores republicanos (McCain, Graham, Chybliss, Rubio...) por las explicaciones confusas y falaces ofrecidas por el exsecretario de Defensa Leon Panetta, el jefe de la Junta de Jefes General Dempsey, y el designado para próximo director de la CIA, el exconsejero de antiterrorismo de la Casa Blanca John Brennan, sobre el asunto de Bengasi. El senador Lindsay Graham de South Carolina, en concreto, en el programa *Hannity* de la cadena FOX la misma noche del 7 hizo una promesa pública de continuar hasta el fondo en la investigación y depuración de las responsabilidades, indicando expresamente que todas apuntan a la exsecretaria de Estado Clinton y al presidente Obama. A ello hay que añadir el evidente fracaso de la política exterior y estratégica en todo Oriente Medio, por la injerencia de criterios políticos puramente electoralistas (véanse las recientes memorias del exsecretario de Defensa Robert Gates, aunque también hay que preguntarse por qué éste aceptó continuar en el gobierno).

El año 2013 fue también, en general, el del deterioro progresivo si no «descarrilamiento» del *Obamacare,* y el continuado enfrentamiento entre Obama y el partido republicano en el Congreso. Su escenificación dramática han sido los episodios de filibusteo protagonizados por los senadores de Kentucky, Rand Paul, y de Texas, Ted Cruz, y el teatral y breve cierre final del gobierno decretado por el presidente. Éste, tras sus vacaciones navideñas en Hawaii dedicadas principalmente al golf, ha regresado envalentonado a Washington D. C. a principios de enero, anunciando que su agenda para el año 2014 y el resto de su mandato va a ser la lucha contra la desigualdad económica y social (que durante su mandato, por cierto, se ha incrementado espectacularmente; por ejemplo, se ha duplicado la población vinculada a los cupones de alimentos, que alcanza ya casi 50 millones) y para ello continuará la estrategia de descalificación de sus críticos y de confrontración con el partido de la oposición, que en las elecciones intermedias de noviembre de 2014 va a tener una oportunidad —como ocurriera en las de 2010, con el impulso del *Tea Party* y el descontento popular— de ratificar una mayoría sólida en la Cámara de Representantes e, incluso (hay encuestas que lo pronosticaban, como asimismo expertos tan rigurosos y cautelosos como Larry Sabato y Karl Rove), conseguirla en el Senado, lo que significaría prácticamente el fin del régimen Obama. Durante sus dos últimos años de presidente, más que un *lame duck*, sería un *dead duck*.

Las previsiones más optimistas para el partido Republicano se cumplieron finalmente en la Elecciones Intermedias en Noviembre de 2014, con los resultados siguientes, que dieron la mayoría absoluta al GOP en ambas cámaras del Congreso:

House
Partido Republicano: 40.081.282 votos populares (51,2 por 100).
Partido Demócrata: 35.624.357 votos populares (45,5 por 100).
«Swing»: PR (3,6 por 100 arriba), PD (3,3 por 100 abajo).
Escaños: PR (sube de 234 a 247), PD (baja de 201 a 188).

Senate
Partido Republicano: 24.631.488 votos populares (51,7 por 100).
Partido Demócrata: 20.875.493 votos populares (43,8 por 100).
«Swing»: PR (9,6 por 100 arriba), PD (9,9 por 100 abajo).
Escaños: PR (sube de 45 a 54), PD (baja de 53 a 44).

En un año pre-electoral de «primeras primarias» como 2015, en que tres senadores *Tea Party* (Rubio, Paul y Cruz) ya han presentado sus candidaturas para la larga carrera hacia la Casa Blanca, una nueva hornada de senadores asimismo *Tea Party* ha llegado al Congreso: Joni Ernst (Iowa), James Lankford (Oklahoma), Ben Sasse (Nebraska), y la estrella ascendente del GOP, el joven y brillante Tom Cotton (Arkansas).

4. BIBLIOGRAFÍA

BURNHAM, James: *Congress and American Tradition*, Regnery, Chicago IL, 1959.
TAYLOR, Andrew J.: *Congres: A Performance Appraisal*, Westview Press, Boulder CO, 2013.
WILSON, James Q.: *American Government*, Heath and Company, Lexington MA, 1994.
ZELIZER, Julian E.: *The American Congress: The Building of Democracy*, Houghton Mifflin Hartcourt, Boston MA, 2004.

5. PÁGINAS WEB

www.house.gov
www.senate.gov

CAPÍTULO 3

PRESIDENCIA Y LIDERAZGO PRESIDENCIAL

Yolanda Casado Rodríguez
Profesora Titular de Ciencia Política
Facultad de Ciencias Políticas y Sociología
Universidad Complutense de Madrid
ycasador@ucm.es

1. INTRODUCCIÓN

Desde la década de los ochenta del siglo xx, denominado por Henry Luce la Centuria Americana, fue creciendo el interés mundial por los procesos de las primarias y la posterior carrera electoral entre los candidatos presidenciales de los partidos políticos en EEUU hasta el proceso de la nominación en las festivas convenciones nacionales, tan alejados entonces de los eventos electorales europeos. La vida política americana pivota sobre la Presidencia, única institución del Gobierno elegida por toda la nación y capaz de colocar una cuestión política en el centro del debate nacional y global. El mundo se interesa por todo aquello que rodea a la persona que lidera la rama Ejecutiva, lo que realiza para proteger y expandir su poder, los puntos centrales de su agenda y las estrategias para conformar las políticas nacionales y hacer frente a los desafíos globales. En un sistema de Gobierno con instituciones separadas pero funciones compartidas, las expectativas puestas en el Presidente de Todo el Pueblo Americano, en palabras de D. Eisenhower, son desmesuradas y quizá irreales desde cualquier punto de vista que se enfoque. Sin embargo, la vida política americana queda marcada por los presidentes: decimos la «era Kennedy-Johnson» en referencia a la batalla por los derechos civiles, la «era Reagan» y la revolución neoconservadora en la década de los ochenta o la «era Clinton», relacionada con la era de paz y prosperidad de la década de los noventa. Una buena pregunta para evaluar a un presidente podría ser la respuesta dada sobre las áreas en que su influencia se deja sentir en los Estados Unidos de hoy.

En el emblemático *Mount Rushmo*re situado en el Parque Nacional de las Blacks Hills (Dakota del Sur), están talladas en la roca granítica las figuras de los presidentes G. Washington, T. Jefferson, A. Lincoln y T. Roosevelt, es decir, los 150 primeros años de la historia del país, y resulta lógico preguntarse qué presidentes posteriores merecerían estar junto a estos que inspiraron a la Nación y despertaron la esperanza, aunque fuera temporalmente. De los 44 presidentes de los EEUU, existe un amplio consenso sobre la grandeza de F. D. Roosevelt tras la élite de los Padres Fundadores, presidentes en circunstancias únicas y con un halo heroico para los norteamericanos. El siglo XX reconoce también en H. Truman, el artífice de las instituciones internacionales occidentales de la segunda posguerra mundial, uno de sus presidentes más notables. El héroe de la Segunda Guerra Mundial, D. Eisenhower, es con la distancia un presidente progresivamente más valorado.

Las preferencias de los norteamericanos entrevistados sobre la excelencia del liderazgo presidencial no siempre coinciden con las de los académicos, quienes según los criterios que utilicen, ofrecen una interpretación mucho más matizada y poliédrica del liderazgo de cada presidente y del legado de su presidencia, apuntando sus luces y sombras. Los grandes líderes muestran un liderazgo fuerte, definieron o redefinieron la presidencia de forma duradera en circunstancias extraordinarias. En la segunda mitad del siglo XX y según el canal político de información de las Cámaras C-SPAN (2009), J. Kennedy, L. B. Johnson y R. Reagan gozan de una mayor aprobación, y hay consenso sobre J. Carter, R. Nixon y G. W. Bush, quienes reciben una aprobación menor. A dos años de finalizar su segundo mandato, B. Obama, quien empezó su presidencia despertando unas expectativas enormes y recibió el premio Nobel al año de llegar a la Casa Blanca, queda situado en una posición media-alta en cuanto a las habilidades legislativas y diplomáticas desplegadas. Algunos presidentes han hecho historia por modificar las relaciones de los EEUU con otros países o conformar el orden mundial. Otros también han influido decisivamente en los cambios políticos y culturales de la sociedad americana de forma permanente.

El magnicidio y el atentado mientras desempeñaban sus funciones es un hecho sorprendente de la historia americana: fueron asesinados los presidentes A. Lincoln, Garfield, McKinley y J. Kennedy, y han sufrido atentados H. Truman y R. Reagan, entre otros. Nueve vicepresidentes han accedido a la presidencia, ocho como resultado de la muerte del presidente y G. Ford como consecuencia de la dimisión de Nixon tras las revelaciones del *affaire* Watergate. La Casa Blanca ha sido ocupada por presidentes muy diferentes, pero la mayoría de ellos en el siglo XX poseían grandes fortunas personales o familiares, siguiendo la tradición de Washington, Madison, Jefferson y H. Hoover. Los Roosevelt, L. B. Johnson, J. Kennedy y los Bush partían de una situación económica muy desahogada, mientras que otros como R. Nixon, J. Carter, R. Reagan, B. Clinton y B. Obama son iconos del sueño americano del «hombre hecho a sí mismo».

2. LA EVOLUCIÓN DE LA PRESIDENCIA

2.1. La Presidencia tradicional y los Presidentes de la Nueva República

El texto constitucional de 1789 se refiere a la Presidencia como la persona que ocupa el cargo bajo una serie de requisitos o al ejecutivo como una de las ramas de Gobierno. Ocupa el segundo lugar en importancia ya que el artículo I hace referencia al Congreso. Esto nos da idea del menor peso que los Fundadores daban a la Presidencia al construir el sistema de gobierno. A. Hamilton (*El Federalista*, n.º 70, 71) y Madison (*El Federalista*, n.º 48) no temían que la rama ejecutiva se excediera en su autoridad y apostaron por un poder ejecutivo enérgico tras las carencias de los Artículos de la Confederación y su fracaso.

La Presidencia tradicional tuvo muchas limitaciones y restricciones, ya que el Congreso era la entidad política dominante tal y como fue articulado en la Constitución de 1789. Washington, Adams, Jefferson y Madison y A. Jackson son los primeros presidentes electos y moldearán, aunque con distinto impacto, la vida política del naciente país.

El monumento a Washington en la capital de los EEUU muestra la veneración hacia el gran Patriota, el héroe militar de la Guerra de la independencia (1774-1783) y el político que al ser el primer presidente de la nación (1789-1797), contuvo las rebeliones, moldeó la institución y bajo cuyo mandato emergieron las rivalidades que formarían los partidos políticos. George Washington (1789-1797) fue el primer gran político del mundo moderno que dimitió de forma voluntaria, dejando a su sucesor, John Adams, la ingente gestión de las instituciones políticas concebidas para el gobierno de las leyes y no de los hombres. Comenzaba el experimento político basado en una amalgama de innovaciones institucionales que los Padres Fundadores de los EEUU llevaron a cabo en el siglo XVIII y que, en gran parte, posibilitarían que el siglo XX llegara a ser la Centuria Americana. Algunos hombres de la excepcional élite fundadora de la patria americana fueron presidentes u ocuparon cargos en los gobiernos de éstos. John Adams (1797-1801) el segundo presidente y dos veces vicepresidente con Washington no fue muy popular, fue proclive a Inglaterra y al «principio monárquico», a una actitud y visión puritana de la política y del gobierno. Afrontó la llamada «Cuasi Guerra» entre Francia y los EEUU (1798-1800). Bajo su mandato se restringió la inmigración (*The Alien Act*), se estableció la censura y el castigo para aquellos opositores al gobierno (*The Sedition Act*), y se instituyeron los impuestos federales (*Federal Property Taxes*). Con estas acciones, el Partido Federalista perdió mucho apoyo popular y el candidato Demócrata-Republicano Jefferson ganó holgadamente las elecciones en 1800.

Th. Jefferson (1801-1809), un hombre excepcionalmente ingenioso e ilustrado, el padre de la Declaración de Independencia, del Estatuto de Virginia para la Libertad de Religión y el inspirador y diseñador de la Universidad de Virginia, tomará una decisión trascendental para la historia del país apelando al «estado de necesidad». Sin llegar a aprobar una enmienda constitucional, decidió comprar el territorio de la Luisiana a Napoleón en 1803 por 15 millones de dólares, impulsando una expansión territorial que duplicaría el territorio de los trece Estados originales (actualmente son los Estados de Arkansas, Missouri, Iowa, Oklahoma, Kansas, Nebraska) y ofreciendo una oportunidad excepcional a granjeros y comerciantes con el puerto de Nueva Orleans. Este hecho, abrió la exploración y colonización de las tierras al Oeste del río Mississippi. Su visión de la felicidad humana se basaba en la propiedad individual e industriosa de la tierra. Su radical modernidad hizo que introdujera un sistema de patentes, elaborara el primer censo de población y disminuyera el tamaño del ejército creado por Adams para afrontar las guerras con Francia. Imbuido de ideas ilustradas, fue antiesclavista e intentó limitar «ese mal político y moral», pero igual que Washington tuvo esclavos, y mantuvo una relación íntima oculta con Sally Hemming, esclava negra de cuya relación nacieron seis hijos ilegítimos. Al final de su mandato consiguió que el Congreso prohibiera el comercio de esclavos en 1808 pero, hijo de su época, en las Notas sobre Virginia (1781), hizo una descripción del color de la piel, figura, pelo, carácter, e inteligencia poco piadosa con los nativos y los negros. Bajo su mandato se redujo el Ejército y la deuda nacional. La Ley del Embargo de 1807, prohibiendo el comercio con naciones extranjeras, causó daños y un descontento considerable entre la población.

El cuarto presidente de los EEUU, J. Madison (1809-1817), había sido el redactor de la Constitución, en la que dejó su impronta sobre los controles y equilibrios del poder (*cheks and balances*) y formó, junto a Jefferson, el Partido Demócrata-Republicano. Como presidente afrontó las consecuencias de la expansión de la República comercial y pediría al Congreso la declaración formal de guerra a Inglaterra y la invasión de Canadá. Defendió la creación de una Marina de Guerra y de un Ejército de Tierra potente que defendiera eficazmente los intereses del Estado. Los británicos quemaron la Casa Blanca y la Biblioteca del Congreso pero los americanos ganaron la batalla de Nueva Orleans, importante suceso que contribuyó a despertar una ola de patriotismo enorme que cimentaría el sentimiento de independencia de los EEUU con respecto a Inglaterra.

Con la muerte de Madison, brillante orador, desaparece el último de los Padres Fundadores, y un político curtido en altos cargos de las Presidencias anteriores y larga trayectoria política, James Monroe (1817-1828), lideró la conocida como «era de los buenos sentimientos» y proclamó su visión geoestratégica para el continente americano, que quedaría libre de las potencias coloniales europeas, asumiendo los EEUU la responsabilidad de garantizar la estabilidad política y financiera en el hemisferio, dando nombre a la conocida como «doctrina Monroe», usada para justificar la acción intervencionista de algunos presidentes posteriores.

La élite culta y educada del Este acaba con el primer presidente que proviene de la frontera, el hombre hecho a sí mismo, el icono populista del «hombre común», del Pueblo, Andrew Jackson (1829-1837), apodado el Viejo Nogal Americano. Abogado de la frontera y militar brillante luchó contra los ingleses, los nativos seminolas y creeks, y aprobó la Ley de Expulsión de Indios, por la cual se desalojaba a la nación cheroki de sus tierras de Georgia y se los trasladaba miles de kilómetros de distancia a pie hasta las tierras de Oklahoma. Este penoso éxodo recibió el nombre de «El Sendero de Lágrimas». La era de la democratización de Jackson trajo innovaciones políticas como la extensión del voto, es decir, dio a la Presidencia una base más popular y con un estilo campechano, muy diferente de los anteriores presidentes. La cercanía al pueblo de Jackson dejó un vocabulario político nuevo, con expresiones hoy comunes como «pato cojo» o «caballo sin posibilidades». Su decidida actuación en la Presidencia contuvo las intenciones independentistas de Carolina del Sur, en rebelión por la política federal arancelaria, y reforzó la autoridad del ejecutivo. Su personalidad carismática, hizo de la figura presidencial el foco del sistema político.

Los EEUU tiene en Hamilton, primer Secretario del Tesoro y en Jefferson, tercer presidente, las dos referencias de construcción del Estado: el primero era favorable a un Estado central fuerte, al desarrollo industrial y económico frente a una economía basada en la agricultura. Jefferson, sin embargo creía en el poder de los estados frente a la intervención del poder central. Ambas visiones contrapuestas transcenderían el momento histórico de la fundación y alimentarían los argumentos de las doctrinas posteriores en los momentos clave de la supervivencia y el desarrollo del país.

2.2. A. Lincoln y la Segunda Revolución: «Una casa dividida contra sí misma no puede durar» y el final de la esclavitud

El liderazgo del presidente republicano A. Lincoln elegido en 1860 es una de las referencias indiscutidas en la historia de los EEUU. Su discurso pronunciado en 1863 en Gettysburg, da nacimiento a la Nación basada en la afirmación que se haría realidad de que todos los hombres fueron creados iguales. Nacido en una cabaña de madera de la frontera de Kentucky, fue un autodidacta que aprendió con la lectura de Shakespeare y de la Biblia. Abogado de profesión y congresista por Illinois, poseía el don de la oratoria, y en sus discursos hay un uso brillante de las parábolas ancladas en el mundo rural del Medio Oeste. Según su biógrafo y compañero de profesión Herndon, sufrió episodios de melancolía y depresión toda su vida y una relación familiar desgraciada. Su audacia y ambición, la duplicidad de su carácter según sus críticos, y la evolución y claridad en los objetivos y las prioridades, según la mayoría de las evaluaciones de su actuación presidencial, así como una excepcional capacidad estratégica en la negociación con los legisladores, consiguieron salvar la Unión y acabar con la esclavitud, la «peculiar institución» que chocaba frontalmente con los principios democráticos plasmados en los textos legales fundacionales del país. Su asesinato, perpetrado antes de acabarse la guerra civil, es una tragedia más de la lista de magnicidios y de atentados de la vida americana. El Sur defendía la doctrina de los Derechos de los Estados frente al Gobierno federal y la institución de la esclavitud con su sistema basado en la agricultura y la exportación de materias primas por sus puertos. Puesto que los esclavos eran una propiedad privada, la mayoría de los sureños llegaron a defender que la «institución» siguiese a su propietario allí donde se estableciese, en los Territorios continentales y en los Estados del Norte, libres de ella. La representación de la población en las Cámaras fue uno de los detonantes de la secesión del Sur.

Aunque para Lincoln la esclavitud era un mal moral, su posición varió desde la moderación, esperando una desaparición gradual y negociada con los propietarios y la recolocación de los liberados en África (Liberia), a una posición radical durante el transcurso de la guerra civil. Salvó la Unión de su destrucción, pero para ello ejerció un amplio abanico de poderes de emergencia durante la Guerra Civil que no estaban autorizados por la Constitución, desde el gasto de fondos sin la aprobación del Congreso a la suspensión de las libertades civiles, incluido el *habeas corpus*.

Puede afirmarse que, con la excepción de las acciones de los presidentes Washington, Jefferson, Jackson y Lincoln, el patrón general de la presidencia tradicional consiste en la aceptación del predominio del Congreso, concebido como el actor principal del sistema político, tanto en política interna como exterior, sobre el poder Ejecutivo.

2.3. FDR Y LA PRESIDENCIA MODERNA EN LA EVOLUCIÓN DEL SISTEMA POLÍTICO DE LOS EEUU

El sistema político americano ha evolucionado significativamente desde su fundación. Como hemos visto al tratar la Presidencia tradicional, Hamilton (*El Federalista*, n.º 69) predijo que el cargo de presidente consistiría en poco más que el mando y dirección de las fuerzas terrestres y navales. La expansión territorial desde los trece Estados originales de la fundación del país hasta su configuración actual con cincuenta Estados y el Distrito de Columbia, y la Segunda Revolución americana (la Guerra Civil, 1861-1865) son procesos clave del cambio en la naturaleza de la Presidencia. El tercer proceso, vino de la mano de Franklin Delano Roosevelt. Cambió entre 1933 y 1945 la institución para siempre, por lo que es indiscutible su liderazgo transformacional. El popular gobernador del Estado de Nueva York fue elegido cuatro veces presidente pero cumplió tres mandatos enteros, ya que murió al poco de ganar el cuarto mandato. Aprovechó la situación de inestabilidad y de depresión económica de los años treinta para generar conciencia y movilización ciudadana, teniendo en consideración el cambio en los intereses de la colectividad y los ideales de la Nación. Por decreto, en 1939, FDR crea la Oficina Ejecutiva del Presidente, un acto necesario para hacer frente a la complejidad de las tareas que había decidido emprender y dio lugar a un proceso político experimental y polémico en la relación entre el presidente y los jefes de los Departamentos y las Agencias del Ejecutivo.

Las medidas de tipo keynesiano del Nuevo Trato (*New Deal*) dieron un vuelco al país, potenciando el consumo, y aumentando la inversión. Durante su Presidencia se abandonó el patrón oro y se aprobaron una batería de leyes sobre ayuda y reforma del sector bancario, reducción de los gastos federales, de gravámenes impositivos sobre el vino y la cerveza, de transparencia en la Bolsa (*Federal Secury Act*), de creación de una comisión encargada de regular la Bolsa (*Securities Exchange Act*), de ayuda agraria para aumentar las exportaciones (*Agricultural Adjustement Act*). La creación de la Autoridad del Valle del Tennessee para dar electricidad a una gran extensión de tierra sumida en la pobreza más absoluta y con una serie de accidentes climáticos y geográficos difíciles de abordar, fue una obra magna de construcción de presas, mejora de la navegabilidad y control de las inundaciones del río. La creación del Cuerpo de Conservación Civil fue parte de las nuevas medidas que pretendían luchar contra el paro, dar ayudas a los desempleados y prestaciones sociales, como la Ley de ayuda a la reforestación y conservación de los bosques. Otras medidas se focalizaron en la reconstrucción y recuperación de la industria y quizá sea la *National Industrial Recovery Act* (*NIRA*) una de las leyes más importantes. Se aborda la regulación de precios y salarios y las condiciones de competencia en el sector industrial y comercial y la garantía del derecho laboral a la negociación colectiva. Se prometían al empresariado, molesto con muchas de estas medidas, políticas incentivadoras del consumo por parte de la población, generadoras de mejora de la economía y estabilidad. Por último, con respecto al transporte se mejoraron las condiciones y servicio del sector de los ferrocarriles y respecto a la vivienda la Administración elaboró leyes de préstamos a los propietarios (*Home Owners Refinancing Act*) como colaboración del Estado en la financiación de las hipotecas de sus casas con préstamos a bajo interés. A partir de 1935, FDR impulsó reformas aún más radicales que las anteriores en respuesta a las demandas sociales y a la acción del Tribunal Supremo que declaró inconstitucional la *NIRA* apoyándose en que violaba las leyes antimonopolio. Procedió a impulsar otro paquete de medidas de apoyo a los programas de ayuda al desempleo y se aprobó la Ley Wagner o Ley de Relaciones Laborales (NLRA) que incentivó la organización del trabajo y la creación de sindicatos, elaboró la legislación *anti-trust*, y la Ley sobre Seguridad Social (*Social Security Act*), aprobada con gran apoyo en las Cámaras, que estableció el primer sistema de protección social a escala federal con un sistema de jubilación y seguro de desempleo con excepción de los trabajadores agrícolas, del ferrocarril, domésticos y empleados del gobierno.

Las políticas del *New Deal* fueron un éxito en el plano social y ampliaron la autoridad federal a expensas del poder de los Estados. Diversos factores explican el crecimiento de la burocracia federal además de la Gran Depresión: los acontecimientos internacionales (la intervención de los EEUU en la Segunda Guerra Mundial, el desarrollo de la bomba atómica), la delegación de autoridad del Congreso y las interpretaciones de la Constitución llevadas a cabo por los tribunales de justicia. Sin duda, las acciones presidenciales son el producto de su propia concepción de la Presidencia, algo que en cierto modo Theodore Roosevelt (1901-1909) había dejado claro con la decisión y el proceso de construir el Canal de Panamá, la creación de los primeros parques nacionales, y el inicio de las regulaciones gubernamentales. La expansión de la política exterior tiene en W. Wilson (1913-1921), con la implicación de los EEUU en la Primera Guerra Mundial y la concepción de la Sociedad de Naciones, un antecedente de las políticas de FDR en tiempos de guerra como respuesta a las crisis europeas y a los procesos de industrialización.

Constitucionalmente, la presidencia se concibe como una parte del engranaje de los mecanismos sujetos a *checks and balances*. Además de los poderes constitucionales y de los poderes delegados por el Congreso para que el presidente lleve a cabo sus tareas, existe una tercera categoría, los «poderes inherentes» a los poderes presidenciales, aquellos que se le atribuyen como jefe de la rama ejecutiva. Los poderes constitucionales y los delegados constituyen poderes expresos. Entre los poderes inherentes, los poderes de emergencia, que se ejercen únicamente en momentos de extrema necesidad, y el conocido como privilegio del ejecutivo son los más comunes.

En resumen, el fortalecimiento de la Presidencia en el sistema político es la consecuencia de varios procesos, entre los que constituyen importantes puntos de inflexión la Guerra Civil (1861-1865), las políticas de FDR en 1937 y las dos Guerras Mundiales, la Guerra Fría con la carrera de armamentos entre la URSS y los EEUU, y el 11 de septiembre de 2001. El triple objetivo que inspira la Constitución —proteger las libertades y derechos individuales, garantizar la seguridad de la nación y responder a los deseos del pueblo— no deja de ser tan ambicioso como potencialmente conflictivo en su realización. La primera intención de los Padres Fundadores fue crear un sistema que obligara a un consenso amplio en la formación e implementación de las políticas y que no permitiese la tiranía de la mayoría. Con la excepción del período de Secesión (1861-1865), el juego entre las ramas del Gobierno, institucionalizado en los *Checks and Balances,* ha funcionado razonablemente bien, debido, en parte, a la práctica inexistencia del modelo de partido de masas desde la aparición de los partidos políticos en 1800, a la moderación y consenso en torno al «credo americano» (S. M. Lipset) y al liderazgo presidencial de Demócratas y Republicanos. El amplio consenso en los valores desde la Segunda Guerra Mundial, comienza a resquebrajarse en la década de los ochenta del siglo XX y se inauguran grandes etapas de gobierno dividido, en los noventa bajo los dos mandatos de B. Clinton, de G. W. Bush a partir de 2004 y con la Presidencia de Obama tras las elecciones de medio mandato de 2010. Los ataques terroristas en suelo norteamericano del 11 de septiembre del 2001 consiguieron una cierta vuelta al consenso en las grandes líneas de seguridad nacional, apenas modificadas realmente por B. Obama durante su primer mandato.

En paralelo a los cambios culturales y a las necesidades sociales, a la complejidad de los entornos dentro y fuera del país y a la evolución hacia un federalismo cooperativo como respuesta, el poder del presidente en asuntos domésticos ha aumentado sensiblemente. Para aliviar la pobreza en la década de los sesenta en el país, ni Kennedy ni L. B. Johnson pudieron en su día resolver ellos solos los problemas de alojamiento utilizando los terrenos en las ciudades de propiedad federal. El final de la Presidencia de Nixon puso de moda entre los politólogos el concepto de «Presidencia imperial». La caracterización de Presidencia Imperial indica que la rama ejecutiva, en el tramo final de la Presidencia de R. Nixon, adquirió un poder no previsto por la Constitución. El concepto fue elaborado en 1973 por el consejero de Kennedy, A. Schlesinger, como una denuncia del crecimiento y mal uso del poder de la Presidencia tras los excesos de Vietnam y *Watergate*, protagonizado por un Nixon que llegaría a decir que «todo lo que hace un presidente es legal», esto es, la discrecionalidad como esencia de la actuación presidencial, y basada en la seguridad nacional como argumento. Sin embargo, el politólogo T. J. Lowi nos recuerda que el fortalecimiento de la Presidencia fue obra del Congreso, con la ayuda de los tribunales federales, y que, a la construcción comenzada con las políticas intervencionistas del *New Deal*, seguiría la teoría de que las facultades de un presidente deben estar a la altura de las responsabilidades presidenciales. Los abusos del Ejecutivo llevarían a G. W. Bush a la creación de la prisión de Guantánamo tras el 11-S de 2001.

Al final de la década de los cuarenta del siglo pasado, los EEUU se constituyeron en una de las dos superpotencias del mundo, con tropas estacionadas en Europa y Asia, y tras ganar la Guerra Fría, alcanzaron el status de líder global en las esferas económica, militar y cultural. En el siglo XXI, la lucha global frente al terrorismo sigue siendo clave en asuntos de seguridad nacional.

La globalización y el uso masivo de las tecnologías de comunicación han afectado los roles que el presidente lleva a cabo y los tipos de recursos de los que dispone. Ha habido cambios significativos a partir de la década de los setenta del siglo pasado con respecto a las reglas que rigen el funcionamiento de los partidos políticos en el proceso de nominación presidencial, con apertura a la participación de las minorías. Asimismo, la regulación de la financiación de las campañas electorales presidenciales, sobre todo tras la sentencia del Tribunal Supremo en *Citizens United* v. *Federal Election Commission* (2010) y *McCutcheon* v. *FEC* (2014), han expandido la libertad de los donantes a los candidatos, partidos políticos y grupos externos en los procesos electorales, autorizando las *SuperPac's*. Por último, se han producido cambios enormes en la cobertura mediática de las campañas con la introducción de nuevas y eficaces técnicas para llegar al electorado. Hay una abundante literatura sobre las disfunciones del sistema político de los EEUU. Para F. Fukuyama, la judicialización de la administración y la extensión de la influencia de los grupos de interés son los dos fenómenos principales que terminan causando el reinado de la *vetocracia* y la desconfianza de los ciudadanos en el Gobierno. Los politólogos Th. Mann y Norman J. Orstein señalan la falta de cooperación entre los partidos y una cultura política tribal y dividida.

3. PRERROGATIVAS Y RECURSOS DEL PRESIDENTE

Una Presidencia fuerte depende en gran medida de la persona que ocupa el cargo y de las características de su base de poder —índice de popularidad, apoyo en voto popular en las elecciones, voto de los delegados de los estados en el Colegio Electoral, índice de participación electoral, tamaño y composición de las mayorías en las Cámaras—, aunque los poderes de la

Presidencia están institucionalizados. Un presidente comienza el mandato con un capital político determinado, prestigio e influencia, que los acontecimientos y sus decisiones irán modificando, probablemente desgastando. La expresión «supremacía presidencial» data de los años de FDR, debido a su interpretación amplia de los poderes presidenciales, en confrontación con el Tribunal Supremo en ocasiones.

El poder presidencial no sólo proviene de las disposiciones constitucionales, con sus recursos formales, y de los poderes delegados por el Congreso, cuya evolución desde los orígenes ha sido muy notable, en paralelo al crecimiento inmenso de la administración y sus responsabilidades, en las que el presidente nombra a los altos cargos de las agencias por autorización de otras. El sistema constitucional de controles y equilibrios está presente cuando comienza una Presidencia y según la persona que ocupa el cargo, cambiará la agenda presidencial y quedarán nuevos hábitos, costumbres y tipos de relaciones entre los poderes.

La fragmentación del sistema de partidos, un sistema electoral dominado por las primarias y el hecho de que el presidente no puede contar con el apoyo automático de su partido político en el Congreso, constituyen frenos al poder presidencial. El presidente recurre entonces al poder de la opinión pública en conjunción con los medios de comunicación y actualmente al uso masivo de las tecnologías digitales. Recordando a Th. Lowi, cuando los presidentes juran el cargo aceptan el poder y las condiciones impuestas a su uso, y esa promesa debe cumplirse, aun cuando no sepamos qué significa exactamente un cumplimiento adecuado. El crecimiento de expectativas de la ciudadanía con respecto al presidente ha sido exponencial, y su visibilidad desde la segunda mitad del siglo XX hasta hoy es global.

A los recursos institucionales, se unen los recursos personales, como el sentido que el presidente tenga de su poder, el valor y la confianza en sí mismo, las habilidades negociadoras, y recursos políticos como la reputación en Washington o el apoyo del Congreso, sus lazos personales con Representantes y senadores, las redes de influencia que teja, la lealtad y competencia del *staff* de la Casa Blanca, siguen siendo esenciales para el poder presidencial.

El crecimiento de la Presidencia durante el siglo XX es el resultado de la intervención en las dos guerras mundiales, de las situaciones de emergencia ante catástrofes naturales, de la lucha contra la pobreza y la discriminación racial, sexual y de género, de la atención prioritaria a los veteranos de las guerras, a los mayores y a los discapacitados y, por supuesto de la hegemonía de los EEUU en el mundo. Atender estas necesidades ha conllevado extensos desarrollos institucionales para hacer efectivo el liderazgo presidencial. La rama ejecutiva emplea actualmente más de 4 millones de personas, incluidas los miembros de las fuerzas armadas.

Para optar a la Presidencia, la Constitución señala como requisitos haber nacido en los Estados Unidos, tener una edad mínima de treinta y cinco años y haber residido al menos catorce años en los EEUU. Existe la posibilidad de reelección tras el mandato de cuatro años y el presidente percibirá una compensación por el desempeño del cargo que no puede ser aumentada ni disminuida durante su mandato, ni podrá recibir otro emolumento de los EEUU ni de cualquiera de los Estados de la Unión. Hasta la elección en 2009 del afroamericano B. Obama, los 43 presidentes anteriores han sido blancos, y con la excepción del católico J. Kennedy, todos ellos han sido protestantes, la mayoría de ellos episcopalianos. De otras denominaciones fueron Nixon, cuáquero, Bush sénior, metodista, Clinton, baptista, y evangélicos muy religiosos, cristianos renacidos («*born again*») Carter y Bush hijo. La religión siempre ha sido parte de la política en EEUU, a diferencia de la secularizada Europa, y desde Carter los evangélicos siguen siendo una fuerza electoral fundamental que apoyó a Reagan durante los ocho años de su mandato. La retórica cristiana ha dominado y sigue dominando la cultura tradicional y el formalismo presente en los actos políticos más importantes. Las encuestas de opinión nos dicen que, a día de hoy, resulta inconcebible un presidente que se declarara ateo.

4. DE LA CARRERA POR LA NOMINACIÓN A LA CASA BLANCA. EL COLEGIO ELECTORAL

Como hemos visto hasta el momento, el poder Ejecutivo fue ganando preeminencia en el sistema político. El presidente es quien dirige, transmite energía (Hamilton, 70), y coordina la vida política. La iniciativa política del ejecutivo se ha incrementado con la expansión del rol y alcance del Gobierno, con una mayor implicación en la vida económica y social en un mundo progresivamente más complejo. Desde los cambios en el proceso electoral presidencial introducidos en 1972, llegar a ocupar el cargo político con más poder del planeta, supone ganar una carrera larga y llena de obstáculos, a veces imprevisibles, en un juego interdependiente muy complejo. Esta carrera comienza como candidato bajo las siglas de uno de los partidos en las preprimarias, primarias y caucus de cada uno de los Estados de la Federación, Puerto Rico y los Territorios, y acaba con la nominación en la Convención Nacional de su partido político. Alcanzada ésta, la competencia normalmente se produce con el candidato nominado del partido rival y finalmente la elección por mayoría absoluta en el Colegio Electoral. Con la curiosa anomalía o excepción del presidente Republicano Theodore Roosevelt (1901-1909), quien se presentó por el tercer partido *Progressive* en 1912, conocido como el *Bull Mouse Party* aunque no consiguió salir elegido, los presidentes del siglo XX y del XXI hasta Obama, han competido bajo el paraguas Demócrata —W. Wilson, F. D. R., H. Truman, J. Kennedy, L. B. Johnson, J. Carter, W. Clinton, B. Obama— o Republicano —T. Roosevelt, H. Hoover, D. Eisenhower, R. Nixon, G. Ford, R. Reagan, G. W. Bush (41.º) y G. W. Bush (43.º)—.

El proceso actualmente hacia la nominación de cada uno de los partidos comienza año y medio antes de la elección del presidente con la presentación oficial de las candidaturas. Previamente, los candidatos forman un comité exploratorio para sondear las expectativas de financiación externa y apoyos populares, entre las personalidades más influyentes de su partido y los grupos de interés. En el proceso de las primarias, tras el test de los caucus de Iowa y las primarias de New Hampshire, el candidato debe recaudar más de 100 millones de dólares como mínimo (la cifra crece cada año), acudir a entrevistas con donantes, enfrentarse a las investigaciones de la prensa sobre su carrera política hasta el momento, su vida privada y la de sus allegados, y responder a los desafíos previsibles e imprevisibles de un proceso largo, único, en que el ganador se lo lleva todo, y que con frecuencia desafía los pronósticos previos. El nada carismático vicepresidente con FDR, Harry Truman, tras una política interna que no tuvo éxito, sorprendió con la victoria en 1948. El experimentado Bush padre (director de la CIA, Embajador en ONU y China, vicepresidente) tras vencer en la guerra del Golfo perdió tras un solo mandato ante el novato B. Clinton en una elección no habitual, ya que se presentó en 1992 un tercer candidato independiente, R. Perot que obtuvo el 19 por 100 de los votos. Desde Eisenhower, la norma ha sido la alternancia tras dos mandatos entre los Republicanos y los Demócratas, aunque los rápidos cambios en la composición del electorado de importantes estados *swing* están abriendo serias incógnitas al Partido Republicano de cara al futuro cuando termine la presidencia de B. Obama. Únicamente en la confrontación electoral del republicano Bush con el demócrata Kerry en 2004, los republicanos ganaron el voto popular si tomamos como referencia desde la primera elección de Clinton en 1992 hasta la reelección de Obama en 2012, es decir, las seis últimas elecciones presidenciales. En 2016, el candidato ganador tendrá que sintonizar con las minorías, especialmente con la hispana, en fuerte auge y con un nivel de implicación en la vida política y de participación electoral también creciente.

El método de elección del presidente es indirecto y se realiza a través del Colegio Electoral. En el debate constitucional de los delegados en Filadelfia se impuso la idea republicana frente a la democrática, con el establecimiento de varios filtros institucionales frente a las pasiones y peligros de una eventual tiranía popular. Respetando el principio federal, el Colegio Electoral deja en manos de los Estados la decisión de la elección del presidente, que se hará por mayoría absoluta. Se han ido introduciendo mecanismos democratizadores como la elección popular de los senadores, el bloque cerrado de compromisarios en la papeleta de voto, y la obligación en algunos Estados de que sigan con su voto al candidato presidencial como expresión de la voluntad explícita de los votantes.

Actualmente, el Colegio Electoral lo forman 538 compromisarios. Esta cifra es el resultado de sumar los dos votos que corresponden a cada uno de los cincuenta estados, es decir un total de 100 votos, al de Representantes, 435, distribuidos en función del tamaño de la población de los Estados. La distribución se realiza cada diez años a partir del censo de población. Desde 1961 a la cifra se añaden los tres compromisarios por el Distrito de Columbia, sede de la capital, Washington. Será elegido presidente el candidato que consiga la mayoría absoluta de los compromisarios, actualmente al menos 270 votos. En caso de empate, la Cámara de Representantes elegirá al presidente, teniendo cada Estado un voto, y el Senado elegirá con el mismo sistema al vicepresidente. Fiel al sentimiento federalista, el sistema descansa en la elección independiente en cada uno de los Estados, en los que con las excepciones de Maine y Nebraska, el que gana se lleva todos los votos que corresponden al Estado. El peligro de los compromisarios «desleales» a la voluntad popular mayoritaria del Estado ha sido excepcional, y su acción nunca ha puesto en riesgo el resultado final. Voces críticas señalan que este peculiar sistema de elección del presidente es un mecanismo anacrónico y poco representativo de las minorías dentro de los Estados y que puede permitir y ha permitido situaciones extrañas como por ejemplo que la victoria en votos electorales no corresponda con la victoria en voto popular. La reñida elección del año 2000 entre el Demócrata A. Gore y el Republicano G. W. Bush se resolvió con la intervención del Tribunal Supremo de los Estados Unidos que ordenó detener los procesos de recuento de votos en Florida, estado de la disputa, y dio la presidencia a Bush (271 a 266) pese a la mayoría de votos populares en todo el país obtenidos por A. Gore (más de medio millón).

La manera en que el presidente es seleccionado y se agregan los votos, ha tenido varias propuestas de reforma: el llamado plan automático elimina los grandes electores con el fin de que éstos no puedan expresar sus preferencias personales. El sistema electoral de distrito es otra de las propuestas para reducir el impacto del método según el cual «el que gana se lo lleva todo». Aunque hay muchas variaciones de planes de reforma, también se ha propuesto para todo el país a nivel nacional el sistema proporcional utilizado actualmente por los Estados de Maine y Nebraska. Estos Estados dan dos votos que les corresponden al que gana el Estado por mayoría y reparten el resto en tres y cinco distritos respectivamente, dando una oportunidad a las preferencias mayoritarias/minoritarias en Estados poco homogéneos. Gracias a este sistema, Obama en 2008 obtuvo un voto en Nebraska. Otros planes proponen introducir la proporcionalidad dentro del Estado, o incluso la elección directa con distrito único nacional.

La participación electoral en elecciones presidenciales suele situarse entre el 50 y el 60 por 100 de la población en edad de votar, una participación alta comparada con los otros procesos electorales y con los años en que no hay elecciones presidenciales. Se considera «presidente minoritario» a aquel que recibe menos del 50 por 100 de los votos populares, aunque tenga la mayoría en el Colegio Electoral. Es el caso de Kennedy, Nixon o Clinton, por ejemplo. En las elecciones legislativas de medio mandato de 2014, la participación estimada fue en torno al 36,2 por 100, la más baja que se registra desde 1942. Desde la elección del 2000, se usan los colores rojo (Republicano) y azul (Demócrata) para describir los Estados de la Federación y los partidos políticos. Si nos bajamos al análisis de los condados, y considerando los resultados de las elecciones presidenciales desde la del año 2000, 461 condados han votado Demócrata y 2.126 han apoyado electoralmente a los Republicanos, pero los condados demócratas están mucho más poblados, y consecuentemente 132 millones de personas han votado Demócrata frente a 117,2 que lo han hecho por el GOP.

Bush consiguió llevarse el voto hispano frente a Kerry en 2004, pero Obama ganó en 2008 y 2012 con una coalición de jóvenes, minorías (afroamericanos, hispanos, asiáticos), mujeres, clase trabajadora blanca regionalmente diferenciada y votantes con estudios universitarios, mientras que los republicanos tienen el apoyo mayoritario entre votantes de más edad, blancos, población rural y la base evangélica.

5. EL PROCESO DE DESTITUCIÓN DEL PRESIDENTE

La Constitución recoge el proceso de destitución del presidente (*impeachment*) como un arma poderosa de las Cámaras, que en ningún caso equivale a la moción de censura en los sistemas parlamentarios. Es el proceso constitucional por el que se destituye al presidente en caso probado de traición, cohecho, u otros delitos mayores e infracciones penales. La Cámara de Representantes acusa formalmente tras el voto de la resolución del Comité Judicial por mayoría, quien determina si existen pruebas suficientes para la destitución, y en un segundo paso del proceso, el Senado juzga, presidido por el presidente del Tribunal Supremo, tras una exposición de los cargos en las acusaciones de su Comité Judicial contra el presidente de los EEUU, quien es defendido por sus propios abogados. Su uso ha sido muy infrecuente. Andrew Johnson (1865-1869) fue el primer presidente procesado en la Cámara de Representantes por abuso de poder y falta de ética, salvándose por un solo voto en el Senado de su destitución en 1868. Se afirmaba que había sido víctima de una persecución sin fundamento por parte de congresistas fanáticos, pero tuvo un origen legítimo, ya que versaría sobre diferencias sobre el gobierno constitucional. Vicepresidente elegido por los republicanos como premio al único senador de un Estado del Sur que se opuso a la guerra y a las reivindicaciones secesionistas, se convierte en presidente tras el asesinato de Lincoln, y no participa de la necesidad de la centralización del gobierno federal ni en la igualdad de derechos civiles de los esclavos liberados tras la guerra civil. Hizo campaña para impedir la ratificación de la Decimocuarta Enmienda en 1866. Su veto al plan de reconstrucción de los republicanos, mayoritarios y radicalizados después de las elecciones de 1866, hizo que presentaran cargos criminales contra Johnson. Curiosamente, fue elegido por Tennessee tras dejar la presidencia, siendo el primer y único senador después de haber desempeñado el cargo de presidente.

Resulta imposible evaluar el legado del republicano R. Nixon, quien quiso centrar su presidencia en el patriotismo, sin hablar del drama político del caso *Watergate*, que ensombrecería su persona y su presidencia ante la historia, y dejaría muy devaluado al Partido Republicano. Nixon, con una personalidad inteligente, depresiva, obstinada y poco prudente, no fue capaz de ver el cambio de circunstancias a su alrededor ni reconocer los errores cometidos. El enfoque psicológico más común reconoce en él una personalidad con dobleces, y síndrome de *hybris*, que afectaría a la naturaleza de su proceso de toma de decisiones. La amenaza de someter a Nixon a un proceso de destitución que tendría acusaciones legales de peso como obstrucción a la justicia y abuso de poder, provoca su dimisión en 1974. Watergate es un edificio de apartamentos frente al río Potomac, en donde se produjo en 1972 el destape de los asistentes contratados («fontaneros») de Nixon cuando colocaban micrófonos ocultos en las oficinas del Comité Nacional Demócrata antes de las elecciones presidenciales. Aunque el equipo fue detenido por un guardia de seguridad, dio nombre a un largo proceso de pesadilla nacional sin parangón; la palabra Watergate es sinónimo de abuso del privilegio del ejecutivo; de trucos sucios y mentiras en la Casa Blanca, que hicieron dimitir a Nixon y al Fiscal General J. Mitchell, al jefe del Staff H. R. Haldeman, al asistente J. Ehrlichman, al consejero J. Dean y otros implicados. El proceso fue guiado secretamente por el segundo del FBI, Mark Felt («Garganta Profunda») y cuidadosamente revelado a los periodistas del Washington Post, B. Woodward y C. Berstein.

Sexo, mentiras y perjurio, la ética privada y su relación con la vida pública, serán la temática de la acusación a B. Clinton en 1998. El proceso se desarrollará en un contexto económicamente muy favorable y con el apoyo de la opinión pública a sus iniciativas políticas, según las encuestas (CNN-TIME del 28 de diciembre-4 de enero de 1999). Este proceso, fue largo y difícil de comprender para una mayoría de los europeos, pero paralizó la vida política de la primera potencia mundial durante meses. Será el segundo presidente en ser acusado por la Cámara de Representantes: bajo el primer artículo del proceso (ganado por 228 votos frente a 206) se acusaba a Clinton de mentir bajo juramento al Gran Jurado de K. Starr sobre la existencia de su relación íntima con la becaria de la Casa Blanca M. Lewinsky. Cinco miembros de cada uno de los partidos políticos no votaron con los suyos. En un segundo artículo, se le acusaba de cometer perjurio en el caso de P. Jones, ayudante contratada (fue rechazado por 229 frente a 205). La Cámara aprobó un tercer artículo en el que se le acusaba de obstrucción a la justicia por haber instruido a su secretaria para mentir en relación con M. Lewinsky (221 frente a 212 votos). En el último artículo se le acusaba de abuso de poder por negar o eludir las 81 preguntas del cuestionario realizado por el Comité de Justicia de la Cámara, y sería rechazado por 285 votos contra 148. Finalmente el juicio presidido por el juez W. Rehnquist en el Senado, una cámara más deliberativa y consciente de la mirada de la historia, censurará el comportamiento del presidente Clinton pero declarará su inocencia. Con la excepción de los del Sur, la mayoría de los senadores republicanos no quisieron continuar con el proceso.

El proceso no estuvo exento de sucesos sorprendentes como cuando la mayoría republicana de la Cámara propuso la votación sobre el *impeachment*, pero antes de llevarse a cabo, el presidente recién designado para sustituir a Gingrich, B. Livingston, Representante por Luisiana, confesó varias infidelidades a su mujer, y dimitió para evitar un escándalo mayor.

El procesamiento se explica en parte por una serie de episodios de venganza política desde el rechazo demócrata a la nominación para el Tribunal Supremo del juez elegido por Bush, R. Bork, por sus posiciones demasiado conservadoras en temas sociales, y en segundo lugar, debido a la dura lucha en el Senado contra la nominación del juez C. Thomas por su presunta relación con A. Hill, abogada de su bufete que le denunciaría por acoso sexual.

6. JEFE DEL PODER EJECUTIVO Y ROLES PRESIDENCIALES

El presidente desempeña en el cargo varios roles y en ocasiones se precisan cualidades diferentes para cada uno de ellos: es Jefe de Estado y Jefe de Gobierno y de la Administración; Comandante en Jefe de las Fuerzas armadas, Jefe de la Diplomacia y líder Legislativo. Rossiter mencionaba entre los deberes del presidente ser la voz de su partido político, la voz del pueblo y el gestor de la prosperidad. En este epígrafe, mencionaremos por falta de espacio, únicamente los roles más importantes, asumiendo los solapamientos inevitables que se producen en el desempeño de las actuaciones presidenciales.

La Constitución en su artículo II señala que el poder ejecutivo descansa en el presidente. Lleva a cabo las funciones de Jefe de Estado, con importantes funciones ceremoniales, y como Jefe de Gobierno es el responsable de que todas las leyes aprobadas por el Congreso sean correctamente ejecutadas e implementadas. Entre sus funciones está la iniciación de programas para hacer frente a los problemas nacionales considerados acuciantes y es la autoridad máxima al frente de la administración federal y especialmente de la oficina responsable de formular y gastar los presupuestos federales. Su capacidad de persuasión con las agencias es una de las claves del buen funcionamiento de la rama ejecutiva. Puede requerir la opinión escrita de cada uno de los Jefes de los Departamentos ejecutivos sobre cualquier asunto relacionado con sus respectivas funciones. Deja un margen importante a la acción presidencial el decidir lo que abarca el poder del presidente. Sin embargo, la Constitución atribuye al Congreso algunas de las funciones ejecutivas más importantes, como regular el comercio, declarar la guerra y establecer los impuestos. Una de las funciones ejecutivas más importantes es el nombramiento de aquéllos que encabezan la Reserva federal, las agencias de inteligencia, los organismos militares, las comisiones independientes y las agencias regulatorias.

La escala actual de la rama ejecutiva desafía el poder de escrutinio del Congreso, quien ha cooperado en agigantar la administración agregando programas al gobierno nacional. El presidente expide órdenes ejecutivas (decretos) y coordina el trabajo actualmente de 150 agencias y departamentos. La expansión de la administración moderna requiere amplias delegaciones de poder, con frecuencia difíciles de distinguir del poder de legislar, y los congresistas han reaccionado en algunos períodos presidenciales protegiendo sus prerrogativas. Desde la visión conservadora, B. Obama ha sido muy criticado por abusar de su prerrogativa de revisión de ciertas leyes suspendiendo partes de ellas, por medio del conocido como «segundo veto». Por delegación del Congreso, el presidente puede utilizar el *line-item veto*, esto es, el privilegio concedido a Reagan y Bush que permite tachar o eliminar un programa del presupuesto federal sin la necesidad de que el Congreso lo apruebe, y en el mejor de los casos para reducir la legislación incoherente. R. Nixon se negó a gastar los fondos asignados para programas específicos y ya aprobados por el Congreso y como reacción a ello el Congreso aprobó la *Budget and Impoundment Control Act* en 1974. Con el termino *earmarks* o *pork barrel*, se denominan las acciones presidenciales en términos de fondos para proyectos locales destinadas a servir como premio o acicate a los políticos.

Las áreas de delegación del Congreso han ido aumentando con las sucesivas Presidencias para hacer frente a la necesidad de una actuación rápida y en algunos casos con una escasa rendición de cuentas. Uno de los ejemplos más conocidos fue la actuación de la Casa Blanca cuando en 1986 funcionarios de la Administración Reagan llevaron a cabo acciones políticas basadas en la utilización de los fondos reservados, con la creación de organizaciones en la sombra y de una variedad de intermediarios con el fin de sortear los mecanismos oficiales. R. McFarlane, antiguo asesor de seguridad nacional, había participado en una misión secreta en Irán para suministrar armamento militar a este país a cambio de liberar a unos rehenes americanos en Líbano. Todo apuntaba a la Casa Blanca, a Reagan, pero el presidente lo negó, y ese mismo año el fiscal E. Meese inicia una investigación y encuentra un informe en que un teniente coronel de la Marina, O. North, se dirigía al asesor de seguridad nacional J. Poindexter señalando que una parte de los ingresos obtenidos con la venta de armas a Irán podía usarse para comprar armamento (a través de fuentes privadas y terceros países) destinado a la Contra de Nicaragua, en ayuda de su lucha contra el gobierno Sandinista. Este desvío de fondos para la financiación de un grupo paramilitar y el intercambio de armas por rehenes era ilegal, iba en contra de lo legislado por el Congreso. El presidente negó conocer la operación en rueda de prensa y designó un fiscal independiente para investigar. Sólo tuvo que dimitir el jefe de personal de la Casa Blanca, D. Regan, y North y Poindexter fueron procesados y reconocieron toda la responsabilidad. La Administración protegió al presidente.

Las agencias bajo comisiones independientes forman parte de la Administración, y aunque el presidente no puede tener un control directo en una enorme cuestión de materias, no puede tampoco desligarse de la responsabilidad de lo que ocurra en ellas. El presidente no tiene todo el poder que necesitaría en las Comisiones formadas para el control de áreas como la energía atómica, la aviación civil, las telecomunicaciones, la investigación científica, o la reserva federal. En algunos casos tiene capacidad de influir en ellas con el nombramiento de los miembros de las Comisiones, pero al tener éstas un tiempo fijado de ejercicio, el presidente puede controlar el nombramiento únicamente de una parte de los miembros de una Comisión durante su mandato. Además el Senado tiene que dar su confirmación a los nombramientos de alto nivel.

Con el consentimiento del Senado, el presidente tiene la facultad de nombrar embajadores, otros ministros públicos y cónsules, los jueces federales y el Tribunal Supremo en caso de vacantes y demás funcionarios de los EEUU cuyas designaciones la Constitución no determine, y que sean establecidas por ley. Nombra y cesa a todos los altos cargos oficiales de las agencias del gobierno e independientes, muchos de ellos discrecionales. Obama ha sufrido un obstruccionismo muy fuerte en su política de nombramientos. En 2015, el Senado, con mayoría republicana, se negó a convocar el pleno durante cinco meses pero acabó confirmando el nombramiento de la Fiscal General L. Lynch, fiscal de carrera, activista de los derechos civiles y primera mujer afroamericana al frente del Departamento de Justicia (2015). En estas áreas de decisión, cada presidente sigue unos criterios para la elección de los jueces federales, en especial para el Tribunal Supremo. Obama ha nombrado a dos mujeres, a Elena Kagan, sin experiencia como juez, pero jurista reputada y moderada, en relevo de Paul Stevens, y a Sonia Sotomayor, puertorriqueña, en sustitución del polémico juez Souter, nombrado por Bush en 1990 y que dio nombre al proceso de cambio de preferencias ideológicas tras el nombramiento presidencial.

El presidente tiene la facultad de conmutar penas, suspender temporalmente una ejecución y otorgar indultos por delitos cometidos contra los Estados Unidos, excepto en los casos de juicio político (art. II, sección 2). Cabe destacar la acción de Andrew Johnson y J. Carter. El primero amnistió en 1868 a todos los sudistas (soldados confederados) que participaron en la *Late Rebellion*, y el segundo a todos los evadidos de la llamada a filas durante la guerra de Vietnam. G. Ford indultó en 1974 al expresidente Nixon por las ofensas cometidas contra los EEUU, y Bush perdonó a G. Weinberger y a otros cinco altos cargos implicados en el asunto Irán-Contra. Esta prerrogativa presidencial ha sido y sigue siendo polémica por cuanto en ocasiones su uso ha sido muy partidista.

Los presidentes, al igual que los legisladores usan sistemáticamente las acciones de gasto *pork barrell* para perseguir sus intereses electorales, especialmente en los Estados indecisos (*swings*), que oscilan en su apoyo a un partido político o candidato y que, como Ohio o Florida, desde el año 2000 aportan muchos compromisarios al Colegio Electoral. El presidente está en una posición privilegiada para influir en la burocracia federal con el objetivo de aumentar el gasto en esos Estados «en juego».

La Constitución señala que los EEUU garantizarán a cada Estado de la Unión la forma republicana de Gobierno y protegerán a todos contra una invasión, en caso de desorden interno por causas humanas o naturales (declarar el estado de emergencia) y a petición de la Legislatura o del Ejecutivo de un Estado (en este último caso cuando las Cámaras no estén en sesión) contra actos de violencia interna. Es decir, el Gobernador de un

Estado debe requerir las tropas federales antes de que el presidente las mande, pero puede haber casos especiales en los que el presidente:

a) no está obligado a desplegar tropas sólo porque lo pida la legislatura o lo requiera el Gobernador y

b) puede hacerlo sin requerimiento específico si lo considera necesario para mantener un servicio nacional esencial en cumplimiento de una orden judicial federal o en caso de protección si se vulneran los derechos civiles. D. Eisenhower envió una división aerotransportada en 1957 a la capital de Arkansas para imponer la integración racial en un centro escolar, y federalizó la guardia nacional de Arkansas en contra de las órdenes de su Gobernador y de la voluntad del electorado y de la legislatura del Estado, partidaria de la segregación.

La actuación del presidente se ha desplegado en casos de grandes desastres naturales y desórdenes sociales extremos. J. F. Kennedy utilizó su autoridad ejecutiva para tomar el mando de la guardia nacional ante las actuaciones inconstitucionales del Gobernador de Alabama, el segregacionista G. Wallace, en 1963. Los disturbios (*riots*) de Los Ángeles en 1992 requirieron la actuación de Bush padre. Junto a la guardia nacional envió una División de Infantería y a los Marines para controlar los disturbios y coordinó la actuación federal para aliviar el desastre humano y económico.

R. Reagan creó en 1981 por la Orden Ejecutiva 12333 la Comunidad de Inteligencia que comprende actualmente 17 elementos o agencias federales e incluye agencias de inteligencia militar, civiles y oficinas de análisis en los Departamentos Ejecutivos (Defensa, Energía, Seguridad Nacional, Justicia, de Estado y del Tesoro). Entre las más conocidas están la independiente Agencia Central de Inteligencia (CIA); la Agencia de Seguridad Nacional (NSA); Agencia Geoespacial (NGA), la Agencia de Inteligencia de la Defensa (DIA), la Oficina Nacional de Reconocimiento (NRO), la Inteligencia de Guarda Costas, y la Oficina de Inteligencia y Análisis entre las más importantes. El presidente de los EEUU nombra al director de Inteligencia Nacional (DNI) y decide con el Congreso los objetivos y el uso del presupuesto. Lleva a cabo la labor de supervisión de la C. I. a través del Consejo de Inteligencia Exterior (PFIAB), el Consejo de Inteligencia Conjunto (JICC), la Oficina del Presupuesto (OMB), y desde la Oficina del Inspector General, el Consejo. En la C. I. trabajan aproximadamente 1 millón de personas y en 2013 su presupuesto fue de 52,6 miles de millones, excluyendo el Programa de Inteligencia Militar.

Tras el 11 de septiembre de 2001, Bush defendió la doctrina del «ejecutivo unitario», esto es, en cualquier misión de naturaleza puramente ejecutiva, como conducir operaciones militares, el Congreso y los tribunales de justicia deben dejar a la rama ejecutiva actuar en solitario, sin interferencias que mermen la capacidad del presidente para llevar a cabo su tarea. Como consecuencia de esta idea, tras la invasión de Irak se denegó el *habeas corpus* a los considerados «enemigos combatientes sin privilegios», la Administración suspendió la Convención de Ginebra en el uso de los métodos de interrogatorio a los detenidos, se estableció un sistema de vigilancia de los ciudadanos sin autorización judicial como ordenaba la ley *Foreign Intelligence Surveillance Act* (FISC) y el Presidente Bush usó el instrumento de las declaraciones firmadas («*signing statements*») en las que especificaba la aplicación selectiva de las provisiones de la ley firmadas por él. Los críticos vieron en estas acciones un abuso de poder, mientras que para otros eran acciones inevitables basadas en circunstancias que necesitaban medidas excepcionales. La base naval de Guantánamo alberga una cárcel desde 2003, por la que han pasado 779 presos de los cuales sólo ocho han sido juzgados y algunos continúan procesados. Obama prometió cerrar el penal en el que permanecen 122 presos de dieciocho países en 2015. El Departamento de Defensa designa los jueces, fiscales y supervisor de las comisiones formadas para ver los casos, pero el número de imputados está estancado debido a la dificultad para obtener pruebas incriminatorias. Las declaraciones hechas por los presos bajo tortura son inútiles y el Tribunal Supremo declaró ilegal el penal en 2006, ya que fue autorizado por Bush pero no por el Congreso.

Desde la destrucción de las Torres Gemelas y el atentado contra el Pentágono en 2001, en los dos mandatos de cada una de las Presidencias Bush y Obama, el país ha puesto en pie una estructura burocrática enorme para luchar contra el *yihadismo*, adaptando a la lucha contraterrorista y de insurgencia agencias de inteligencia y militares a la aplicación de leyes como la *PATRIOT Act*, hoy parcialmente derogada. Se han creado o reorganizado 263 organizaciones, incluyendo la creación del Departamento de Seguridad Nacional, el Centro de Contraterrorismo Nacional (NCC) y la Administración de Seguridad en el Transporte (TSA). La inversión para cortar las redes de financiación del Al Qaeda y en operaciones llevadas a cabo por las Fuerzas Especiales como la captura de Osama Bin Laden y de la mayoría de los líderes yihadistas ha sido enorme, con un incremento bajo la Presidencia Obama de operaciones realizadas con drones y el contrato de más de 1,4 millones de personas que trabajan con información clasificada.

Las filtraciones a la prensa de material clasificado proveniente de la rama ejecutiva y especialmente de su burocracia son un tema recurrente en la vida política de los EEUU, con la figura del *whistleblower*, individuo que revela secretos oficiales en una apuesta por el bien común y al que algunos no consideran como un traidor. Su comportamiento ha dado lugar a un debate basado en la Primera y la Cuarta Enmiendas de la Constitución, la sacrosanta libertad de prensa y el deber de preservar las libertades civiles, y la responsabilidad de un poder ejecutivo responsable de sus acciones, políticas y programas. Los *Papeles del Pentágono*, entregados por el analista militar D. Ellesberg desvelaron en 1971 la escalada secreta de la guerra de Vietnam y las manipulaciones bajo los presidentes Johnson y Nixon en 1972. En 1913, la protección de los intereses americanos también quedó en entredicho cuando Ch. Manning robó archivos de comunicaciones diplomáticas y las entregó a la prensa. La Administración Obama, ha tenido que enfrentarse a las demandas populares de protección de datos, de privacidad y derechos en la red realizadas por asociaciones como la ACLU. Tuvo que intervenir en la espinosa cuestión de la regulación del secreto al tener que hacer frente al gran escándalo provocado por la entrega de miles de documentos clasificados a la prensa por el contratista de la NSA, que desvelaron algunos programas de vigilancia electrónica, en concreto sobre espionaje telefónico a líderes mundiales como el *Marina*, herramienta informática que recoge metadatos (registra quién llama a quién, cuándo, desde dónde y por cuánto tiempo). Aunque con no mucha presión de la opinión pública, más preocupada por las cuestiones de seguridad. Obama, consciente de los daños causados en las relaciones diplomáticas y en el *soft power* de los EEUU, presentó una propuesta legal para reestructurar la forma de acceso, almacenamiento y consulta de información, extirpando el dominio directo de los datos de las agencias gubernamentales y garantizando un control judicial del proceso. El establecimiento de límites y controles legales a la recogida masiva e indiscriminada de datos no implica que el presidente renuncie a garantizar la seguridad nacional y la protección de la intimidad de sus ciudadanos. Su propuesta consiste en que sean las compañías privadas de Sillicon Valley quienes almacenen los datos y sea necesaria una orden judicial previa individualizada del secreto Tribunal de Supervisión de Inteligencia Extranjera (FISA) para acceder a cierta información sospechosa de pertenencia a terroristas. Por último, el período de conservación de los datos será de dieciocho meses como máximo. Las Cámaras aprobaron la *USA Fredom Act* en 2015, imponiendo una mayor transparencia y límites a los poderes de la NSA, obligando al gobierno a publicar las decisiones de FISA y permitiendo que las empresas telefónicas puedan notificar si son utilizadas por el gobierno para sus programas de vigilancia.

Meses después de llegar a la casa Blanca, G. W. Bush declaró «la guerra contra el terror», inaugurando una era de prioridad de la seguridad nacional con la puesta en marcha de varios programas de intercepción del tráfico internacional en radio, telecomunicaciones e Internet. Obama y su Administración afrontaron en 2013 el escándalo de las filtraciones del excontratista de la NSA, E. Snowden. Los documentos federales secretos revelaron detalles de un sistema de vigilancia global de ciudadanos, detalles de la cooperación entre la NSA, el FBI y la CIA, así como pagos a socios comerciales y empresas de telecomunicaciones. Se hicieron públicas las relaciones estrechas con el Reino Unido, Francia y Alemania y tratados secretos con otros países para compartir datos privados de los ciudadanos. Snowden fue acusado de espionaje y robo de documentos propiedad del gobierno federal. Obama se vio obligado a negar la existencia de un programa de espionaje a sus conciudadanos. Los programas que se han conocido en relación con la política de vigilancia de las comunicaciones fueron creados por la Administración Bush en el contexto de la guerra contra el terrorismo. En 2015, un tribunal de apelaciones del Segundo Circuito ha fallado contra la NSA por la recogida masiva de llamadas de teléfono que la Administración Obama ha mantenido a pesar de la crisis.

6.1. Líder simbólico del país

Como Jefe de Estado, el presidente actúa como líder simbólico del país, representa a la Nación Norteamericana. FDR, Truman, Eisenhower, Kennedy, y Obama han explicitado en sus discursos su intención de querer ser el presidente de todo el pueblo americano. En la era del acuerdo amplio sobre el estado de bienestar, LBJ quiso que se le identificara con la palabra «consenso» y expresó su deseo de construir una asociación «creativa» entre la empresa y el trabajo, el campo y la ciudad, productores y consumidores. Sin embargo, el presidente al ser también Jefe de Gobierno y líder de su partido, provoca a veces situaciones que no escapan a la polémica por ser actuaciones claramente partidistas. La teatralización de la presidencia moderna ha crecido con los medios de comunicación de masas. La actuación presidencial, con una familia modélica y muy activa, es culturalmente imprescindible en las festividades ceremoniales con gran poder simbólico, siempre teñidas del patriotismo unificador de la Nación. Son importantísimas tradiciones singulares como *Thanksgiving*, el Día de Acción de Gracias, día nacional importantísimo que conmemora la ayuda de los nativos a la supervivencia de los primeros asentamientos blancos en América en el siglo XVII, el encendido presidencial del árbol de Navidad, el *Easter Egg Roll* (21 de abril) en el que la estrella es el *Easter Bunny*, el Día de los Presidentes oficialmente en honor al nacimiento de Washington, pero que Nixon proclamó en 1971 día festivo federal, el tercer lunes de febrero, en honor a todos los presidentes pasados y el actual de Estados Unidos de América. Se espera del presidente una presencia activa en días festivos señalados como el Memorial Day en el que el país recuerda a sus militares muertos en combate, y en aquellos que recuerdan a héroes míticos como el día de Martin Luther King y la lucha por los derechos civiles. Rossiter subrayaba la importancia de la imagen ejemplar en el aspecto simbólico de la familia presidencial en días y momentos señalados, y la importancia del carácter moral de la Primera Familia y de la Primera Dama de los EEUU. Estos rituales en y de la Casa Blanca se acompañan de actividades con transmisión de un mensaje concreto, que se enfatiza durante el mandato. En el caso de Bush júnior y especialmente de Obama, las actividades inciden en la importancia de la educación, el deporte y la comida saludable.

6.2. Jefe de la Diplomacia

El presidente es el gran iniciador y arquitecto de la política exterior de los EEUU, y es en este ámbito en el que despliega las iniciativas de su agenda política y toma posiciones ante las crisis y retos mundiales que puedan surgir. La primacía de este rol ha sido apoyada por el Congreso y los tribunales federales desde la adopción de la Constitución. El Tribunal Supremo en el caso *United States v. Curtiss-Wright Export Corp.* (1936), expresa que únicamente el Presidente tiene el poder de hablar o escuchar como representante de la Nación. El Congreso, sin embargo, ha intentado con mayor o menor éxito, ampliar su rol en este ámbito. En el ámbito de la política exterior, el rol del presidente o de la rama ejecutiva consiste también en proponer legislación, hacer declaraciones políticas formales o informales sobre objetivos y metas e implementar las políticas.

Estados Unidos se ha movido entre la lógica de la independencia y el aislacionismo, y la lógica de la *pax americana*. La orientación de cada presidente, situada entre la oratoria y la acción, se despliega entre el aislacionismo y el internacionalismo, la visión intervencionista de un presidente como W. Wilson basada en el deber, y la postura pragmática o realista de por ejemplo, B. Obama. La complejidad del mundo actual va pareja con la complejidad interna del poder, en que la política exterior y de seguridad de la Casa Blanca se sitúa a veces entre el Pentágono y el Departamento de Estado, con cada una de las agencias defendiendo sus intereses propios, con su cultura organizativa, definición de estrategias y sistemas de comunicación con los votantes. Tras el 11 de septiembre de 2001 y los procesos iniciados por Bush con su política de seguridad, el papel de la diplomacia y sus criterios de acción ha sido en los últimos años secundario con respecto al del Pentágono y la Casa Blanca, con excepción de las iniciativas del segundo mandato del presidente Obama.

Los presidentes toman decisiones en política exterior basándose en varios factores: las lecciones aprendidas de la historia (la crisis de Bahía de Cochinos, la sombra de Vietnam y de Irak están siempre presentes), la propia experiencia adquirida a lo largo de su trayectoria antes de llegar a la Casa Blanca —muy poca como gobernadores de un Estado, más importante en el Senado Federal—, o durante su primer mandato, la calidad de los informes que reciban de su Administración y de la Comunidad de Inteligencia, su propio sentido estratégico, sus obsesiones e intuiciones y los consejos de su *staff* más cercano. Indudablemente pesan y mucho los factores relacionados con la política interna, que son en gran medida imperativos ineludibles. Resulta difícil y controvertido llegar a saber qué factor es la clave de una decisión presidencial. Entender el contexto dado y las encrucijadas de su época definen un buen liderazgo en política exterior, especialmente en los momentos de crisis importantes. Recordemos que desde la Segunda Guerra Mundial únicamente el primer presidente global, Bush sénior, tenía una gran experiencia previa en política exterior, ya que había sido embajador en Naciones Unidas y en China, director de la CIA y dos veces vicepresidente de Reagan, pero ni J. Carter (gobernador de Georgia) ni Clinton (gobernador de Arkansas), ni Bush (43.º) (gobernador de Tejas) ni Obama (senador por Illinois) habían desempeñado ningún puesto relacionado con estas áreas de actuación.

Ayudado por un Comité de Gestión, el Presidente Kennedy estuvo al frente del momento más peligroso del enfrentamiento entre la URSS y los EEUU, las dos superpotencias con un arsenal atómico apuntándose mutuamente. La crisis de los misiles de 1962 que pudo acabar en un choque nuclear, comenzó con la penetración de la URSS en Cuba, país que los Estados Unidos consideraban bajo su zona de influencia desde 1823. El pulso se resolvió trece días después con la decisión de la retirada soviética de los misiles desplegados en Cuba y de los norteamericanos en Turquía. La presidencia de Johnson intensificó la guerra de Vietnam, iniciada por Kennedy y la retirada sin victoria del país bajo Nixon dejó un «síndrome» que ha marcado la acción de los presidentes posteriores ante las crisis por los daños políticos de *soft power* de cara al exterior y los daños morales dentro del país.

Con referencia al período que va de H. Truman (1947) hasta 1989, Bush sénior pudo proclamar que la doctrina de la contención del imperio soviético había sido un éxito debido a que principios, instituciones y valores democráticos eran razonables, las alianzas establecidas eran fuertes y por la superioridad de las sociedades y mercados libres. La creación de la OTAN y el apoyo político y económico de los EEUU evitó que Europa occidental se hiciera comunista. Hasta la caída de la URSS, hubo períodos de distensión, y enfrentamientos en otras partes del mundo. Los cambios en las relaciones internacionales y en el Este de Europa necesitaban nuevos conceptos, estrategias y nuevas políticas. En ausencia de una amenaza militar soviética en los noventa, había que redefinir la Seguridad Nacional. Los presidentes Bush sénior, Clinton y G. W. Bush definieron los intereses americanos globalmente y tuvieron en cuenta las políticas que los defendían en las grandes áreas del mundo. Reagan había culminado cuarenta años de Guerra Fría, y desde la Casa Blanca procuró atraer a los países excomunistas con gran éxito, hasta el choque debido a las incursiones occidentales en zonas tradicionales de influencia rusa como Georgia (en 2008 el conflicto de Osetia y Abjasia) y Ucrania (2014) bajo la Presidencia de Obama. B. Clinton supo captar la fuerza de la globalización y sus beneficios para hacer avanzar la democracia. Consciente de que los conflictos locales tienen consecuencias globales, B. Clinton, el presidente más europeo, se implicó en el sudeste de Europa para detener las matanzas en Bosnia y la limpieza étnica en Kosovo durante la década de los noventa, contribuyendo decisivamente al fin del conflicto europeo en los Balcanes tras la desintegración no pacífica de la Yugoslavia excomunista. El liderazgo del Pacto de Estabilidad fortaleció el desarrollo económico y de seguridad en la región. La labor de mediación a través de su asesor el senador Mitchell fue decisiva. Éste alumbró el documento conocido como Plan Mitchell que sirvió de base para la firma del Acuerdo de Paz de Viernes Santo que acabó con el conflicto en Irlanda del Norte. Puso en marcha con gran éxito iniciativas con respecto a la revitalización y expansión de la OTAN, la salida negociada de las tropas Rusas del Báltico y su incorporación al G-8, y su Administración negoció la entrada de China en la Organización Mundial del Comercio y su estatus de régimen firmante del Tratado de No Proliferación.

Desde el 11 de septiembre de 2001, la lucha contra el terrorismo ha condicionado toda la política exterior de las Administraciones Bush y Obama. Bush, con una retórica basada en el excepcionalismo sin fisuras con una base moralizadora más profunda de lo habitual en la oratoria presidencial, identificó un «eje del Mal» formado por Corea del Norte, Irán e Irak, estados que amenazan la estabilidad del mundo, y la «guerra contra el terror» marcó su Presidencia.

La «democratización de Oriente próximo» comenzaría, según la Administración Bush, con un cambio de régimen en Irak, invadiendo y librando a Irak del dictador S. Husein. Esta estrategia ideada por los neoconservadores de su Administración y los distintos argumentos dados al mundo para la intervención, como el peligro iraquí por la posesión de armas de destrucción masiva, no contó con la legitimidad de Naciones Unidas pero fue apoyada por una coalición de países, entre ellos Polonia, Reino Unido y España. A una conquista rápida del país siguió la anarquía, la corrupción y el fracaso de la implantación de un régimen democrático en Irak.

Tras la idea de un poder hegemónico benevolente que actuara con energía en los asuntos mundiales, y una potente ola de sentimiento antiamericano que se desencadenó con la guerra de Irak en parte de Europa y del mundo árabe, la Administración Obama llevó a cabo la promesa de campaña de retirar al país de Irak y de Afganistán. Contó con el apoyo de una opinión pública cansada del gasto económico y de vidas humanas en guerras dudosas y sin una victoria clara. Obama no estaba dispuesto a querer garantizar en solitario la seguridad mundial y la diplomacia multilateral de Obama quedó plasmada en la reconciliación de EEUU con la ONU: Obama presidió la reunión del Consejo de Seguridad en 2009 y 2014 tras la crisis con la organización desencadenada por la estrategia unilateralista de Bush sobre Irak. La formación de una coalición transversal de 56 países (10 de ellos árabes) para luchar contra el terrorismo del Daesh (Estado Islámico) indica su apuesta por el mantenimiento del liderazgo global de los EEUU. El equilibrio de fuerzas se ha modificado en el mundo con la entrada en escena de nuevos actores con nuevas visiones y el eje estratégico se desplaza a Asia. En los seis años de la presidencia Obama, la política exterior de los EEUU vuelve al multilateralismo y al realismo y no tiene como una de sus prioridades la promoción de la democracia ni la política de ayuda. En diciembre de 2009, Obama anunció la estrategia de salida de Afganistán en 2011 con el envío de 30.000 tropas («*surge-then-exit*») y el fin de las operaciones de combate en Irak en agosto de 2010. El objetivo de la estrategia es conseguir el retiro de los talibanes de amplias zonas del país, una mejor protección del pueblo afgano, presionar al país para que ponga en marcha su propia capacidad militar e incrementar los ataques a Al-Qaeda en Pakistán.

El fracaso de la Administración Bush de gobernar de una forma inclusiva en Irak, allanó el camino a la implantación del califato islámico (EI). En Siria, la dictadura de B. el Asad contra su pueblo ha sido otro factor de desestabilización. La «línea roja» marcada por Obama del uso de armas químicas dirigida a El Asad, no ha impedido que el realismo haya hecho del dictador parte de la solución al problema de lucha contra el EI. Su concepto de «liderar desde atrás» en Libia, es decir, la estrategia de dejar que los europeos estén en primera línea de mando, también ha contribuido al caos y la guerra civil y a la proliferación de grupos terroristas en el país. En el terreno del *soft power*, el plan de Obama para contener el radicalismo y la atracción de occidentales decepcionados a luchar con el EI consiste en prestar apoyo a sus familias, profesores y líderes religiosos. La estrategia prudente o apaciguadora de no antagonizar a los musulmanes del mundo ha hecho que desde el Discurso de El Cairo en 2009 evite en sus discursos hablar de «terrorismo islamista» y de yihadismo o de guerras santas en nombre de Alá, y que apele al mundo a luchar contra el «extremismo violento», incluso tras las acciones del Daesh y Al Qaeda en Australia, Canadá, Francia y Dinamarca. Han sido reiteradas las declaraciones del presidente Obama de evitar desplegar tropas sobre el terreno, esto es, ir a otra guerra de Irak, a pesar de las presiones del Pentágono.

Dos iniciativas de Obama en su segundo mandato han sido notables: el restablecimiento de las relaciones diplomáticas de EEUU con Cuba, rotas desde la acción de Eisenhower en 1961, aunque dependerá del Congreso el levantamiento del embargo económico y financiero a la isla impuesto por Kennedy en 1962 y agravado por la ley Helms-Burton en 1996. Quedan escollos en la negociación por salvar relacionados con las reclamaciones económicas de los ciudadanos norteamericanos por las expropiaciones tras la revolución y la falta de democracia y de respeto a los derechos humanos. El Demócrata Obama consiguió el apoyo mayoritario de la comunidad cubanoamericana en la campaña de su reelección en 2012 y además ha sabido aprovechar la ventana de oportunidad resultado de los cambios geoestratégicos y de interés en los países amigos del régimen de la isla como Venezuela. La diplomacia de Obama ha emitido órdenes ejecutivas que liberalicen las relaciones comerciales con Cuba y neutralicen en gran medida el embargo como permitir abrir negocios, eliminar los límites a las remesas de dinero, autorizar a los familiares a viajar a Cuba, contratar cubanos por parte de empresas tecnológicas. Con respecto a Irán, la estrategia de Obama acabó con la estrategia de la contención desde hacia treinta y cinco años cuando en 1979 bajo la Administración Carter se produjo la fatal crisis de la toma de rehenes en la Embajada de EEUU y la ruptura de las relaciones. El objetivo de Obama es evitar la proliferación nuclear en una región más inestable que nunca. El acuerdo histórico es producto de mantener, aumentándolas, las presiones económicas de Bush al régimen chiita para evitar que Irán se convierta en una potencia nuclear. El acuerdo previo de los países P5 culmina con el acuerdo de EEUU con Irán por diez años, en que los inspectores tendrán acceso cuando quieran y donde quieran con la condición de que haya evidencias que les hagan sospechar de actividad nuclear. El acuerdo limita durante quince años el enriquecimiento de uranio y lo amplía a veinticinco años en algunas de las restricciones, se deshará del 98 por 100 del material nuclear que posee y eliminará dos tercios de las centrifugadoras que tiene instaladas. A cambio, si se cumple la parte del acuerdo, los EEUU levantarán las sanciones financieras más importantes y las que afectan a la exportación de petróleo. Obama dijo que el acuerdo «no depende de la confianza, sino de la verificación».

Las relaciones entre EEUU e Israel, países con una relación privilegiada desde la Presidencia de Truman, han sido y siguen siendo una pieza central en la estrategia de los EEUU en Oriente Medio durante décadas. A iniciativa del presidente Carter se firmaron en 1979 los acuerdos de paz en la Casa Blanca entre Egipto e Israel, entre el presidente Sadat y el Primer Ministro Begin en el conocido como proceso de Camp David, un hito en la historia de la región. El liderazgo mediador de J. Carter consiguió la devolución de la península del Sinaí a cambio del reconocimiento de Israel, primer país árabe en hacerlo. A diferencia de otras Administraciones anteriores, con Obama en la Casa Blanca ha habido momentos inusuales de tensión con el Gobierno de Israel debido a los cambios del contexto regional y geopolítico, con los desafíos derivados de la invasión de Irak en 2003, de la creciente influencia de Irán en la región y de la estrategia seguida por los EEUU ante las «primaveras árabes» desde 2011. Ningún presidente americano ha tenido relaciones más difíciles con un primer ministro de Israel que Obama, debido al acuerdo marco sobre el programa nuclear de Irán a cambio de ir levantando progresivamente las sanciones económicas al país, aunque los dos países siguen colaborando muy extensamente en materia militar, de inteligencia y comercial.

En 2014, la ofensiva diplomática de Obama le llevó a exponer en la ONU el Plan de Acción Climática, una iniciativa prometida en campaña electoral para reducir las emisiones de gas que provocan el efecto invernadero, para lo que necesita el apoyo de la comunidad internacional y reuniones bilaterales con Jefes de Estado y de Gobierno, incluido el Rey de España, Felipe VI.

Como jefe de la Diplomacia, el presidente tiene el poder de reconocer otros países y Gobiernos. El reconocimiento de Nixon de la República Popular de China fue la iniciativa política más importante de su mandato presidencial. Carter reconoce al Gobierno Sandinista de Nicaragua. G. H. W. Bush, el primer presidente global, reconoció a las Repúblicas exsoviéticas y exyugoslavas tras su declaración de independencia. Clinton en 1993 reconoció a la República Checa y a Eslovaquia, y G. Bush a la República de Kosovo, escindida de Serbia, en 2008.

El presidente tiene el poder de suscribir tratados internacionales, pero siempre con el consentimiento (*advice and consent* es la fórmula constitucional) de dos tercios de los senadores presentes. El procedimiento hace necesaria la búsqueda de un acuerdo bipartisano en las grandes cuestiones. No olvidemos que la Sociedad de Naciones, la iniciativa internacional más innovadora de Wilson, fracasó por la negativa del Senado a ratificar su creación. El Senado se opuso a la ratificación tras la firma por Carter del Tratado de Limitación SALT II. Clinton firmó el Acuerdo de Kioto poco antes de acabar el mandato pero quedó igualmente sin ratificación. Informar de sus planes y acciones en política exterior, consultar con el liderazgo de las Cámaras suele ser un comportamiento habitual, aunque el presidente cuenta con otra herramienta a su disposición, la firma de acuerdos ejecutivos con los líderes extranjeros, que no requiere la ratificación del Senado, aunque el Congreso puede no autorizar los fondos necesarios para financiarlo, y en cualquier caso, estos acuerdos no comprometen a futuros presidentes.

La firma de grandes acuerdos internacionales puede salvar una Presidencia no muy brillante, como ocurrió con la iniciativa de Carter en Camp David, por la que Egipto reconoció a Israel. La extrema polarización de la vida política durante la presidencia Obama ha llevado al presidente a iniciar un proceso de acercamiento a Cuba, y aprovechando una confluencia de intereses en Oriente Próximo, con Irán (acabar con los talibanes, establecer un diálogo con Siria, estabilizar Irak y Afganistán), el gran enemigo desde la revolución del Ayatolá Jomeini (1979), a liderar una negociación en materia nuclear con este país, en que los EEUU accederían a levantar gradualmente las sanciones impuestas a cambio de que abandone la construcción del arma atómica.

6.3. Comandante en Jefe de las Fuerzas Armadas

EEUU es un país que ha vivido casi permanentemente en conflicto bélico desde que la política exterior adquirió impulso a principios del siglo XX con T. Roosevelt (1901-1909). El país ha hecho un despliegue total de tropas en las dos Guerras Mundiales, y entró en guerra con Corea, Indochina, Vietnam, Laos, e Irak. Ha invadido la República Dominicana, Granada y Panamá, Irak y Afganistán e intervenido en otros países en misiones humanitarias con resultados desiguales (Somalia, Kosovo). Este intervencionismo militar convierte al presidente en el actor político esencial de la política exterior, y desde Kennedy a Obama, el comandante en jefe ha expandido el poder presidencial en esta esfera. Da cuenta de su enorme poder el hecho de que actualmente los EEUU gastan un tercio del gasto militar mundial, y el Departamento de Defensa ocupa 284.458 edificios en todo el mundo, tiene presencia en los cincuenta Estados, siete Territorios de los Estados Unidos y cuarenta países del mundo.

Según la Constitución (Sección 2, Cláusula 1) el presidente es el Comandante en Jefe de las Fuerzas Armadas y de las Milicias de los Estados, las unidades de la Guardia Nacional, cuando fueren convocadas al servicio efectivo de los EEUU. En política exterior, el sistema de equilibrios y contrapoderes de la Constitución, obliga al presidente a solicitar a las Cámaras la autorización para entrar en guerra o incluso para llevar a cabo una acción ofensiva militar. La ambigüedad sobre la «zona de poderes concurrentes» ha dado lugar a distintas interpretaciones académicas y judiciales sobre las actuaciones de los distintos presidentes. La proclamación de neutralidad hecha por el presidente G. Washington definió los poderes de guerra, y durante la Guerra Civil, el Tribunal Supremo ofreció dos interpretaciones sobre los poderes de guerra: en 1863 (*Prize Cases*), el Tribunal sostuvo la orden de bloqueo de los puertos del Sur hecha por el presidente Lincoln, dada con anterioridad a la declaración formal de guerra, apoyándose en la Ley de 1795 que autorizaba al presidente al llamamiento de tropas para sofocar una insurrección. Tres años más tarde, el Tribunal encontró inconstitucional la orden de Lincoln argumentando que el presidente carecía del poder de declarar la ley marcial en Indiana. Una orden dada por FDR en 1942 que autorizaba el juicio de ocho saboteadores alemanes nazis por una comisión militar fue declarada constitucional.

A finales del siglo XIX se produce el cierre de la frontera en el continente. Pero con la conquista de Puerto Rico, Cuba y Filipinas se inicia la andadura exterior del país y los presidentes del siglo XX han sido celosos de su prerrogativa como comandante en jefe de los ejércitos y han interpretado de forma expansiva sus «poderes de guerra». Durante períodos de guerra o de amenaza de guerra, el presidente ha desplegado, en algunos casos, fuerzas americanas en cualquier sitio del mundo y dado la orden de entrar en acción contra un enemigo extranjero sin declaración formal de guerra por parte del Congreso, como en Corea (1950) y la controversia legal sobre las «acciones de policía», Vietnam («la guerra no declarada») en los sesenta y en la República Dominicana en 1965.

La Ley de Poderes de Guerra de 1973, aprobada antes del fin de la guerra de Vietnam, es la reacción a lo que el Congreso entendió como abuso de poder, y obliga al presidente a compartir con las Cámaras la decisión sobre cuándo, dónde y en qué circunstancias se llevarán a cabo las intervenciones militares en el futuro. La legislación no requiere ningún tipo de consulta con el Congreso en caso de operaciones encubiertas. En caso de ataque inminente a los EEUU o a sus fuerzas armadas, el presidente puede extender el período de envío de tropas a un área de combate sesenta días como máximo sin la aprobación del Congreso o un mandato específico, con una extensión de treinta días más, por lo que el período total no puede exceder de noventa días. Después de tres meses, el Congreso puede llegar a una resolución que no estaría sujeta a un veto presidencial y requerir al presidente que retire todas las tropas utilizadas en las hostilidades. En la Ley no se especifica qué podría hacer el Congreso si el presidente se niega a cumplir con lo especificado en la Ley. Se entiende que podría suspender los fondos asignados para las tropas.

Los presidentes han entendido siempre que esperar la aprobación de las Cámaras mina la capacidad de respuesta en las crisis internacionales y puede debilitar la relación con los aliados. Vietnam, Somalia, Irak, Haití, Ruanda y la zona de la ex República de Yugoslavia han sido cuestiones polémicas en este sentido. G. Ford requirió la decisión del Legislativo federal en cuatro ocasiones, J. Carter en una, Reagan en catorce, Bush padre en siete, y Clinton en veinticinco en ayuda de la OTAN para aplicar resoluciones del Consejo de Seguridad de Naciones Unidas en Bosnia-Herzegovina, aplicar el embargo de la ONU contra Haití (1993), el envío de fuerzas de socorro a Ruanda (1994), y el envío de fuerzas navales y aéreas a la región del Golfo Pérsico para lanzar misiles de crucero contra instalaciones militares iraquíes tras el ataque de un enclave kurdo en el norte del país (1996). En la intervención de los Balcanes, Clinton no solicitó la autorización al Congreso y, sin embargo, G. H. W. Bush sí lo hizo en la intervención militar «Tormenta del Desierto» al frente de la coalición internacional formada por treinta y cuatro países en el Golfo Pérsico (1990-1991) que duró cuarenta y tres días. Bush hijo obtuvo, tras el 11 de septiembre, la autorización de las Cámaras para llevar a cabo la guerra contra el terror. Tras los actos terroristas del 11-S, el Congreso autorizó el Uso de la Fuerza Militar (AUMF), dando al Presidente Bush el poder de declarar la guerra, y basándose en esta autorización el TS en *Hamdi* v. *Rumsfeld* (2004) entendió que había dado al presidente el poder de declarar a un ciudadano de los EEUU «enemigo combatiente» y negarle el juicio en un tribunal federal, y en *Rasul* v. *Bush*, el Tribunal declaró que los extranjeros detenidos en Guantánamo, tenían derecho a apelar en los tribunales de los EEUU ya que el país tiene jurisdicción exclusiva y control sobre la base en la isla de Cuba. El TS declaró en *Hamdan* v. *Rumsfield* (2006) que bajo la Constitución, Bush se había excedido en su poder al ordenar que los detenidos pos 11-S en Guantánamo debían ser llevados a juicio en lugar de ante comisiones militares. En 2002, el Congreso había aprobado la invasión de Irak.

La capacidad nuclear de los EEUU desde los años cuarenta del siglo XX y la decisión última del presidente para accionar el botón nuclear y su liderazgo en la carrera de armamentos entablada entre las dos superpotencias, han hecho del presidente el actor estratégico principal. La historia de cómo cada presidente ha entendido cuáles eran los límites y obligaciones de los poderes de guerra en la Constitución ha dado lugar a debates sobre el procedimiento de consulta con el Congreso antes del envío de tropas en un conflicto armado. La discrecionalidad ha sido la tónica.

La presidencia de Kennedy quedó marcada por los *Trece Días* en que el mundo rozó el abismo. Así llamó Robert Kennedy al período en que se enfrentaron la URSS y EEUU por la colocación de misiles en Cuba, a 90 millas de las costas norteamericanas. Tras el error de Bahía de Cochinos, en que Kennedy comprobó la debilidad de su liderazgo, se enfrentó a la peor crisis de la segunda mitad del siglo XX, que comienza con la operación secreta *Anadir* en la que la URSS despliega cohetes de alcance medio en Cuba, amenazando la seguridad nacional. Durante la Crisis de los Misiles (1962), el Comité Ejecutivo del Consejo Nacional de Seguridad, formado por veinte asesores entre los que había *paloma*s y *halcones*, R. McNamara, Secretario de Defensa, y B. Kennedy, ante las cuatro alternativas abiertas —bloqueo naval, golpe quirúrgico para destruir la capacidad nuclear, invasión militar de Cuba y golpe militar—, Kennedy se enfrentó al general C. Le May, quien pedía una acción militar sin límites incluyendo el uso del arma atómica, y optó por el bloqueo naval. Tras los *Trece Días* en que el mundo estuvo al borde de la catástrofe nuclear, las negociaciones secretas conducen a la retirada de la URSS a cambio de la retirada de los misiles de Turquía y la promesa de Kennedy de no invadir la isla.

Sigue siendo controvertido qué hubiera hecho Kennedy en Vietnam si hubiese vivido. El envío a Vietnam del Sur de 400 boinas verdes para entrenar a las fuerzas locales contra los comunistas en 1961, se unió a los 800 asesores militares y la ayuda económica que había enviado Eisenhower en 1955.

Kennedy se había proclamado defensor de la libertad internacional y envió más asesores militares y armamento para ayudar en la lucha contra la insurgencia comunista. A finales de año eran 3.200 militares, en 1963 eran más de 16.000 en un Vietnam deteriorado política y militarmente. L. B. Johnson había acelerado la escalada hasta más de medio millón de hombres. Y el fracaso del presidente en la guerra más impopular de los EEUU, le obligó a no presentarse a la reelección. Johnson había llevado a la Presidencia de forma unilateral al máximo dominio en política exterior sobre el Congreso. R. Nixon manifestó tener un plan para poner fin al conflicto de Vietnam y lograr la paz en el sudeste asiático. Atrajo a una mayoría de americanos de todos los colores ideológicos, explotando el cansancio, el sentir antibélico y pacifista de buena parte de la población, aunque su mensaje se dirigía a la «mayoría silenciosa» (masa consentidora y salvaguardia de la forma de vida americana). Su plan consistió en sacar grandes contingentes de tropas americanas e incrementar la vietnamización del conflicto. Bajo su mandato se bombardeó secretamente Camboya en 1969 para impedir el abastecimiento del enemigo vietnamita e invadir el país un año más tarde sin la autorización del Congreso, y la guerra en Vietnam acabó sin la victoria norteamericana de la primera guerra televisada en todo el país. Nixon la acabaría en 1975 tras una derrota ante la opinión pública y los jóvenes dentro y fuera de las fronteras de EEUU. Como una parte oscura de la estrategia realista de la Guerra Fría, bajo su mandato se activaron las operaciones encubiertas a partir de octubre de 1970 para impedir el acceso al poder de S. Allende como presidente de Chile y que acabarían con el golpe de Estado que le derribó en 1973.

La intervención en Irak se produce tras la invasión kuwaití de Sadam Hussein. El Presidente G. H. W. Bush lideró y mantuvo unida la coalición internacional compuesta por treinta y cinco países para expulsar a Sadam Husein de Kuwait, país que había invadido el 2 de agosto de 1990, con la OTAN y la legitimidad de la ONU ya que el Consejo de Seguridad autorizó el uso de la fuerza. El éxito de ejecución de la Operación Tormenta del Desierto y la gestión de la Primera Guerra del Golfo en 1991, descansó en una victoria rápida y con pocas bajas norteamericanas, y aunque no se acabó con la Guardia Revolucionaria de Sadam, la soberanía quedó restaurada, objetivo principal de la invasión. Aprendido por el presidente el efecto de la televisada guerra de Vietnam en la opinión pública, la cadena de noticias CNN informaba de una guerra en la que no se veían las bajas ni escenarios de lucha, únicamente planos de misiles de colores impactando en la noche como bellos fuegos artificiales. Ante los reproches de no haber llegado hasta el final y acabado con la vida de S. Hussein, Bush (41.º) argumentó que ése no era el mandato de la ONU, y además temía la salida de los países árabes de la coalición. El triunfo de la guerra y el aval de la comunidad internacional devolvió la confianza a los EEUU, pero quedó inconclusa para los *halcones*. Bush (43.º) quiso terminarla con un cambio de régimen y una reorganización de Oriente Medio invadiendo Irak en 2003, aplicando su doctrina de defensa de la guerra preventiva (2002). Desde Ike en la Segunda Guerra Mundial, es difícil encontrar una imagen de un presidente norteamericano como Comandante en Jefe de las FFAA más impactante que la de Bush hijo vestido de militar a bordo del portaviones A. Lincoln y su declaración ante el mundo de «misión cumplida» en referencia a la victoria en la Guerra de Irak. S. Hussein había sido el único dirigente árabe que no había condenado los atentados del 11-S, había denunciado los bombardeos sobre Afganistán y aplaudido a los kamikazes palestinos. A pesar de la resolución 1.441 de la ONU, la coalición occidental culminó la victoria en veintiún días. La Administración Bush cometió varios errores como disolver el Ejército y la Policía, destituir de la administración a los afiliados del Partido único Baaz, y cerrar las empresas estatales. El vacío de poder desencadenó saqueos a comercios, museos y hospitales, recogidos por las cadenas mundiales. La Casa Blanca demostró su desconocimiento del terreno social y cultural en el que operaban, incluido un fallo de la Inteligencia reconocido posteriormente.

Obama ganó las elecciones en 2008 con la promesa de finalizar las guerras de Irak y Afganistán. La retirada de Irak se consumó oficialmente en 2011, dejando vía libre a los yihadistas según los críticos de la Administración Obama. Sin embargo, los planes de retirada de Afganistán, prevista para 2016, muestran ciertas ambigüedades. La complejidad del desafío que representa el llamado Estado Islámico (EI) y el rumbo de los acontecimientos en 2014 en Siria ha hecho rectificar al presidente. En sus propias palabras, el tirano B. El Asad era el problema y tenía que abandonar el poder, y establecía una «línea roja» para una intervención militar de EEUU en el uso de armas químicas. Obama no se decidió a armar a los disidentes sirios en Irak y tras proclamar que «no habrá fuegos artificiales sobre Bagdad» ha modificado su estrategia y se ha visto obligado a intensificar la intervención aérea y a aceptar a El Asad como la solución menos mala. La estrategia en Libia es para el analista Z. Brzezinski una estrategia reflexiva que aprende de las lecciones de la historia y no quiere repetir la decisión que llevó al fracaso de Reagan en el Líbano.

Cuando las tropas de combate se retiren de Afganistán, concluirá una década en que las Administraciones de Bush y Obama pusieron sobre el terreno decenas de miles de soldados y militarizaron las relaciones de EEUU sin unos beneficios claros en distintos órdenes. Obama prometió en su campaña de 2012 la reducción de tropas convencionales y una atención prioritaria a las operaciones especiales, el uso de los drones y la ciberguerra. Este tipo nuevo de guerra plantea un amplio abanico de desafíos políticos y legales a la Administración Obama. Los EEUU crearon el United States Cyber Command (USCYBERCOM) para responder a los ataques cibernéticos, ya que las redes civiles dependen del Departamento de Seguridad Nacional (Homeland Security). Toda operación ofensiva que lleven a cabo, necesita la aprobación presidencial.

Con respecto a Al Qaeda y los talibanes, Obama dio la orden de actuar a un grupo de *Navy Seals* en Pakistán contra el terrorista Bin Laden. La dramática filmación del momento de la intervención vivido en directo en la *Situation Room* por el presidente y los líderes militares y civiles de su Administración fue televisada al mundo, y constituye el mejor ejemplo de la guerra moderna. Obama ha hecho un uso mayor que su antecesor en la Casa Blanca de ataques autorizados (*signature strikes*) con drones contra objetivos selectivos terroristas en lugares como Yemen y la frontera de Pakistán.

El tablero de Oriente Próximo y el mundo árabe nunca ha sido tan complejo como lo es actualmente. La amenaza del Estado Islámico (ISIS) plantea a Obama elecciones paradójicas y difíciles sobre cuáles serían los teatros de operaciones en caso de enviar tropas de combate sobre el terreno, algo que sugiere el Pentágono pero que el presidente ha evitado planteando una estrategia de actuación realista en la relación con el dictador B. El Asad.

Hasta ahora, su estrategia ha sido evitar el enfrentamiento con el Islam y la «guerra de civilizaciones» en sus discursos. Apoyándose en la autorización concedida a Bush para luchar contra el yihadismo, EEUU bombardea en Siria contra el Estado Islámico desde septiembre y en Irak desde agosto de 2014. Obama solicitó a las Cámaras en febrero de 2015 una AUMF, la concesión de nuevos poderes de guerra, una sustitución de la concedida en 2002 para la guerra de Irak a Bush. Solicita un período de tres años, prorrogable, sin límites territoriales precisos para la intervención, y restringida a la exclusión de tropas terrestres perdurables y a gran escala, como las enviadas a Irak y Afganistán, es decir, únicamente en situaciones de rescate y misiones especiales contra líderes del EI y tareas de espionaje y búsqueda de objetivos para bombardeos. Es decir, no descarta el despliegue de tropas de combate terrestre, pero sólo en circunstancias limitadas. Con esta petición, el presidente quiere implicar al Legislativo y dar legitimidad a las actuaciones contra las posiciones del EI. La ampliación de la intervención en Irak en 2015 significa enviar 450 instructores militares más que se suman a los 3.100 desplegados allí para asesorar y entrenar a las fuerzas iraquíes, que luchan con los suníes y los kurdos. Su estrategia sigue siendo confiar en la colaboración y voluntad de combate del Gobierno iraquí (dominado por chiís), y contar con Irán frente a los yihadistas suníes. El tiempo dirá si subestimó al EI y sobreestimó al Gobierno de Irak, pero la estrategia prudente o tímida, entre los halcones liberales y los intervencionistas, recuerda a la de los presidentes Ike y Kennedy en Vietnam.

La política exterior se hace entre el presidente y el Congreso, y la consulta debe partir del iniciador, el presidente. La consulta debe ser adecuada, no mera información. El poder en el Congreso es difuso, cambia con cada cuestión política a negociar, los legisladores están más interesados en la política doméstica y están muy influidos por los grupos de interés. Únicamente cuando estalla la crisis o se hace ingobernable, las Cámaras se implican a fondo. El tira y afloja entre las ramas de gobierno está presidido normalmente por el desacuerdo, que puede ser creativo y ampliar el abanico de perspectivas que reflejen mejor los intereses nacionales de los EEUU.

6.4. Líder Legislativo

El Congreso es la primera autoridad sobre el presupuesto nacional, pero el presidente tiene la capacidad de proponer su agenda, en ocasiones una aspiración que poco tiene que ver con el resultado final en el proceso legislativo. El rol del presidente como legislador consiste en recomendar programas legislativos y medidas que considere necesarias. Los primeros presidentes, Washington, Adams y Jefferson comunicaban por escrito al Congreso sus propuestas y recomendaciones y se llama Estado de la Unión únicamente desde 1946 bajo la Presidencia de Truman. Desde la década de los sesenta del siglo pasado el acto se televisa y LBJ en 1965 tomó la iniciativa de hacerlo en la franja horaria de máxima audiencia, y G. Ford, siendo candidato en 1966, inaugura la comunicación de respuesta de oposición contraatacando a LBJ. Reagan en 1982 introduce la invitación en la galería de invitados a personalidades destacadas del año en curso. Cada mes de enero el presidente pronuncia el Discurso de la Unión (*State of the Union Adress*) en una sesión conjunta ante las Cámaras (SOTU), en el que se evalúan las posiciones tomadas en política doméstica y política exterior y el presidente desgrana los objetivos que quiere alcanzar en el futuro. Ante una audiencia de 34 millones en 2014, Obama resaltó la recuperación de la economía y la bajada de la tasa de paro (6,5 por 100) para desgranar las prioridades para el año siguiente, un plan fiscal y social de ayuda a las clases medias, pedir al Congreso la autorización formal para usar la fuerza contra el grupo terrorista *Islamic State of Irak and Greater Syria* (*ISIS*) y liderar una gran coalición con inclusión de países árabes con ese objetivo, así como apoyar la oposición moderada en Siria. Por último, solicitar la aprobación de legislación frente a la amenaza de los ciberataques, de protección de los empleados y consumidores de las empresas afectadas y refuerzo de la capacidad de investigación y persecución de los cibercriminales.

Un liderazgo presidencial fuerte, y efectivo, se mide por los programas que a iniciativa suya se han aprobado bajo su mandato. La incapacidad de ello suele ser vista como debilidad ya que por la propia naturaleza y funcionamiento localista de las Cámaras, sin el empuje del presidente, no existen apenas incentivos para formular programas legislativos nacionales amplios. El presidente hace campaña y persuade, presiona para que sus proyectos de ley sean aprobados.

La acción concretada en el conjunto de programas conocido como *New Deal* de FDR y la creación de organismos y agencias nuevas para ponerlos en marcha y los programas de lucha contra la pobreza de LBJ, conocidos como *The Great Society*, cambiaron para siempre el tamaño y funciones de la Presidencia. En ocasiones extraordinarias, el presidente, si lo solicita, puede convocar a las dos Cámaras, como hizo Bush (43.º) tras el 11-S en 2001 e hicieron Clinton y Obama con ocasión de su propuesta de reforma de la sanidad.

La capacidad de vetar la propuesta aprobada por el legislativo federal, es el arma más poderosa que posee el presidente frente a las Cámaras. Puede elegir entre dos tipos de veto: el veto normal y el *pocket veto*. El presidente devuelve la legislación sin estampar su firma a la Cámara originaria en diez días adjuntando un memorándum de desaprobación. El Congreso puede superar el veto con el voto de dos tercios de cada Cámara, situación extremadamente rara. El segundo tipo de veto, sin embargo, no puede superarse debido a que el Congreso no se encuentra en sesión. FDR y Truman han sido los presidentes que más proyectos de ley han vetado 635 y 250, respectivamente. El proceso legislativo es muy complejo ya que requiere una difícil negociación en las Cámaras y entre ellas hasta obtener una versión única del proyecto de ley, que necesita al final del proceso la firma del presidente para convertirse en ley. Los presidentes no suelen ejercer el llamado *item veto*, pero sí han utilizado el llamado «*de facto item veto*», una práctica muy controvertida usada por FDR y especialmente por Bush júnior en su segundo mandato: consiste en atacar la legislación al tiempo que como presidente la firma, es decir, añade a los proyectos de ley una declaración firmada (*signing statements*), indicando que considera inconstitucionales o defectuosas algunas partes de la ley. En otros casos puede haber una motivación retórica, destinada a su electorado, o incluso puede entenderse como una explicación detallada para su implementación a cargo de las agencias afectadas. El uso presidencial de las declaraciones dejando constancia de su opinión por escrito sobre la ley ha ido creciendo desde Reagan hasta la actualidad. Entre los presidentes Reagan, Bush (41.º) y Clinton firmaron 247 declaraciones escritas adjuntas a una ley. Un enfoque crítico de la cuestión se basa en la separación de poderes y en el efecto modificador o al menos conformador en ocasiones de la ley presentada a la firma del presidente, el legislativo recela darle la concesión de ese instrumento de poder al ejecutivo, y durante su campaña electoral, Obama fue muy crítico con su uso, pero hizo el 11 de marzo de 2009 su primera declaración escrita adjunta a la ley ómnibus de gasto.

Los presidentes han usado a veces un tipo de *item veto* en la ejecución del presupuesto negándose a gastar fondos aprobados por el Congreso para programas específicos, aunque el judicial ha limitado este poder presidencial.

No olvidemos que el presidente tiene también cierta capacidad de control sobre las sesiones en las comisiones usando métodos informales para influir en la legislación como el patronazgo, los contactos informales con los líderes del Congreso, y los contactos de su staff haciendo presión a favor del presidente antes de la entrada en los comités.

Bajo los poderes delegados por la Constitución y por el Congreso así como por la costumbre, el presidente utiliza el instrumento del decreto u orden ejecutiva. Puede hacer uso de su autoridad ejecutiva para vencer la oposición de Representantes y senadores a su agenda en temas menores; su uso se fundamenta en la complejidad técnica de los problemas y en caso de bloqueo de las Cámaras a las iniciativas presidenciales, en la necesidad de gestión de crisis en emergencias. Obama ha expedido órdenes ejecutivas en temas como la inmigración ante la creciente y extrema polarización en

Washington entre los partidos políticos, comenzada en la Era Clinton. Esta se explica por varios factores, pero especialmente dos: la balcanización de los medios de comunicación tradicionales, especialmente la televisión, y de los nuevos media a lo largo de claras líneas partidistas, y el abuso del trazado también con fines partidistas de los distritos del Congreso (*gerrymandering*). Ningún presidente Demócrata ha tenido que afrontar el obstruccionismo del legislativo a su agenda presidencial como Obama. Y, en respuesta al bloqueo desde 2010 con el ascenso de la influencia del Tea Party en el partido Republicano, los Demócratas han modificado la mayoría necesaria en el Senado para el nombramiento de los jueces federales y altos cargos de las agencias independientes. Únicamente para la legislación y los nombramientos para el Tribunal Supremo, permanece la mayoría de dos tercios necesaria. La llamada «opción nuclear» tenía como objetivo acabar con el uso del filibusterismo del GOP en el Senado.

La reforma sanitaria aprobada en 2010, conocida como *Obamacare* (*The Patient Protection and The Affordable Care Act*), es la iniciativa política más importante del legado de Obama a pesar del activismo conservador en los tribunales contra la legislación, y los fallos de la burocracia en la implementación de la Ley. Finalmente, la reforma sanitaria consiguió el aval del Tribunal Supremo.

6.5. Líder de su Partido Político

La Constitución no menciona los partidos políticos, y hasta Jefferson no tienen vida oficial. La separación de poderes y el federalismo han contribuido a la fragmentación de los partidos políticos americanos. El período de mandato presidencial fijado en dos períodos de cuatro años y el sistema de distrito uninominal a una vuelta son algunos de los factores que determinan el localismo de toda política en EEUU y su efecto en la dificultad para disfrutar del apoyo seguro de su partido en las votaciones de las Cámaras. Sus iniciativas legislativas pueden requerir el apoyo bipartisano o la necesidad de recabar el apoyo de legisladores de la oposición ignorando las facciones y líderes de su propio partido. B. Clinton tuvo problemas en el partido Demócrata (los sindicatos eran reacios a un acuerdo) para sacar adelante su iniciativa de política comercial con México y Canadá en los noventa, Bush dejó la Casa Blanca alejado de su partido Republicano debido a su política centrista con respecto a la inmigración y por el rescate bancario tras la caída de L. Brothers, y los Demócratas de la Cámara de Representantes, influidos por los sindicatos y el ala más liberal (progresista), han rechazado darle a Obama poderes (la conocida como vía rápida o *fast-track*) para negociar un amplio tratado de libre comercio con países del Pacífico en 2015.

En su segundo mandato —especialmente si las elecciones de medio mandato (*midterm*) no han sido favorables a su partido—, el presidente puede llegar a ser un *lame duck* (pato cojo), es decir, un presidente con una capacidad de influencia muy debilitada.

Los dos partidos políticos tienen una estructura débil, tienen una organización poco jerarquizada, aunque el presidente como líder de su partido durante su mandato, tiene un rol importante y a veces decisivo en las decisiones sobre los nombramientos de la organización interna; por ejemplo elige al director de la organización nacional de su partido y con frecuencia llama a consulta a los líderes del partido de todo el país y en todos los niveles de la política. Tiene asimismo la capacidad de influir en los votantes a favor de su partido. Candidatos a gobernadores, legisladores, jueces estatales y otros cargos electos de su partido pueden recibir ayuda financiera y política, como asistir a eventos para recaudar fondos en sus respectivas campañas, si el presidente cuenta con niveles altos de aprobación de su gestión. Las concesiones a sus distritos electorales en las decisiones de la Administración (*pork barrel favors*) son la clave de su poder. Tras la victoria con un mandato claro como los de R. Reagan en 1984 y Obama en 2008 y en 2012, el presidente puede impulsar la elección o reelección de los políticos utilizando los recursos disponibles en las elecciones legislativas de medio mandato. El caucus Demócrata y el caucus Republicano de cada Cámara deciden las estrategias de cara a las elecciones de medio mandato y pueden no requerir la visita del presidente en aquellos Estados en los que no es popular. El objetivo es mantener el control de la Cámara cuando peligra la mayoría en ella y el fracaso de un presidente en llevar a cabo las iniciativas más importantes de su agenda y la erosión de la confianza de la ciudadanía en su liderazgo, supone aumentar unas expectativas bajas de recuperar una Cámara. Los políticos buscan el «efecto arrastre» (*bandwagon*) que propicia la elección o reelección en Estados y distritos congresuales y a su vez, los legisladores pueden apoyar la agenda del presidente. Este proceso es el resultado de la cultura de las Cámaras, centrada en el distrito electoral.

Hay limitaciones inherentes al partido político: la realidad compleja de un país enorme con divisiones étnicas y raciales, regionales y tipos de condados cada vez más homogéneos y muy heterogéneos entre sí, y con problemas específicos, es el terreno propicio para votaciones muy poco partidistas y muchos problemas son transversales a los partidos. Esto dificulta la coherencia de las iniciativas presidenciales.

6.6. Líder de Opinión Nacional y Global

S. Kernell definió «*Going Public*» como la estrategia de liderazgo utilizada por el presidente para promocionarse y promocionar su programa en Washington, pidiendo para ello el apoyo directo del pueblo. Constituye uno de los recursos de poder informal junto con su partido político más importantes del presidente. La dimensión populista de la democracia estadounidense convierte al presidente en la voz del pueblo americano, sin intermediarios. Esperan del presidente una respuesta a sus demandas y los presidentes adoptan con frecuencia un estilo pedagógico e inspirador en muchos casos teñido de moralismo. De ahí que para persuadir a la opinión pública, a las diversas audiencias, sea tan necesario el dominio de la retórica en los discursos presidenciales y que con sus diversas figuras, forme parte del ADN cultural de los EEUU. Evidentemente, el estilo de liderazgo presidencial ha ido cambiando en respuesta al desarrollo y a los cambios tecnológicos producidos en la comunicación.

Los objetivos del presidente pueden ser superar la oposición de las Cámaras, moldear la opinión pública y hacer un llamamiento al pueblo para conseguir su apoyo para reformas políticas o nuevas iniciativas. Para tener éxito en el avance de su agenda pública, los presidentes emplean un abanico de estrategias, a veces en contextos difíciles, muy polarizados

El presidente W. Wilson urgía en los años veinte al escrutinio continuo de los deseos del pueblo, a seguir los deseos de la opinión pública antes de actuar, y los presidentes han hecho un uso intensivo de los estudios de opinión y de los medios de comunicación, desde la prensa y radio hasta la era Internet. Son muy conocidos los viajes de Wilson para convencer a su país de la bondad de la Sociedad de Naciones o el apego de B. Clinton a gobernar siguiendo de cerca los designios de la opinión pública.

La Presidencia es la única institución del Gobierno con visibilidad nacional y global, y el desencanto con la actuación presidencial tras levantar expectativas incumplidas, arrastra al Gobierno en su totalidad. La decisión y sobre todo la gestión política tras la invasión de Irak en 2003 focalizó en Bush júnior un sentimiento de antiamericanismo en varios países europeos (en España, Francia y el Reino Unido especialmente) desconocido hasta el momento.

Son un clásico de la comunicación política los discursos y las estrategias utilizadas por FDR entre 1933 y 1944 para persuadir a la ciudadanía americana. Con un estilo directo y un lenguaje sencillo el presidente, sentado cerca de la chimenea (*fireside chats*) junto a su perro Fala con el que parecía conversar sobre los temas candentes, consiguió generar apoyo a sus soluciones en temas como la crisis bancaria, las medidas contra el desempleo y los progresos militares del país en Europa y el Pacífico. En algunas de las treinta conversaciones emitidas por radio —un 90 por 100 de las familias tenía una en el hogar—, el líder de la Casa Blanca explicaba la necesidad de prestar armamento a los británicos en la guerra contra el fascismo usando una comparación con el préstamo de la manguera al vecino en caso de incendio, conocida como «la política del buen vecino», o la concesión de días de fiesta para evitar que el pánico llevara a la gente a retirar los fondos de los bancos. Estas «conversaciones al lado del fuego», que finalizaban con el himno nacional *The Star Spangled Banner*, generaron un clima de confianza en el futuro y un gran apoyo al presidente. Como pionero de la innovación comunicacional, hay que recordar el discurso del 29 de diciembre de 1940, en el cual se manifiesta contra los aislacionistas explicando que la guerra está en curso y que no era un hecho ajeno ya que tocaba el centro de la seguridad nacional del país, y la no actuación implicaría la amenaza «a punta de pistola» contra la nación. Se hizo célebre el comienzo de su discurso diciendo «*This is not a fire chat on war. It is a talk on national security...*».

En una era dominada por la televisión y posteriormente hiperconectada, los americanos miran hacia el Jefe del Ejecutivo buscando seguridad y alivio. Su respuesta puede erosionar o fortalecer su liderazgo. Así ha sido en los grandes acontecimientos de masas como los asesinatos de los Kennedy, el intento de asesinato de R. Reagan, los ataques terroristas del 11-S y ha sido clave y muy analizada la reacción del presidente ante crisis y desastres nacionales. Bajo la Administración Bush, el huracán Katrina asoló la Costa del Golfo en 2005 y provocó la rotura de las compuertas de Nueva Orleans y la inundación de algunos de los barrios negros más pobres de la ciudad. La Agencia Federal de Gestión de Emergencias (FEMA) fue acusada de falta de preparación, y aunque se implicaron todos los niveles de gobierno la respuesta federal falló en la coordinación, rapidez y adecuación de medios al caos resultante, con dimisiones de cargos públicos en cadena y un impacto negativo en la presidencia de Bush. La mejora de la capacidad de gestión de las emergencias de los gobiernos locales y estatales fue un hecho en 2012 cuando la Costa Este sufrió los efectos del huracán Sandy. El presidente B. Obama y el gobernador de N. Jersey supieron trasladar una respuesta sin fisuras dejando el partidismo a un lado.

El académico R. Neustadt argumentaba que el poder de persuadir a las audiencias en casa, a los partidarios y a los independientes en las campañas políticas y durante la presidencia en los entornos internacionales, con el uso de los técnicas y medios tradicionales de comunicación era la esencia del liderazgo ya que conformar y mantener mayorías de apoyo es la esencia de la labor presidencial y un instrumento único de presión al Congreso.

La labor pedagógica, fue resaltada por Th. White en una obra clásica de la historia de la presidencia, *The Bully Pulpit*, escrita en honor de T. Roosevelt quien sentó un precedente para los futuros líderes de la Casa Blanca pues fue consciente del poder de la prensa y de la importancia del manejo de las noticias. El carisma intelectual del Presidente J. F. Kennedy y el talento para la retórica de B. Obama sólo tiene parangón con la del «Gran Comunicador», R. Reagan (1981-1989). B. Clinton supo sacar partido a su capacidad de empatía en la distancia corta fomentando el contacto estrecho en los viajes frecuentes que realizó por todo el país para obtener apoyo a su reforma de la sanidad, que resultó finalmente fallida. La retórica, la elocuencia y otras figuras son importantes para hacer campaña y en los debates presidenciales, apuntan los expertos Kohrs y Jamieson, y son también fundamentales en las comunicaciones institucionales presidenciales como en los discursos inaugurales, los mensajes de veto o el SOTU. Debido a su éxito, son un modelo de comunicación política las estrategias de Reagan para «vender» sus Presupuestos. El presidente Republicano supo aprovechar su victoria por un amplio margen de votos en 1980 para convencer a la mayoría Demócrata de la Cámara de Representantes para bajar los impuestos y subir el gasto en defensa. La efectividad en la acción de gobierno, presupone el conocimiento de los afines y de los adversarios, sus deseos y necesidades, y poseer ciertas habilidades con el objetivo de recaudar fondos. Estas actividades son tanto o más decisivas para llevar adelante la agencia presidencial.

Muy lejos, aunque extraordinariamente interesantes, quedan las fotografías y documentales de los Roosevelt en blanco y negro. Los avances tecnológicos han ido cambiando la Presidencia en su faceta comunicativa, resaltando la importancia de la imagen y la telegenia desde el debate electoral televisado entre el vicepresidente Nixon y el candidato Kennedy (1960) en el que el primero ganó el debate entre aquellos que lo escucharon en la radio y sin embargo Kennedy salió victorioso entre los que lo siguieron por televisión. Este medio sigue siendo el más potente para lanzar el mensaje, aunque comparte impacto con los medios digitales como demostró el uso tan eficaz e innovador que Obama, «el Presidente YouTube», hizo de las redes sociales, Facebook y Twitter en las campañas de 2008 y 2012. El cambio en las estrategias comunicativas se desarrolla en el plano de los medios nacionales y mundiales, pero también en el terreno local, dada la fragmentación de los electorados a la que el presidente tiene que adaptar sus mensajes, misión particularmente difícil en un mundo interconectado.

Otra forma de querer narrar la Presidencia consiste en el uso extenso que los presidentes hacen de los pseudo-eventos, sobre todo fuera de las comunicaciones institucionales en la Casa Blanca y en los viajes por el mundo. No ha dejado de crecer la batería de instrumentos y técnicas de *marketing* político, *photopportunity*, apariciones en programas de debate informales o entrevistas en *prime time* de los presidentes, publirreportajes y *biopics* que reflejan momentos señalados de sus vidas. Fueron un hito en su día las imágenes de B. Clinton en un programa nocturno de televisión tocando el saxofón con un grupo de *jazz* y comiendo hamburguesas en locales populares o las sofisticadas apariciones del cosmopolita y global Obama en restaurantes étnicos por todo el mundo y en programas de entretenimiento en la televisión que acercan o humanizan al presidente.

7. LA EVALUACIÓN DEL LIDERAZGO Y DEL LEGADO PRESIDENCIAL: ALGUNOS CRITERIOS DE ANÁLISIS

Del modelo heroico al modelo de gestor, pasando por el modelo del estratega, sigue siendo pertinente la pregunta sobre qué tipo de experiencia debe tener o cuáles deberían ser los rasgos del perfil de un presidente para tener éxito en el desempeño del cargo. A ser presidente no se enseña en ningún centro de estudios de política, aunque proliferen los cursos sobre liderazgo, y pueda ayudar en el desempeño haber tenido experiencia ejecutiva en instituciones políticas. A la Casa Blanca han llegado profesores (Wilson, Obama) y políticos profesionales como Truman. Fueron gobernadores de éxito en su gestión FDR (New York), Reagan (California), Clinton (Arkansas), Bush júnior (Tejas) y senadores federales Carter (Georgia) y Obama (Illinois). Algunos como Truman, LBJ, Nixon, Ford y Bush sénior fueron vicepresidentes antes de llegar a líderes de la Casa Blanca. Únicamente ha habido un militar en el siglo XX, el General Eisenhower. Es evidente que se pide en exceso a un único actor político en la era mediática e hiperconectada actual: ser un buen candidato en campaña que consiga construir una coalición ganadora, ser un buen comunicador, mantener el prestigio dentro y fuera de los EEUU, inspirar a la gente, ser un legislador productivo, eficaz, ser capaz de mover el enorme aparato federal sin realizar acuerdos organizacionales caóticos, conectar con su partido político, atender las demandas de los *lobbies*, acertar con el nombramiento de los altos cargos de su Administración y de los jueces federales.

Todos los presidentes sienten, cuando están en el poder, que deben dejar un legado para la historia. Desde FDR en 1939-1940, año en que construyó la primera biblioteca presidencial en Hyde Park, los presidentes recogen fondos privados durante su mandato para construir y llenar sus bibliotecas-museos presidenciales en su lugar geográfico de origen o de desempeño de su actividad política antes de llegar a la Casa Blanca. En 2015 existen trece y en ellas se van depositando los documentos y objetos a través de los cuales se pueda narrar su Presidencia. Sin embargo, el conocimiento de la figura presidencial proviene también de otras fuentes como libros escritos por los presidentes antes de ocupar el cargo, memorias, biografías académicas, documentos desclasificados, películas, *biopics*, y docudramas televisivos. Con anterioridad a FDR, la tradición americana consistía en depositar los documentos en la Biblioteca del Congreso. Los archivos presidenciales han crecido enormemente si consideramos la ingente cantidad de correos electrónicos, vídeos, fotografías y datos digitales que se producen.

Los expertos académicos analizan acerca de las capacidades óptimas que debe tener un candidato presidencial en el siglo XXI y con qué criterios debe evaluarse la Presidencia. C. Rossiter señaló en 1956 los diferentes roles del liderazgo presidencial y R. Neustadt, dando un paso más allá de los recursos institucionales examinados ejemplarmente por Th. Lowi, escribía sobre la importancia de la persuasión para desempeñar estos roles. El análisis de las cuestiones relacionadas con la personalidad y las habilidades en el contexto dado y cómo afectan a la toma de decisiones fueron categorizadas por J. Barber, que pretendía, con su tipología, predecir el comportamiento presidencial. Por «carácter», Barber no entiende el carisma sino el estilo, es decir, la manera de actuar en los roles políticos principales: la retórica y las relaciones personales, la forma en que un presidente se orientó en su propia vida. FDR y Reagan, optimistas por naturaleza, supieron transmitir las ganas de vivir a la Nación. Barber utiliza dos dimensiones, el grado de actividad o de sentido de progreso en el cargo, y si el presidente disfruta con la vida política, es decir, la actitud hacia su trabajo. La tipología de Skowronek, a partir de dos dimensiones igualmente —si el presidente pertenece a la élite dominante o a la coalición de gobierno, y si el régimen es vulnerable o resiliente—, pretende ser una teorización de los regímenes políticos en el sentido de que simplifica los tipos de situaciones a los que un presidente tiene que hacer frente.

J. Nye toma en la clasificación del liderazgo y su evaluación de los presidentes la complejidad del contexto, el gran problema en política exterior ya que hay que considerar los sistemas internacional y transnacional así como las variables de política interna de diferentes culturas y sociedades.

Las categorías de Nye permiten clasificar a los presidentes como transformacionales o transaccionales, tanto con respecto al estilo como con respecto a las estrategias, en política exterior y en el orden doméstico. La dificultad estriba en que cada presidente se enfrenta a distintos desafíos y determinar los factores que han contribuido a los fallos o al éxito no deja de resultar una cuestión muy controvertida.

A los análisis histórico, jurídico y psicológico se unen otros enfoques políticos: desde estas disciplinas se han explorado en los análisis de toma de decisiones, estudiando las decisiones claves tomadas por los círculos de asesores cercanos al presidente, desde distintos modelos: el modelo de actor racional, el modelo que estudia cómo la estructura de las organizaciones conforma las decisiones tomadas, el modelo basado en analizar la competencia entre sí de los líderes de las distintas organizaciones y cómo afecta esto a la decisión objeto de estudio, y el enfoque «*groupthink*», iniciado por Irving Janis en los setenta y aplicado por el mismo al desastre de Bahía de Cochinos de 1961, fundamentado en cómo afectan las dinámicas de grupo a los resultados obtenidos, y cómo pueden llevar a decisiones desastrosas. A partir de estos modelos o enfoques teóricos se han estudiado procesos de decisiones de casos relacionados con la entrada de EEUU en guerra, por ejemplo la decisión de G. H. W. Bush de desplegar fuerzas en el Golfo Pérsico para sacar las fuerzas iraquíes de Kuwait y otras decisiones de política exterior como la crisis de misiles de Cuba, y más recientemente la decisión de G. W. Bush de invadir Irak en 2003.

La temprana y sólida tradición académica de comparar las Presidencias y los presidentes permite clasificarlos como maximalistas y minimalistas; pasivos-positivos, pasivos-negativos, activos-positivos y activos-negativos; halcones, escépticos y palomas en política exterior; transformacionales o transaccionales con respecto a su estilo o a sus objetivos (J. S. Nye júnior), progresistas y liberales o conservadores. F. Greenstein resalta con gran perspicacia que las ambigüedades en las actuaciones de los presidentes son más interesantes que situarlos en un *ranking*, Algunas de las caracterizaciones, construcción de modelos, clasificaciones o tipologías, utiliza alguno o varios de los criterios siguientes:

— La visión, entendiendo por ello el conjunto de ideas y objetivos de su Presidencia, expresados en los discursos de inauguración, los pronunciados ante las dos Cámaras anualmente (SOTU), en comparecencias ante los medios de comunicación, en actos de fechas especiales o simbólicas. Identificar y articular una visión basada en la orientación ideológica, la capacidad innovadora de introducir nuevos temas o la priorización de éstos a lo largo de su mandato, su doctrina y los cambios o giros estratégicos en política exterior, su pensamiento sobre el rol de los EEUU en el mundo, su concepción del mundo. Los sentimientos y principios políticos que, por ejemplo, A. Lincoln resumiría como «aranceles altos, construcción de comunicaciones e infraestructuras y a favor de un banco nacional», o su filosofía de vida aplicada al gobierno, que FDR resumió como «soy Cristiano y Demócrata. Eso es todo». Kennedy y la Alianza para las Civilizaciones, la Nueva Frontera de llegar a la Luna, o la creación de los Peace Corps que envió a miles de jóvenes alrededor del mundo para obras sociales fueron la inspiración de una nueva generación que dotó de una mística a su Presidencia en tiempos turbulentos. LBJ y la Gran Sociedad de ayuda a la pobreza, R. Reagan y Amanece en América, la visión neoconservadora para un país necesitado de ilusión y regeneración tras la Presidencia de Carter y su «malestar», como un rechazo de la permisividad social de los sesenta, de la contracultura y la llamada al fin de la autoflagelación nacional por el síndrome de Vietnam. La visión neoconservadora, muy influyente durante décadas, constituye una reivindicación de la responsabilidad individual como filosofía de vida, y en política exterior una respuesta contundente a la amenaza del mundo comunista. Clinton, de la generación del *baby boom*, gobernó bajo su filosofía de «Nuevo Demócrata» o Tercera Vía que le ayudaría a ganar la Casa Blanca. El gran narrador político y senador negro, Obama, creó unas expectativas inusuales con el Cambio y la Esperanza del lema «Yes, we can» («Sí, podemos») de su campaña electoral para acabar con la división entre «Estados azules» (Demócratas) y «Estados rojos» (Republicanos), entre las minorías y la mayoría y entre las minorías entre sí. Acabar con la polarización entre los partidos en Washington y con las guerras culturales.

— La competencia estratégica (P. J. Quirk) centrada en las habilidades negociadoras con los *lobbies* y con la miríada de grupos de interés, las asociaciones sindicales, comerciales, profesionales, iglesias y denominaciones religiosas, los grupos cívicos y los movimientos sociales, los demás Estados del mundo y foros internacionales formales e informales. Algunos ejemplos notables son Kennedy y LBJ con los líderes de la lucha por los derechos civiles, Nixon y el establecimiento de las relaciones con China, Reagan, la Coalición Cristiana y la Mayoría Moral, Obama y los *lobbies* relacionados con la sanidad, con la minoría latina, etc.

— El récord legislativo durante su mandato, producto de factores ligados con las mayorías/minorías y facciones presentes en las Cámaras, especialmente en situaciones de Gobierno dividido, esto es, cuando el presidente pertenece a un partido diferente del de una o las dos Cámaras. El presidente necesita negociar alianzas electorales, y para hacerlo tiene que establecer alianzas puntuales con los legisladores y con la administración. Las iniciativas presidenciales que llegaron a buen puerto como la aprobación de las leyes sobre Derechos Civiles de 1964 y 1965, y de los Programas de cuidado sanitario de los mayores (*Medicare*) y de los mas desfavorecidos (*Medicaid*) impulsados por LBJ. La iniciativa federal de Bush (43.º) denominada la Ley *No Child Left Behind* (NCLB) fue aprobada en 2001 y se centró en acabar con la brecha de los más desfavorecidos en las escuelas del país, en la superación del fracaso escolar. En 2007 se habían destinado a los programas federales más de 54 mil millones de dólares. La Ley de Protección al Paciente y Cuidado de la Salud Asequible de Obama conocida como *Obamacare,* aprobada en 2010 ha sido el mayor éxito social del legado de Obama.

— La capacidad de persuasión (Neustadt) de la opinión pública y su capacidad retórica (Kohrs y Jamieson), las aptitudes comunicativas para atraer y mantener una amplia coalición de electores, de países, hacia sus prioridades políticas en las crisis internas o exteriores, en los *issues* más importantes en cada momento. Kennedy, Reagan y Clinton en el siglo pasado, junto con Obama del siglo actual, son los grandes comunicadores en la historia de la Presidencia americana desde los Roosevelt.

— También han sido notables los análisis centrados en las cuestiones relacionadas con el carácter, la personalidad y/o el temperamento (Barber), el tipo de inteligencia (emocional, analítica, cinésico-corporal, interpersonal e intrapersonal), y la habilidad para el consenso y el compromiso. Se focalizan algunos análisis de las actuaciones presidenciales en los procesos de socialización, en la vía de acceso a la política, Se evalúan cuestiones morales relacionadas con la ética política o con la ética en la vida privada, cuestiones relativas a las enfermedades físicas o mentales y su posible impacto en las decisiones políticas tomadas. Se diseccionan desde las enfermedades psicológicas o físicas de Wilson, FDR y Kennedy, hasta el temperamento explosivo de LBJ, las actitudes paranoicas de Nixon con su empeño de espiar a colaboradores y enemigos o la vida íntima de Clinton. Hay estudios notables acerca del papel que juegan las características individuales de la personalidad como la proactividad, la empatía emocional, el carisma atribuido, o la confianza en un liderazgo transformador.

Algunas cuestiones son esenciales para evaluar toda Presidencia: el entorno favorable u hostil, los problemas heredados de las Presidencias anteriores, el clima de opinión en el momento de acceder a la Presidencia, el acceso desde la vicepresidencia debido a una situación excepcional, como la muerte o asesinato del presidente —Truman tras la muerte de FDR y LBJ tras el asesinato de Kennedy— o la más extraordinaria de G. Ford, quien tras la dimisión del vicepresidente S. Agnew por evasión de impuestos y cohecho, fue nombrado por Nixon vicepresidente bajo la Vigesimoquinta Enmienda Constitucional en 1973 y juró como presidente en 1974 tras la dimisión de Nixon. No sólo el momento de acceso a la Casa Blanca es importante. La Presidencia va moldeando las habilidades y extrayendo recursos en un entorno institucional complejo. El poco carismático H. Truman, impulsor de la ONU, del Plan Marshall, de la OTAN y la carrera de armamentos en la Guerra Fría, partía de un entorno muy desfavorable. Durante su mandato interpretó las ideas de G. Kennan sobre la «contención» como la necesidad de acumular poder militar contra la posibilidad de que la URSS invadiera Europa occidental. FDR como Obama accedieron a la Presidencia con el mandato de hacer frente a las dos mayores catástrofes económicas que ha conocido el siglo XX. Este último heredó de Bush dos guerras que no se estaban ganando y un mundo global con el ascenso de China y una Rusia de nuevo internacionalmente activa.

El resultado de los estudios sobre los presidentes y sus legados ha sido y es la creación de modelos de presidentes y de Presidencias basados en la comparación e inspirados en las figuras y las acciones de los Padres Fundadores y de líderes lúcidos en momentos críticos de la historia de los EEUU. A. Lincoln, salvador de la integridad del país en la guerra de secesión y libertador de los esclavos, Teddy Roosevelt y su visión nacionalista y progresista, FDR y su capacidad para conectar con el pueblo, radiar optimismo y confianza ante el clima de la Gran Depresión, y convencer sobre la necesidad de la entrada del país en ayuda de los aliados en la Segunda Guerra Mundial. R. Reagan y su optimismo tras los años del «malestar» de Carter.

La modificación del sistema político es extremadamente difícil para el liderazgo presidencial dados los intereses económicos presentes, las realidades políticas internas y externas cambiantes, y las actitudes y creencias culturales muy arraigadas. El siglo XXI se va definiendo por el surgimiento de tendencias y problemas nuevos dentro de los EEUU como resultado de los cambios demográficos debidos a la explosión de la minoría latina y su impacto en las elecciones y el contexto internacional actual de emergencia de potencias regionales y con el desafío de China en un mundo globalizado y digitalizado. Ello requiere de las instituciones un esfuerzo de adaptación. Con algunas excepciones, las fuerzas más potentes de cambio en el sistema político han sido las grandes crisis y una situación política en que un partido político ha tenido grandes mayorías en las Cámaras y un presidente del mismo partido. Según Gallup, tras Clinton y G. W. Bush, Obama ha sido el presidente más polarizador (diferencia en el grado de aprobación entre Demócratas y Republicanos a un presidente).

8. BIBLIOGRAFÍA

ABRAMS, Elliott (2013): *Tested by Zion*, Cambridge University Press.
ACKERMAN, Bruce (2010): *The Decline and Fall of the American Republic*, Harvard University Press.
BAKER, Peter (2014): *Days of Fire, Bush and Cheney in the White House*, Anchor Books.
BARBER, David (1992): *The Presidential Character*, 4.ª ed., Prentice Hall, N. Jersey.
BLACK, Conrad (2003): *Franklin D. Roosevelt: Champion of Freedom*, PublicAffairs.
CANON, Lou (2000): *President Reagan: The Role of a Lifetime*, PublicAffairs.
CAMPBELL KARLYN, Kohrs y KATHLEEN HALL, Jamieson (2008): *Presidents creating the Presidency. Deeds Done in Words*, The University of Chicago Press.
CHERNOW, Ron (2011): *Washington: A Life*, Penguin Books.
FELZENBERG, Alvin Stephen (2008): *The Leaders We Deserved (and a Few We Didn't). Rethinking the Presidential Rating Game*, Basic Books.
GOODWIN, Doris Kearn (2009): *Team of Rivals: The Political Genius of Abraham Lincoln*, Penguin.
GREENSTEIN, Fred I. (2009): *The Presidential Difference. Leadership Style from FDR to Barack Obama*, Princeton University Press, Third Edition.
HARRIS, John F. (2006): *The Survivor: Bill Clinton in the White House*, Random House.
HOFSTADTER, Richard (1984): *La tradición política norteamericana y los hombres que la formaron*, FCE.
HUDAK, John (2013): *Presidential Pork, White House Influence over the Distribution of Federal Grants*.

JEFFERSON, Thomas (1987): *Autobiografía y otros escritos*, Tecnos.
JENTLESON, Bruce W. (2013): *American Foreign Policy: The Dynamics of Choice in the 21st Century*, W.W. Norton.
KERNELL, Samuel (2006): *Going Public*, CQ Press.
LOWI, Theodore J. (1993): *El Presidente personal. Facultad otorgada, promesa no cumplida*, FCE.
NEUSTADT, Richard E. (1960): *Presidential Power*, Wiley.
NYE, Joseph S. Jr. (2013): *Presidential Leadership and the Creation of the American Era*, Princeton University Press.
OWEN, David (2010): *En el poder y en la enfermedad: Enfermedades de Jefes de Estado y de Gobierno en los últimos años*, Siruela.
PALOMARES LERMA, Gustavo (1945-1999): *Política y Gobierno de los Estados Unidos (1945-1999)*, Tecnos.
PATTERSON, Bradley H. Jr. (2001): *The White House Staff. Inside the West Wing and Beyond*, Brookings Institution Press.
REMNICK, David (2011): *The Bridge: The Life and Rise of Barack Obama*, First Vintage Book.
ROSE, Richard (1991): *The Post-Modern President: George Bush Meets the World*, Chatham House.
ROSSITER, Clinton (1960): *The American Presidency*, Harcourt Brace.
SCHLESINGER, Arthur, Jr. (1973): *The Imperial Presidency*, Houghton Mifflin Company.
SKOWRONEK, Stephen (1997): *The Politics Presidents Make: Leadership from John Adams to George Bush*, Harvard University Press.
TULIS, Jeffrey K. (1987): *The Rethorical Presidency*, Princeton University Press.
WAYNE, Stephen J. (2004): *The Road to the White House, 2000. The Politics of Presidential Elections*, Bedford.
WHITE, Theodore (1960): *The Making Of The President*, Harperperennial.

9. PÁGINAS WEB

www.thepresidency.org
www.presidential-studies-quarterly.com
www.archives.gov/presidential-libraries
www.nsarchives.gov
www.whitehouse.gov
www.cs.presidency.org
www.millercenter.org
www.gpo.gov
www.PBS.org American Experience series: The Presidents.
www.americanpresidents.org
www.POTUS: Presidents of the United States.
www.ProPublica.org
www.americanrhetoric.com/speeches
www.lcweb.loc.gov
www.es.doj.gov
www.state.gov
www.presidency.ucsb.edu
www.defenselink.mil
www.CAP.com
www.brookinginstitution.com
www.American Enterprise Institute
www.Council on Foreign Relations.
www.C-SPAN
www.CIA.gov
www.NSA.gov
www.Center for a New Foundation.

CAPÍTULO 4

EL PODER JUDICIAL

Carmelo Jiménez Segado
Magistrado-Juez
Doctor por la Universidad Complutense de Madrid
cjimenez@ucm.es

1. INTRODUCCIÓN

El interés por el estudio del poder de los jueces de Estados Unidos de América forma parte del innegable interés general que existe por todo lo relativo a la organización política de este país desde su independencia de la Corona británica. La edición de este libro es prueba de ello. Si tras la Segunda Guerra Mundial se vio cumplido el conocido vaticinio de Tocqueville de que Estados Unidos y Rusia tendrían «un día en sus manos los destinos de la mitad del mundo, el primero dominado por la libertad como medio de acción, y la segunda, por la servidumbre», el colapso del bloque soviético (1989-1991) dejó una única potencia hegemónica en el escenario mundial. Si las águilas romanas llevaron la *pax* por todo el Imperio, incluido su derecho, que posteriormente resultaría un factor determinante en la consolidación de los estados europeos durante la Modernidad, en la actualidad, el águila calva y el *American way of life*, con sus tribunales y abogados como señas de identidad, despliegan su influencia por un mundo globalizado. Por ello, resulta imposible, políticamente hablando, permanecer ajenos a la necesidad de conocer cómo es el orden interno y cuál es la política de la república de los Estados Unidos.

En Estados Unidos tuvo origen lo que en nuestros Estados de derecho se conoce como «la judicialización de la vida política», y Tocqueville, una vez más, le expidió su partida de bautismo: «en los Estados Unidos no hay casi cuestión política que no derive, tarde o temprano, en cuestión judicial». Los tribunales se erigieron en pieza clave del sistema político democrático, juzgando no sólo delitos o conflictos entre particulares, sino que, en lo sucesivo, decidirían incluso sobre el reconocimiento de libertades y derechos, o el alcance del poder de los distintos órganos e instituciones políticas, federales y estatales. Por ello, el célebre autor de *La democracia en América* consideró «un deber consagrar un capítulo aparte al poder judicial» (véase Cap. VI, Lib. I, y Cap. VIII, Lib. II); su importancia política le resultaba tan grande que le parecía que «disminuiría a los ojos de los lectores si hablase de él de pasada».

Por nuestra parte, como tampoco lo vamos a pasar por alto, nuestro capítulo analizará las previsiones de la Constitución estadounidense sobre el poder judicial, las fuentes de su ordenamiento jurídico y el significado de la denominada *judicial review* o revisión judicial de la constitucionalidad de las leyes, que es la institución clave para entender la importancia de la función que tienen los jueces norteamericanos, y no sólo los jueces federales, sino también los jueces de los distintos Estados de la Federación. Porque, en realidad, como veremos, no existe un único sistema judicial, sino múltiples: el federal, el de los cincuenta Estados federados, y el de los Territorios de ultramar. La forma de selección de los jueces, bien directamente o entre otros profesionales del mundo jurídico, unida a la contribución de los tribunales, en particular del Tribunal Supremo-EEUU, al desarrollo del país, tanto en su propia organización política y económica —configurando, por ejemplo, un mercado sin fronteras interiores—, como en la extensión de los derechos, deberes y libertades de sus ciudadanos —no discriminación o derecho a la defensa—, revela igualmente el enorme protagonismo de los jueces estadounidenses, de ahí que dediquemos varios apartados a estas cuestiones, para terminar en el anexo con una breve reseña de su cine, vehículo esencial de exportación de su cultura jurídica.

2. LA DIVISIÓN DE PODERES EN LA CONSTITUCIÓN Y LA *JUDICIAL REVIEW*

2.1. LA DIVISIÓN DE PODERES

La división o separación de poderes (*separations of powers*), de modo que Legislativo, Ejecutivo y Judicial sean independientes unos de otros, fue unas de las ideas políticas fundamentales del liberalismo revolucionario de finales del siglo XVIII, en la crisis del Antiguo Régimen, junto a los postulados de soberanía nacional, imperio de la ley y garantía de derechos individuales.

Los autores de *El Federalista* acertaron en atribuir al «oráculo Montesquieu» el mérito de haber expuesto este inestimable precepto de la ciencia de la política (*science of polictics*) y de recomendarlo eficazmente a la humanidad (*mankind*). En palabras de Madison, dada la inclinación natural de todo hombre a abusar del poder, «la acumulación de todos los poderes, legislativos, ejecutivos y judiciales, en las mismas manos, sean éstas de uno, de pocos o de muchos, hereditarias, autonombradas o electivas, puede decirse que constituye la definición misma de la tiranía» (*El Federalista*, n.° 47, 204-205).

Durante el proceso de independencia de la metrópoli londinense (1776-1983), la división de poderes fue inmediatamente reconocida por los colonos americanos. La Declaración de Derechos del Buen Pueblo de Virginia (1776) proclamó «que los poderes legislativo y ejecutivo del Estado deben hallarse separados del judicial» (art. V, primer inciso). Asimismo, la mayor parte de las constituciones aprobadas por cada una de las colonias contemplaron tal división con el fin de que el poder se ejerciera en nombre del pueblo e imperase la ley (p. ej., art. XXX *Constitution of the Commonwealth of Massachusetts*, cit. García-Pelayo, 497).

La Constitución federal (1787) no le dedicó expresamente ningún precepto a esta técnica de organización del poder que, fuera de dudas, se halla vigente en sus tres primeros artículos o títulos —según el traductor de la palabra *Article* (enumerados I, II, III...)—, divididos, a su vez, en secciones o artículos —en inglés *Section* (enumerados 1, 2, 3...)—. Así, su artículo o título primero, sección primera, confía todos los poderes legislativos (*legislative powers*) al Congreso (I, 1); el segundo, también en su sección primera, encomienda el poder ejecutivo (*executive power*) al presidente de los EEUU (II, 1); y el tercero, sección primera, radica el poder judicial de la Federación (*judicial power/judiciary*) en un Tribunal Supremo y en tantos tribunales inferiores como el Congreso juzgue oportuno crear y establecer (III, 1). La independencia judicial, necesaria para proteger la Constitución, quedó garantizada en el mismo precepto mediante el reconocimiento de la inamovilidad vitalicia de los jueces federales, siempre que observen buena conducta (*during good behavior*), y de su derecho a percibir una retribución que no disminuirá mientras continúen en el cargo. Porque, «después de la permanencia en el cargo, nada puede contribuir más eficazmente a la independencia de los jueces que proveer de forma estable a su remuneración» (*El Federalista*, n.ºs 78 y 79, 330-336).

Ahora bien, como resultado del compromiso alcanzado entre las tendencias democráticas y oligárquicas de la nueva república, que tuvo y tiene su reflejo, por ejemplo, en la elección cuatrienal e indirecta del presidente, en el bicameralismo asimétrico o en la elección vitalicia de los jueces del Tribunal Supremo por el presidente y el Senado, el texto constitucional arbitró una serie de «frenos y contrapesos» (*checks and balances*) entre las distintas ramas (*branches*) del poder. De este modo, se conjuraba lo que Hamilton y Madison consideraban el «despotismo de las urnas». Desde sus «papeles federalistas» sostuvieron que no por ello cabía realizar ningún reproche antidemocrático a la Constitución, argumentando que la historia política enseñaba que no había existido un solo caso en que las distintas ramas del poder hubieran permanecido completamente aisladas unas de otras, ni en que el poder no dejase de tender hacia la concentración. Por ello —afirmaban— tenían que establecerse medidas prácticas para que cada una de ellas pudiera defenderse de las extralimitaciones de las demás. Las intervenciones parciales entre unas y otras ramas no convertían al gobierno en tiránico. Lo que conducía a la subversión de una Constitución libre era el ejercicio de todo el poder por parte de una de las ramas (*El Federalista*, n.º 47, 206, 210).

Entre esos «frenos y contrapesos», destacan: la atribución al presidente del poder de vetar leyes (I, 7), de informar al Congreso sobre del estado de la Unión, proponiéndole las medidas que juzgue necesarias para su aprobación (II, 3), el ejercicio del derecho de gracia e indulto (II, 2), o el nombramiento de los jueces del Tribunal Supremo de acuerdo con el Senado (II, 2). En cuanto al Legislativo, se encargó al Congreso el enjuiciamiento político (*impeachment*) del presidente, del vicepresidente y de los funcionarios civiles de Estados Unidos en casos de traición, cohecho o de cualquier otro delito grave o leve (I, 2 y 3; II, 4), o el establecimiento de la planta judicial federal (I, 8; III, 1). Finalmente, la consideración de la Constitución como ley suprema y vinculante de todos los jueces de cada Estado, aunque su Constitución y sus leyes particulares dispusieran lo contrario (VI: conocido como *Supremacy Clause*), pronto determinó que el poder judicial ejerciese el control de la constitucionalidad de todos los actos de los demás poderes.

La experiencia norteamericana de dos siglos de funcionamiento de su sistema de *checks and balances* ha puesto de manifiesto que el Ejecutivo es el poder que prepondera sobre la legislación y la judicatura. El presidente, elegido en la práctica entre dos personas cada cuatro años, se ha convertido en la magistratura política decisiva, debido a su condición de comandante en jefe del ejército, custodio de la Unión y director de la política exterior. La Guerra Civil o de Secesión (1861-1865), las crisis económicas (1929, 1973, 2008), los conflictos internos («caza de brujas», lucha por los derechos civiles, *Medicare*), o la participación en todo tipo de conflictos bélicos internacionales (Primera y Segunda Guerra Mundial, Corea, Vietnam, Kuwait, Irak, Afganistán) han sido y son la ocasión política (*occasio*) propiciadora del liderazgo (*leadership*) o caudillismo político del presidente de Estados Unidos, desde Lincoln hasta Obama, pasando por Wilson, los dos Roosevelt, Truman, Eisenhower, Kennedy, Johnson, Nixon, Reagan, Clinton o los Bush.

Este predominio del Ejecutivo se ve contrarrestado únicamente por el Senado, que es la cámara que tiene mayor importancia, a consecuencia de los intereses que representa, su continuidad y funciones; y también, por los jueces, con su poder de anular aquellos actos legislativos y ejecutivos que se consideran inconstitucionales. Por tanto, sigue resultando válida la conceptualización del régimen político estadounidense como una democracia presidencialista de tendencia plebiscitaria, con un Estado de derecho de tipo judicial (García-Pelayo, 509-511), en el que la Constitución es la *supreme law of the land* y los jueces son quienes la protegen, actualizan y «dicen lo que es» (*Chief Justice,* Hughes, del Tribunal Supremo-EEUU), sobre todo mediante la *judicial review*, cuya significación pasamos a exponer.

2.2. La *judicial review*

La expresión *judicial review* hace referencia a la potestad que tienen todos los jueces norteamericanos para controlar la constitucionalidad de leyes (y actos del ejecutivo), mediante su inaplicación si los juzgan contrarios a la constitución. Se trata de una facultad muy polémica, ya desde su origen, porque su ejercicio plantea de inmediato la pregunta de con qué legitimidad puede un tribunal enjuiciar una ley o un acto que emana de otro poder que ha sido elegido democráticamente.

La *judicial review* contraviene además la ortodoxia de la división de poderes, que reserva al juez la aplicación de la ley al caso concreto, sin poder desecharla porque la considere inconstitucional. El sentido, la fundamentación o la confirmación de la decisión judicial, redundará en el prestigio del juez, en su *auctoritas*, pero éste se habrá limitado simplemente a realizar una labor de subsunción normativa. Por eso, desde Montesquieu, suele repetirse la máxima de que el poder judicial es, en cierta medida, nulo, pues es la boca que pronuncia las palabras de la ley, como una máquina de subsumir normas.

Sin embargo, la realidad constitucional estadounidense, con sus *checks and balances*, impuso la heterodoxia desde el principio: la Unión y su Constitución debían asegurarse, y fueron los jueces quienes se convirtieron en sus centinelas, reconociéndoles aquella potestad. Las dudas suscitadas acerca de «este derecho de los tribunales», que producía el efecto de situar a los jueces por encima del Legislativo, se despejaron apologéticamente por Hamilton, ya que debía «preferirse la Constitución a la ley ordinaria, la intención del pueblo a la intención de sus mandatarios» (*El Federalista*, n.º 78, 332).

Los fundamentos ideológicos de la *judicial review* estaban echados. Los jueces eran competentes para ignorar e inaplicar las leyes que estimasen inconstitucionales, lo que acarrearía, en consecuencia, su nulidad e ineficacia, como si tales leyes nunca hubieran existido, en virtud de la regla del *common law* de vinculación judicial al precedente (*stare decisis*). La Constitución, que afirmaba su supremacía, nada dispuso sobre esta facultad, lo que no quiere decir que fuese rechazada o desconocida. De hecho, muchos de los delegados de la Convención de Filadelfia la dieron por supuesta, ya que se venía ejerciendo por los tribunales estatales en relación con las Constituciones y leyes de sus respectivos Estados, y además los primeros tribunales federales creados por la primera Ley Federal del Poder Judicial de 1789 (*Judiciary Act*) la comenzaron a ejercer (Farnsworth, 7-9).

Pero para que la *judicial review* cobrase carta de naturaleza, hubo que esperar a la conocida sentencia del *Chief Justice* Marshall, dictada en el emblemático caso (*landmark case*) de *Marbury* v. *Madison* (1803), donde el juez de paz Marbury demandaba al secretario de Estado Madison, ante el Tribunal Supremo de los Estados Unidos. Por primera vez, una ley federal —la *Judiciary Act*— se consideró contraria a la Constitución, con fundamento en que el Congreso se había excedido en los poderes legislativos que le habían sido otorgados. La sentencia consolidó la supremacía y prevalencia de la Constitución sobre el resto del ordenamiento jurídico, y revistió al Tribunal Supremo con la potestad para controlar la constitucionalidad de las leyes. Al año siguiente, el mismo Tribunal, en la sentencia *Little* v. *Barreme* (caso *Flying Fish*, 1804), afirmó la competencia judicial para controlar la constitucionalidad de los actos del Ejecutivo (excepto los «actos políticos», p. ej.: declaración del estado de guerra) (Beltrán/González, 93-98).

Este control judicial de la constitucionalidad de todo tipo de leyes y actos gubernamentales, federales o estatales (*judicial review*), no corresponde en exclusiva al Tribunal Supremo federal, como ya hemos dicho. Cualquier tribunal, estatal o federal posee tal facultad revisoria, debido a la naturaleza adversarial del procedimiento judicial del *common law*, que determina que el control comience, a instancia de parte, en una «controversia real, seria y vital entre individuos» (*Chicago and Grand Trunk Ry Co. v. Wellman*, 1892). En consecuencia: *a)* no cabe el control de oficio, por iniciativa del tribunal; *b)* el enjuiciamiento de la constitucionalidad ha de resultar necesario para fallar el caso, porque de lo contrario el pronunciamiento carecería de efectos prácticos; y *c)* la invalidez de la norma o del acto tiene que ser patente e insalvable por vía interpretativa (García-Pelayo, 566-578). Lo que sí que está claro es que la *judicial review* tiene mayor repercusión cuando la ejerce el Tribunal Supremo federal (en los pocos casos de los que conoce, como veremos), que cuando la ejercen otros tribunales. Por efecto de la regla *stare decisis*, la declaración de inconstitucionalidad de una ley por parte de este tribunal vincula a los demás tribunales de la nación, condicionando lógicamente la actividad de los restantes poderes y de la propia sociedad, como veremos en el apartado quinto. El Tribunal Supremo tiene la última palabra en materia constitucional, lo que le atribuye el papel de actor judicial protagonista entre todos los actores judiciales secundarios del sistema político estadounidense.

Éste es básicamente el sistema de control *difuso* de la constitucionalidad de las leyes por parte de los tribunales, que tuvo entrada en la historia constitucional por la puerta de *Marbury v. Madison*. En un breve apunte de derecho comparado, podemos señalar que este control se ejerce en Europa, por influencia de Kelsen y el constitucionalismo de entreguerras, *concentradamente* por un único órgano judicial, que suele denominarse Tribunal Constitucional, cuya función ha sido, es y será igualmente objeto de encendido debate (Kelsen-Schmitt). No obstante, la sobreabundante normativa del Estado de partidos ha motivado que la judicatura europea, aun careciendo de la *judicial review*, haya ido cobrando desde hace tiempo un papel de mayor relieve en la defensa del orden constitucional, «creando» derecho y derechos, como resultado de la tarea de interpretar un desorbitado amasijo de leyes y reglamentos conforme a la Constitución, entendida también como auténtica norma jurídica con eficacia frente a todos y por encima de todas las demás (en este sentido, García-Pelayo).

3. EL SISTEMA JURÍDICO Y SUS FUENTES

Si la organización política de las Trece Colonias no evolucionó de manera uniforme, lo mismo puede decirse de su derecho. Cada uno de los territorios que se incorporaba a Unión, llevaba consigo su propia tradición jurídica. No obstante, reconociendo esta diversidad, sobre todo en el caso del Estado de Luisiana, donde la impronta francesa resulta todavía notable,

Estados Unidos pertenece, por su influencia inglesa, a la tradición jurídica del *common law*, por la sencilla razón de que la lengua de la mayoría de los colonos era inglesa, al igual que su procedencia.

De forma sucinta, como caracterización general, puede afirmarse que en el sistema de *common law*, la jurisprudencia (*case law*) desempeña un papel esencial como fuente del derecho, a través de la doctrina del precedente vinculante, lo que refuerza el papel de la judicatura. En efecto, en este sistema toda decisión judicial cumple dos funciones: resolver obligatoria y definitivamente un pleito entre las partes; y trascendiendo a ellas, servir de precedente para casos posteriores en los que habrá de estarse a lo ya resuelto (*stare decisis et quieta non movere*). En tanto que tradición, la doctrina del precedente no está escrita. Su fundamento se encuentra en cuatro palabras: igualdad, predictibilidad, economía y respeto. Igualdad de trato para el mismo caso, prevención de ulteriores litigios, ahorro de tiempo y dinero, y respeto a la experiencia de los jueces anteriores. No obstante, en Estados Unidos la doctrina del precedente se ha venido aplicando con menor rigidez que en Inglaterra. Cuando no existe precedente, el tribunal resuelve el asunto acudiendo a los principios generales del derecho, a la analogía y a lo que estime que es el interés público, para lo que incluso se mostrará receptivo a los datos aportados por las ciencias sociales.

El precedente suele dividirse en orientativo (*persuasive*) y vinculante (*binding*). El precedente orientativo se utiliza como argumento de autoridad por el tribunal sentenciador, que no tiene obligación de seguirlo. Lo forman las decisiones de otros tribunales, federales o estatales, cuya fuerza argumentativa descansa en el número de decisiones adoptadas sobre el mismo asunto o similar, en la fuerza de convicción de la motivación, o en el prestigio del juez ponente de la sentencia invocada (jueces Holmes, Cardozo, etc.). El precedente vinculante, que está constituido por las resoluciones de los tribunales superiores de la misma jurisdicción y por las del propio tribunal, es aquel que forzosamente debe seguirse para resolver el caso o, de lo contrario, la decisión del tribunal de instancia corre un alto riesgo de ser apelada y revocada.

Por ello, resulta imprescindible determinar la extensión y el contenido del precedente, para ver en qué medida el tribunal posterior resulta vinculado por una decisión anterior. Al respecto, lo primero que debe efectuarse en relación a la resolución anterior a la que se atribuye el carácter de precedente, es distinguir lo que constituye la propia razón de decidir o la norma jurídica decisoria (*the holding*) de lo que es la fundamentación accesoria (*obiter dicta*), pues esta última, aunque pueda tener un indudable valor como fuente de autoridad, carece de fuerza vinculante. Esta operación no siempre resulta sencilla, ya que a veces la razón de decidir apenas sí se explicita.

Por otra parte, puede ocurrir que la razón de decidir contenida en el precedente, a juicio del tribunal, no sea aplicable *del todo* al caso. En este punto, cuando se considera que no termina de encajar, la doctrina del precedente se flexibiliza sin exigir una adhesión inquebrantable, y menos aún en el Derecho constitucional, que requiere una continua adaptación a las nuevas circunstancias sociopolíticas, todavía mayor cuando se trata de garantizar la vigencia de una Constitución de más de doscientos años. En estos supuestos, el tribunal puede realizar una interpretación extensiva del precedente, buscando similitudes para su aplicación, o bien interpretarlo restrictivamente con el fin de apartarse del mismo, distinguiendo (*distinguishing*), elaborando al tiempo una nueva regla decisoria, futuro precedente. Pero también puede suceder que el tribunal considere *injusto* el precedente aplicable, en cuyo caso, o bien se somete al mismo, remitiendo al legislador la decisión de establecer una norma distinta, o bien se aparta de él expresamente (*overruling*), lo que no es tan infrecuente en el ámbito constitucional, donde no es muy factible el recurso al legislativo (voto particular del juez del Tribunal Supremo-EEUU Brandeis, en *Burnet* v. *Coronado Oil & Gas Co.*, 1932). Todo ello sin olvidar que, en ocasiones y con discutible técnica jurídica, el precedente que se considera embarazoso simplemente se ignora, dejándolo en una situación de dudosa validez para su aplicación posterior (Farnsworth, 58-65; Beltrán/González, 27-42; Aliste, 128-147).

Al menos desde la Segunda Guerra Mundial, no puede ignorarse que se ha producido un desplazamiento de la jurisprudencia (*case law*) a la legislación (*statute law*) como fuente principal del derecho estadounidense, a causa de la incesante labor legislativa federal y estatal.

El sistema de leyes en Estados Unidos se configura como un sistema legal complejo, propio de los Estados federales, en el que conviven la legislación del Congreso (*Congress*) y la legislación estatal emanada de cada una de las asambleas estatales (*Legislature/General Assembly*), de composición bicameral, excepto Nebraska, que cuenta con un legislativo unicameral. A tal sistema, debe sumarse toda la normativa de naturaleza gubernamental o administrativa producida por los distintos gobiernos y agencias federales, estatales y locales.

El orden de jerarquía normativa entre las mencionadas fuentes legales, puede sistematizarse, siguiendo a Farnsworth (70-72, 82-83), como sigue:

1.º La Constitución que, con sus siete artículos y veintisiete enmiendas, es la ley suprema del país, en el ámbito de los poderes delegados a la Federación o implícitos en ella (*McCulloch* v. *Maryland*, 1819), y fuente principal a la que se subordinan las restantes normas jurídicas.

2.º Los tratados internacionales, que tienen rango de ley federal y están sujetos únicamente a la Constitución. En caso de conflicto entre un tratado y una ley federal, prevalece la norma más reciente.

3.º Las leyes federales (*federal statutes*), aprobadas por el Congreso y sujetas únicamente a la Constitución, conforme a la cual deben interpretarse. La compilación de leyes federales más importante es el *United States Code* (*USC*), dividido actualmente en 54 títulos por materias, cuyo título 28 está dedicado al poder judicial. Pese a su nombre, no se trata de un código unitario, que responda a una única tarea legislativa, sino que son distintas leyes agrupadas para facilitar su manejo. Los Estados también cuentan con sus propias compilaciones, fácilmente localizables en su página web oficial, como el propio *USC*.

4.º Las órdenes ejecutivas federales y los reglamentos administrativos (*federal executive orders and administrative rules and regulations*). El presidente tiene capacidad para dictar órdenes ejecutivas con fuerza de ley. La administración federal puede igualmente aprobar reglamentos que, si se han elaborado válidamente con arreglo a una ley federal, tienen fuerza de ley y están por encima de las leyes estatales.

5.º Las Constituciones de los Estados (*state constitutions*), que son la ley principal dentro de cada Estado, y que deben respetar la legislación federal, válidamente aprobada en la esfera de sus competencias. Su contenido es más detallado que el de la Constitución federal y sus enmiendas son más frecuentes.

6.º Las leyes estatales (*state statutes*), subordinadas a la legislación federal y a la Constitución del Estado, son una fuente de gran importancia en muchas materias cuya regulación es competencia de los Estados. Recuérdese que la décima enmienda reserva a los Estados o a los ciudadanos aquellos poderes no delegados en la Federación, o cuyo ejercicio no se les haya prohibido. Estas leyes constituyen la fuente con la que de ordinario tiene que lidiar el abogado o jurista medio.

7.º Los reglamentos administrativos estatales (*state administrative rules and regulations*), que son similares a los reglamentos federales en su ámbito respectivo.

8.º Ordenanzas, reglamentos y cartas municipales (*municipal charters, ordinances, rules and regulations*), que son las normas derivadas de los distintos condados en que suelen estar divididos los Estados.

Desde el punto de vista de la materialización del derecho, el procedimiento judicial estadounidense responde igualmente a la tradición del *common law*: su naturaleza es eminentemente adversarial (*adversary system*), con independencia del tipo de litigio (civil o penal), y se desarrolla frecuentemente ante un jurado. Ello significa que las partes son quienes tienen la iniciativa en materia de alegaciones y prueba, y que corresponde al juez decidir en derecho, asumiendo un papel más pasivo e imparcial que activo e inquisitorial. El juicio, sobre todo en asuntos civiles, no penales, suele ir precedido de un proceso preliminar (*discovery process*), en el que las partes recopilan y aseguran la prueba (documental, interrogatorio de testigos) con el fin de preparar el juicio, pudiendo solicitar la ayuda del tribunal para tal propósito. Este proceso preliminar, acompañado de una negociación, tiende a evitar el juicio. En materia penal, es frecuente que el fiscal y la defensa intercambien información, pruebas y, en su caso, negocien la condena (*plea bargaining*), evitando el juicio con una sentencia de conformidad.

El jurado es una institución esencial del *common law* angloamericano. La Constitución federal garantiza el derecho a un juicio con jurado en diversos preceptos (III, 2; Enmiendas VI y VII), y la ideología democrática lo reivindica como institución política clave, en tanto «escuela [*jurídi-*

ca] gratuita y siempre abierta» de ciudadanía (Tocqueville, 479-485). El jurado lo formaban inicialmente doce personas, pero hoy ese número se ha reducido y es algo menor, aunque no inferior a seis jurados; actúa únicamente en la primera instancia, no en la apelación, y su función es la de decidir cuestiones de hecho. El tribunal es el que aplica el derecho, quien dirige al jurado, pudiendo incluso desechar su veredicto si considera que ha obrado de manera incorrecta. En todos los tribunales federales y estatales, todo acusado de un delito grave tiene derecho a ser juzgado por un jurado. En los pleitos civiles, el derecho a un juicio con jurado sólo tiene lugar en determinados asuntos, herederos de la tradición inglesa (p. ej.: en acciones de responsabilidad civil o de recuperación de la propiedad). No se tiene derecho a un juicio con jurado cuando se ejercitan acciones de equidad (*equity cases*), cuyo origen se encuentra en las máximas del Tribunal de la Cancillería inglesa (*Court of Chancery*), con la pretensión de que por el tribunal se dicte una orden (*injunction*) que obligue o prohíba al demandado hacer o no hacer una cosa (Meador, 3-7; Aliste, 158-167, 222-224, 229-232).

4. LOS SISTEMAS JUDICIALES

La estructura federal de Estados Unidos motiva que no pueda hablarse con propiedad de un único sistema judicial. Hay múltiples sistemas, el federal y tantos como Estados, o sea, cincuenta, cada uno soberano e independiente del resto. Junto a ellos, existen tribunales federales y locales en el Distrito de Columbia y en el Estado Libre Asociado de Puerto Rico (*Commonwealth of Puerto Rico*). Y también hay tribunales territoriales, que combinan jurisdicción federal y local, en las Islas Vírgenes, Guam, Samoa estadounidense e Islas Marianas del Norte.

A continuación, se analizará este múltiple sistema judicial, poniendo de manifiesto, en primer lugar, los principales rasgos de los sistemas judiciales estatales, y después, los del sistema judicial federal, sin olvidar hacer alusión a la forma de selección de los jueces estatales y federales, tal y como se acostumbra en los manuales al uso (Meador: Caps. II, III y V, Farnsworth: Caps. III y IV, Fine: Cap. III, Aliste: Cap. 7).

4.1. Tribunales estatales

La constitución y las leyes estatales son las normas encargadas de definir el sistema judicial de cada Estado. En unos casos es la propia Constitución la que diseña el sistema, mientras que en otros esta cuestión queda en manos del legislador, de ahí que resulte ímprobo exponer las peculiaridades de cada sistema, las cuales, por otra parte, son tributarias de la historia del Estado en cuestión. Con todo, como sostiene Meador, los sistemas judiciales estatales se parecen en líneas generales y en ellos es posible distinguir, con una u otra denominación, tribunales de instancia, tribunales de apelación y un tribunal supremo a la cabeza.

4.1.1. *Tribunales de instancia*

Los tribunales de instancia (*trial courts*) forman el escalón inferior de la pirámide judicial. Son los más numerosos y los que conocen de la mayor parte (*the great bulk*) de los litigiosos en Estados Unidos (según Fine, un 90 por 100). El acceso a la justicia tiene lugar a través de estos tribunales que, a su vez, se suelen dividir en dos niveles: *a*) tribunales de jurisdicción general (*circuit, district, superior courts*), competentes para conocer de toda clase de asuntos, civiles y penales, y, en algunos casos, para resolver las apelaciones contra las decisiones de los tribunales inferiores; y *b*) tribunales de jurisdicción limitada (*municipal, magistrate, inferior courts*), cuya competencia se extiende a asuntos menores, como infracciones de tráfico, delitos leves, demandas de escasa cuantía, aunque también a pleitos de familia y sucesiones, como divorcios, fijación de alimentos a favor de hijos, administración de herencias, etc. No obstante, desde el siglo pasado, la tendencia en los Estados es la de ir eliminando esta subdivisión, estableciendo un único nivel jurisdiccional en la primera instancia en el que los asuntos se distribuyan entre todos los jueces que compongan ese tribunal.

4.1.2. *Tribunales supremos estatales y tribunales de apelación*

En el vértice de la pirámide judicial estatal se sitúa un tribunal de última instancia, que recibe, por lo general, el nombre de Tribunal Supremo del Estado en cuestión (*Supreme Court of...*), con alguna excepción relevante. Así, en Nueva York y Maryland, se le denomina *Court of Appeals*, y en Massachusetts y Maine, *Supreme Judicial Court*. En los Estados de Texas y Oklahoma, existen dos tribunales de última instancia, uno para los casos civiles (*the Supreme Court*), y otro para los penales (*Court of Criminal Appeals*). La mayoría de estos tribunales se compone de siete jueces (*justices*), aunque en otros la composición varía entre tres y nueve. Originariamente, estos tribunales eran los únicos tribunales de apelación. Sin embargo, a finales del siglo XIX, la creciente litigiosidad estimuló la creación de tribunales intermedios de apelación (*intermediate appellate courts*). Estos *courts of appeals* conocen en segunda instancia, en la mayoría de los Estados y casos, de las apelaciones contra las decisiones de los *trial courts*. A los tribunales supremos estatales se les reserva el conocimiento, a su discreción, de los casos más relevantes en los que entran en juego intereses particulares y generales. Tienen la última palabra en materia de interpretación del derecho estatal, salvo que el asunto revista interés constitucional, en cuyo caso aquella corresponde al Tribunal Supremo. También resulta habitual que las legislaciones estatales contemplen un recurso de apelación directo al tribunal supremo del Estado cuando el tribunal de instancia ha impuesto la pena de muerte o ha declarado la inconstitucionalidad de una ley estatal o federal.

Los tribunales de apelación pueden extender su jurisdicción revisoria, en materia civil, penal y contra decisiones de las agencias estatales, a todo el Estado (como en Georgia o Virginia), o sólo al distrito que abarquen (como en California o Illinois). El número de jueces pertenecientes a estos tribunales suele variar entre diez y quince, aunque este número es bastante más alto en algunos casos, como, por ejemplo, en California, donde el número supera los noventa. Las decisiones se adoptan normalmente por tres jueces, constituidos en secciones (*in panels*), aunque en ocasiones son avocadas al pleno (*en banc*), sobre todo cuando existen resoluciones contradictorias entre las distintas secciones.

4.2. Tribunales federales

4.2.1. *Ámbito de la jurisdicción federal*

La jurisdicción federal es exclusiva y excluyente de la jurisdicción estatal, y limitada a los «casos y controversias» (*cases and controversies*) establecidos en la Constitución (III, 2). Estos casos federales se pueden sistematizar en función de la materia litigiosa y de las partes en conflicto. Por razón de la materia (*federal quaestion jurisdiction*), la jurisdicción federal comprende los casos surgidos (*arise under*) de la interpretación y aplicación de la Constitución, el derecho federal y los tratados internacionales. De acuerdo con el segundo criterio, la jurisdicción federal recae sobre las controversias en las que son parte: *a*) los diplomáticos extranjeros; *b*) la Federación; *c*) dos o más Estados; *d*) un Estado y los ciudadanos de otro; *e*) ciudadanos de Estados diferentes; *f*) ciudadanos del mismo Estado que reclamen tierras en virtud de concesiones de diferentes Estados; y *g*) un Estado o los ciudadanos del mismo, por un lado, y por el otro, Estados, ciudadanos o súbditos extranjeros.

Pero a pesar de su carácter limitado, establecer la extensión de la jurisdicción federal no es tan simple. En cualquier Estado federal o complejo inciden sobre la misma realidad tanto los Estados como la Federación, que suele asumir no sólo los poderes que le han sido delegados expresamente, sino también aquellos que considera que le corresponden implícitamente. Por ello, los tribunales federales y estatales en Estados Unidos tienen con frecuencia una jurisdicción concurrente sobre los asuntos, lo que en la práctica conlleva que tanto unos como otros puedan enjuiciar estos casos.

La jurisdicción estatal tiene un ámbito más extenso que la federal, de modo que habitualmente cualquier caso puede plantearse ante un tribunal estatal, a menos que una ley federal exija que se enjuicie por un tribunal federal (delitos federales, quiebras, etc.). No obstante, la cosa se complica, pues aunque la jurisdicción corresponda a los tribunales estatales, puede entrar en juego la jurisdicción federal por diversos motivos: *a*) en los supuestos de «jurisdicción diversa» (*diversity jurisdiction*), con el fin de evitar que los tribunales estatales favorezcan a sus ciudadanos frente a los de otros Estados, la ley federal permite que el caso sea enjuiciado por un tribunal federal cuando reviste un interés económico importante (actualmente equivalente a 75.000 dólares o más, según la última actualización de 1996, efectuada por el Congreso, que elevó la anterior cifra de 50.000, establecida en el artículo 1.332 del Título 28 del *US Code*); *b*) cuando la jurisdicción se traslada de un tribunal estatal a otro federal (*removal jurisdiction*), porque el asunto debió suscitarse ante este último, en cuyo caso la parte demandada tiene derecho a oponerse y solicitar dicho traslado, excepto si la demanda se formula ante un tribunal estatal del domicilio del demandado, a instancias de un demandante que no reside en ese Estado; *c*) cuando el asunto de derecho estatal guarda estrecha relación con el derecho federal, haciendo conveniente un enjuiciamiento conjunto (*supplemental jurisdiction*).

A la inversa, puede plantearse un asunto ante un tribunal federal y éste carecer manifiestamente de jurisdicción, en cuyo caso el tribunal federal podrá declinar la misma en cualquier momento e instancia, de oficio o a petición de parte.

Finalmente, en este punto, únicamente podemos mencionar que una vez que se ha determinado la jurisdicción competente, estatal o federal, debe averiguarse cuál es el tribunal territorialmente competente, y también el Derecho procesal y sustantivo aplicable para enjuiciar y decidir el caso, aspectos todos ellos que desbordan estas líneas.

4.2.2. *Tribunales de la Constitución y tribunales del legislativo*

Como ya sabemos, según la Constitución federal, «el poder judicial de los Estados Unidos residirá en un Tribunal Supremo, y en tantos tribunales inferiores como el Congreso juzgue oportuno crear y establecer» (III, 1). Los redactores (*drafters*) del texto, tras instituir un Tribunal Supremo federal, encomendaron al legislador la demarcación de la planta judicial federal y, a tal fin, el Congreso aprobó la *Judiciary Act* de 1789, donde ya quedó configurada la estructura básica del actual sistema judicial federal, ordenado jerárquicamente en tres niveles de tribunales ordinarios (no especializados): los tribunales federales de distrito (*US district courts*), los de apelación (*US courts of appeals*), y el Tribunal Supremo (*the US Supreme Court*).

El Tribunal Supremo y los tribunales federales de distrito y de apelación reciben en conjunto el nombre de *constitutional courts* (tribunales de la Constitución) o tribunales del *Article* III, ya que derivan su fundamento de este precepto, y por ello sus jueces son inamovibles mientras observen buen comportamiento (*during good behavior*), sin que pueda reducirse su salario. Con idéntico fundamento, el Congreso ha creado otros tribunales especializados: el Tribunal de Comercio Internacional (*US Court of International Trade*), que sustituyó al antiguo Tribunal de Aduanas de Estados Unidos; y el conocido Tribunal de Intervenciones Telefónicas de Inteligencia Extranjera (*the Foreign Intelligence Wiretap Court*), que actúa, formado por jueces de otros tribunales federales constitucionales designados por el presidente del Tribunal Supremo, para autorizar determinadas intervenciones telefónicas de interés nacional, solicitadas por el Fiscal General.

Estos *constitutional courts* se deben diferenciar de los denominados *legislative courts* (tribunales del legislativo) o tribunales del *Article* I, establecidos por el Congreso en el ejercicio de su potestad legislativa contenida en ese precepto, cuyo estatuto se regula en la ley particular que los crea. A su vez, dentro de los *legislative courts*, suele distinguirse entre tribunales federales de jurisdicción especializada (*US courts of special jurisdiction*), cuyos jueces normalmente gozan de las mismas garantías de independencia que los jueces del *Article* III. Y tribunales federales con funciones cuasi-jurisdiccionales (*federal courts outside the judiciary*), que de tribunales sólo tienen el nombre, aunque sus miembros se llamen *administrative law judges*, al no pertenecer al poder judicial, y tratarse en realidad de instancias de revisión de actos administrativos, cuyas resoluciones son apelables ante los tribunales de la jurisdicción federal ordinaria.

Se consideran tribunales federales de jurisdicción especializada los *bankruptcy courts* (tribunales de quiebras, que constituyen una unidad especializada en los tribunales federales de distrito), o el *US Court of Federal Claims* (Tribunal de Reclamaciones Federales). Están *outside the judiciary*, el *US Tax Court* (Tribunal Federal de Impuestos), el *US Court of Appeals for the Armed Forces* (Tribunal Federal de Apelaciones de las Fuerzas Armadas), o el Tribunal de Apelaciones de Veteranos (*US Court of Veterans Appeals*). Además de estos tres últimos organismos, no debe olvidarse que en el seno de los distintos de ministerios (*departments*) y agencias (*agencies*) federales, existen también órganos (*tribunals*) de carácter no jurisdiccional, cuyas resoluciones ponen fin a la vía administrativa. El control y la revisión judicial de la actividad administrativa federal, dada la ausencia de una jurisdicción especializada, suele corresponder a los tribunales señalados en la norma que constituye la agencia. La acción judicial directa contra los actos administrativos se encuentra más limitada.

4.2.3. *Tribunales federales de distrito*

Los tribunales federales de distrito (*US district courts*) constituyen la primera instancia del sistema judicial federal. A ellos les corresponde el enjuiciamiento originario de todas las causas federales, civiles o penales, salvo que dicho enjuiciamiento esté atribuido en primera instancia al Tribunal Supremo o a un tribunal federal especializado. Por consiguiente, este es el primer escalón de los casos federales.

En la actualidad, la Unión se divide en noventa y cuatro (94) distritos judiciales, cada uno con su tribunal, repartidos entre los cincuenta Estados, el Distrito de Columbia, el de Puerto Rico y los de los Territorios de ultramar o las islas (*overseas territories*). Existe al menos un tribunal de distrito en cada Estado, aunque suele haber varios en los Estados más extensos y poblados. El tribunal lo compone un número mínimo de dos jueces federales de distrito (*district court judges*), pudiendo sobrepasar la veintena (en total su número ronda los seiscientos). También suele estar compuesto por jueces adjuntos (*magistrate judges*), nombrados temporalmente por los jueces de distrito, a los que sirven de apoyo. Por lo general, los juicios son presididos por un único juez, sea el juicio con o sin jurado. Sólo unas cuantas leyes federales disponen que la causa sea enjuiciada por tres jueces de distrito, normalmente con apelación directa ante el Tribunal Supremo.

4.2.4. *Tribunales federales de apelación*

Los tribunales federales de apelación integran la segunda instancia del sistema judicial federal, pues sólo en casos absolutamente excepcionales, el Tribunal Supremo conoce directamente de las apelaciones federales. A estos tribunales les corresponde conocer, con carácter general, de todas las apelaciones contra las sentencias dictadas por los tribunales de distrito pertenecientes a su circunscripción o circuito, y también de todos los recursos interpuestos contra las resoluciones dictadas por las agencias administrativas federales, cuando así lo disponga su normativa específica. Aquí terminan su recorrido casi todos los casos federales, al resultar prácticamente nulas las posibilidades de acceder en revisión al Tribunal Supremo.

La planta actual de los tribunales federales de apelación se divide en trece (13) circunscripciones o circuitos (*circuits*), nombre este último que obedece al funcionamiento originario de esta instancia en la que sus jueces tenían que realizar un itinerario por los distritos de su territorio con el fin de resolver las apelaciones. En cada circuito existe un tribunal de apelación que recibe el nombre oficial de «Tribunal de Apelación de los Estados Unidos para el Circuito que corresponda» (*US Court of Appeals for the Circuit...*). Hay once tribunales federales de apelación numerados del uno al once, que abarcan distintos distritos judiciales federales. Por ejemplo, el Tribunal de Apelación de los Estados Unidos para el Primer Circuito (*US Court of Appeals for the First Circuit*), con sede en Boston, comprende los distritos de Maine, Massachusetts, New Hampshire, Puerto Rico y Rhode Island. El Tribunal de Apelación de los Estados Unidos para el Segundo Circuito (*US Court of Appeals for the Second Circuit*), con sede en Nueva York, comprende los distritos de Connecticut, Norte, Sur, Este y Oeste de Nueva York y el distrito de Vermont. Los dos tribunales federales de apelación restantes, hasta llegar al número trece, son el Tribunal de Apelación de los Estados Unidos para el Circuito del Distrito de Columbia (*US Court of Appeals for the District of Columbia Circuit o D. C. Circuit*), y el Tribunal de Apelación de los Estados Unidos para el Circuito Federal (*US Court of Appeals for the Federal Circuit o Federal Circuit*), ambos con sede en Washington, D. C. Este último tribunal, de ámbito nacional, es el único que no tiene una base territorial. Resulta competente para conocer de los recursos contra las resoluciones de todos los tribunales federales de distrito, dictadas en materia de patentes y en reclamaciones patrimoniales contra el gobierno federal. Y además conoce de las apelaciones contra las resoluciones del *US Court of International Trade* y del *US Court of Federal Claims*.

El número de jueces que compone cada uno de estos tribunales varía considerablemente, de seis para el primer circuito a veintiocho para el noveno, aunque la media está entre diez y quince (en total su número ronda los doscientos). Al igual que los tribunales estatales de apelación, se trata de órganos colegiados que suelen organizarse en secciones de tres miembros, avocándose al pleno aquellos asuntos de especial importancia o en los que debe unificarse doctrina. Como tribunales de segunda instancia, su función esencial consiste en resolver las apelaciones que les llegan, revocando o confirmando las decisiones recurridas, sin admitir prueba, ni entrar a revisar, como regla, los hechos declarados probados en la primera instancia.

4.3. Los jueces y su selección

En Estados Unidos no existe, ni el ámbito estatal ni en el federal, lo que en otros países de *civil* y *common law* se conoce como carrera judicial (*career judiciary*), con una judicatura escalafonada, con derecho a la promoción y a la que suele accederse siendo muy joven y con poca o nula experiencia profesional.

La extracción de la judicatura procede de otras profesiones jurídicas, y mayoritariamente de la abogacía. Apenas si hay jueces legos. Los tiempos del juez Marshall, que no estudió Derecho, quedaron atrás. Así pues, como requisito previo es preciso contar con el título de *Juris Doctor* (*J. D.*), tras haber estudiado Derecho durante tres años, en una de las más de doscientas escuelas de Derecho (*Law Schools*) existentes, a las que se accede estando en posesión de una licenciatura o grado universitario de cuatro años de duración. La habilitación y colegiación para el ejercicio de la abogacía resultan asimismo en la práctica requisitos necesarios para ser juez, y para ello el candidato ha de haber superado una serie de pruebas, escritas y tipo test, que varían de un Estado a otro. El abogado sigue perteneciendo a su colegio profesional (*bar*), aunque sea nombrado juez.

Los sistemas de selección de los jueces federales y estatales responden a uno de los siguientes métodos: 1) nombramiento del presidente o del gobernador con la confirmación del Senado o de la asamblea legislativa estatal (en el sistema federal y en algunos Estados), 2) elección por el jefe del ejecutivo de entre una lista de candidatos propuesta por una comisión independiente (*Missouri Plan*), 3) elección popular y 4) designación por la asamblea legislativa.

4.3.1. *Jueces federales*

En el sistema judicial federal, todos los jueces federales son nombrados por el presidente con la confirmación (*with the advise and consent,*

Const. II, 2) del Senado. El nombramiento presidencial de los jueces federales de distrito está precedido de una serie de negociaciones entre los senadores del Estado para el que va a ser nombrado el juez, el departamento de Justicia (*Department of Justice*) y la Casa Blanca. Una vez propuesto el candidato por este conjunto de fuerzas, el presidente suele nombrarlo. En los nombramientos de los jueces federales de apelación, el Senado desempeña un papel menor, debido a que la jurisdicción de estos tribunales se extiende a varios Estados y los senadores, que proceden sólo de un Estado, pierden interés, con lo que el presidente y el departamento de Justicia suelen tener las manos menos atadas. La libertad del presidente es aún mayor en los nombramientos de los jueces del Tribunal Supremo, aunque tampoco puede ignorar el poder de veto senatorial.

Estos jueces federales son los que gozan de una mayor independencia, pues al tratarse de jueces del *Article* III, su nombramiento es vitalicio, como ya vimos; son inamovibles mientras observen buen comportamiento, y no puede reducirse su salario. Únicamente pueden ser destituidos mediante *impeachment* del Congreso. En el procedimiento de *impeachment*, la Cámara de Representantes es quien decide por mayoría los cargos contra el juez, y el Senado el encargado de juzgarlos. El juez será separado de su cargo si dos tercios de los senadores lo hallan culpable.

En este ámbito, la Conferencia Judicial de los Estados Unidos (*Judicial Conference of the United States*, art. 331, Título 28 *US Code*), presidida por el *Chief Justice* del Tribunal Supremo, e integrada por los presidentes de los tribunales de los trece circuitos, más el presidente del Tribunal de Comercio Internacional, a los que se suman trece jueces de distrito, nombrados para un mandato no inferior a tres años ni superior a cinco, y elegidos por los jueces distrito, es el órgano encargado del gobierno administrativo de los tribunales federales, con funciones, entre otras, de inspección, informe y supervisión de su funcionamiento.

4.3.2. *Jueces estatales*

En el sistema judicial estatal, sólo un escaso número de Estados adopta el sistema federal. En la mayoría, se sigue el denominado *Missouri Plan* (al utilizarse en este Estado por primera vez en 1940) o *merit plan*, que trata de sortear la lucha partidista; el gobernador es quien nombra a los jueces, entre los candidatos que le son presentados por una comisión independiente, integrada por un número de entre nueve y quince miembros y formada por abogados, jueces y personas no juristas, que previamente ha indagado los méritos y entrevistado a los candidatos. La elección popular de los jueces fue introducida durante la presidencia de Andrew Jackson y constituye una de las señas de identidad de la denominada «democracia jacksoniana» (*Jacksonian democracy*). En algunos Estados, los candidatos a juez lo hacen bajo las siglas de un partido, como si se tratara de concurrir a cualquier otro puesto público. Esta forma de elección plantea evidentes problemas de independencia y objetividad, pues el tamaño y el coste de las campañas electorales es cada vez mayor, y con ello la necesidad de financiación. El método de elección únicamente por el legislativo, que estuvo vigente en la mitad de los Estados en los primeros tiempos de la Unión, sólo subsiste en Virginia, Carolina del Sur y, con modificaciones, en Connecticut.

La independencia de los jueces estatales es menor que la de los jueces federales de los *constitutional courts*, al desempeñar su cargo por un período limitado de tiempo, con lo que las posibilidades de injerencia política son mayores. El nombramiento suele ser por cuatro, seis u ocho años, para los tribunales de primera instancia, y por seis, ocho, diez o doce años, para los tribunales de apelación. Sólo excepcionalmente el cargo es vitalicio. Así, por ejemplo, en Nueva York, el mandato de los jueces de su tribunal de última instancia es de catorce años, en California de doce, mientras que en Texas, Alabama o Arizona, es de seis años.

En algunos Estados existen órganos semejantes a la *Judicial Conference of the US* con funciones similares (p. ej.: en California, el *Judicial Council*).

5. EL TRIBUNAL SUPREMO DE ESTADOS UNIDOS Y SUS SENTENCIAS

5.1. Composición, funcionamiento y competencias

El Tribunal Supremo de Estados Unidos (*the Supreme Court of the US*), con sede en Washington, junto al Capitolio, en un edificio propio (desde 1935) de mármol blanco e imponentes proporciones, en cuya entrada puede leerse *Equal Justice Under Law* (igual justicia bajo la ley), culmina la cima del sistema judicial federal. Es el único tribunal que la Constitución federal crea de forma expresa y, respetando sus límites, corresponde al Congreso legislar y determinar su composición y competencias.

Desde 1869, el Tribunal Supremo está integrado por nueve jueces: su presidente y ocho magistrados (*one Chief Justice and eight Associate Justices*). En 1937, F. D. Roosevelt, estuvo a punto de aumentar, mediante un Proyecto de Ley de Reorganización Judicial (el llamado *Court-packing bill*), el número de jueces del Tribunal Supremo, en respuesta a la actitud refractaria de éste durante la llamada «era *Lochner*», caracterizada por la oposición del Tribunal a cualquier tipo de intromisión federal o estatal en la economía, propiciando que se pudiese hablar de activismo judicial o de «gobierno de los jueces», a través de la *judicial review* (Lambert). Clarificadoras de la ideología dominante del período son, entre otras, la sentencia que le da nombre, *Lochner* v. *New York* (1905), que anuló una ley estatal que limitaba las horas de trabajo; la *Hammer* v. *Dagenhart* (1918), que anuló una ley federal que impedía el comercio interestatal de bienes fabricados por niños; o la *Schechter Poultry Corp.* v. *United States* (1937), que anuló varias disposiciones de la ley de Recuperación de la Industria Nacional de 1933; todo ello con fundamento en las libertades de comercio, de contratación y en el derecho al proceso debido. En el mismo año de 1937, un cambio en las mayorías del Tribunal produjo pronunciamientos de signo contrario: la sentencia *West Coal Hotel* v. *Parrish* declaró la constitucionalidad de una ley de salario mínimo del Estado de Washington, y la *National Labor Relations Board* v. *Jones & Laughlin Steel Corporation*, la de la Ley Nacional de Relaciones Laborales de 1935, que estableció un nuevo marco para la negociación colectiva. El Tribunal aceptaba la intervención pública en la economía, se ponía fin a la «era *Lochner*», y no resultó preciso seguir adelante con aquel Proyecto (Beltrán/González, 70-72, 172-178, 225-233, 240-241; Pomed, en Lambert, LXV-LXXXVIII).

El Tribunal Supremo es un órgano judicial colegiado que decide en pleno de sus nueve miembros (*sits en banc*), con un quórum mínimo de seis, aquellos asuntos de los que conoce, salvo que alguno de sus jueces se abstenga para evitar un eventual conflicto de intereses. Su año judicial comienza el primer lunes de octubre y se prolonga normalmente hasta finales de junio.

Las *competencias* del Tribunal Supremo se dividen en originarias o de primera instancia y de apelación o revisorias, lo que incluye la denominada *judicial review* expuesta en el segundo apartado. A su vez, el conocimiento de las apelaciones puede ser obligatorio (*mandatory*) o discrecional (*discretionary* o *certiorari*). Al igual que el resto de los tribunales estadounidenses y aunque ocupe el escalón más alto del poder judicial federal, el Tribunal Supremo carece de funciones consultivas, de modo que su actuación viene motivada, en primera o segunda instancia, para poner fin a una contienda jurídica, como corresponde a la esencia adversarial del procedimiento anglonorteamericano. Tiene además atribuidas por el Congreso facultades para dictar normas en materia de procedimiento (p. ej.: criterios para emitir el *writ of certiorari*).

La actuación del Tribunal Supremo como tribunal de primera y única instancia es bastante reducida. Es competente para el enjuiciamiento en exclusiva de los litigios entre dos o más Estados; y asimismo, para el enjuiciamiento, aunque no en exclusiva: *a)* de todos los casos en que sean parte diplomáticos extranjeros; *b)* de todos los litigios entre un Estado y la Federación; y *c)* de todos los procedimientos de un Estado contra ciudadanos de otro Estado o extranjeros (art. 1.251 *USC*).

Las competencias en materia de apelación constituyen la principal actividad del tribunal dentro de los límites establecidos por la legislación federal. Esta función se ejerce, como regla, de manera discrecional, o lo que es lo mismo: el Tribunal Supremo es quien decide aquellos asuntos que se someten a su deliberación y revisión. Sólo en casos contados, la ley federal establece recursos de apelación de los que deba conocer obligatoriamente. Muchas de estas apelaciones obligatorias (*mandatory appeals*) dispuestas por la ley provienen directamente de los tribunales federales de distrito cuando la resolución se dicta por tres jueces (art. 1.253 *USC*).

De este modo, lo habitual es que el Tribunal Supremo revise, a su discreción, las decisiones de los tribunales federales de apelación, y también las de los tribunales superiores de los Estados cuando deciden cuestiones de derecho federal, siempre que la controversia de origen encierre un indudable interés público.

El *procedimiento* legal para acceder a esta tutela judicial discrecional del Tribunal Supremo lo constituye el denominado *writ of certiorari* (art. 1.254, Título 28 *US Code*). Literalmente este *writ* es una orden expedida por el Tribunal, a instancia de parte (*petition of certiorari*), y dirigida al tribunal federal inferior o a la última instancia estatal cuya decisión se considere contraria a la Constitución o al derecho federal, para que le remita las actuaciones con el fin de avocarlas a su conocimiento.

La emisión de la orden es discrecional, aunque en la práctica se dicta cuando cuatro de los nueve jueces (*rule of four*) están dispuestos a expedirla. Normalmente, habrá mayores visos de que prospere la expedición del *writ* (*grant of certiorari*) si se trata de un asunto de especial relevancia constitucional, sobre el que no existe todavía ningún pronunciamiento del Tribunal, o sobre el que existan decisiones contradictorias entre los tribunales federales de apelación, o entre éstos y los tribunales estatales de última instancia. Que la decisión del tribunal inferior sea errónea no es razón suficiente para la avocación del asunto. Últimamente, las peticiones de *certiorari* rondan las diez mil anuales. El Tribunal Supremo decide conocer un número muy limitado de ellas (entre 75 y 80), lo que suele criticarse por los autores, incluso como falta de aplicación al trabajo.

Si se deniega la orden, se informa al solicitante con un simple *petition for certiorari denied*. La denegación no implica que el Tribunal Supremo convalide la decisión del tribunal inferior; simplemente evidencia que no desea conocer de ese tema en ese momento. Puede ser que su agenda esté saturada, que la cuestión no sea relevante, que exista ya jurisprudencia, que se haya planteado indebidamente o que decida esperar a otros pronunciamientos de instancias inferiores.

Si se expide la orden, se señala a una vista en la que, tras el debate contradictorio de las partes ante el pleno, el Tribunal decide motivadamente por mayoría de cinco votos. Los jueces que votan en contra pueden explicitar su discrepancia, redactando un voto particular (*dissenting opinion*) o adhiriéndose al que ya ha sido formulado por otro de los jueces discrepantes.

5.2. Casos y sentencias

El Tribunal Supremo-EEUU tiene la última palabra en materia constitucional, como ya sabemos. Como hablar de la Constitución es hablar de política, cada vez que este Tribunal dicta sentencia, ya sea declarando la inconstitucionalidad de una ley, o interpretando la extensión de un derecho, se convierte en uno de los principales actores políticos del país, al condicionar la actuación de todos los demás tribunales, poderes y de la misma sociedad (García-Pelayo, 580-584; Beltrán/González, 42-64).

Además de las sentencias examinadas a lo largo del texto, pueden citarse otras muchas que han tenido y tienen todo tipo de implicaciones. Así, por ejemplo, la sentencia *Dredd Scott* v. *Sandford* (negando la ciudadanía a los negros, 1857), que sirvió para allanar el camino a la Guerra Civil; o la sentencia *Plessy* v. *Ferguson* («iguales pero separados», 1896), que perpetuó la segregación racial hasta que se dictó la sentencia *Brown* v. *Board of Education of Topeka* (1954), que se pronunció en contra de la segregación racial en las escuelas.

La información de derechos que debe efectuarse a cualquier detenido (a permanecer en silencio, a designar abogado y a un abogado de oficio, si no puede pagarlo, con la advertencia de que todo cuanto declare se podrá utilizar en su contra), se resume en la expresión *Miranda rule*, en referencia a la sentencia *Miranda* v. *Arizona* (1966), que impuso la obligación de realizar aquella lectura en desarrollo de la quinta enmienda.

La sentencia *Roe* v. *Wade* (1973) marcó un hito para los derechos de las mujeres, permitiendo que pudieran abortar libremente, al resultar intolerable la injerencia de cualquier poder en aquello que pertenece a su vida privada. La sentencia *United States* v. *Nixon* (1974), que rechazó que Nixon pudiera ampararse en la inmunidad presidencial para negar la audición de las grabaciones del *Watergate*.

La libertad de expresión fue reforzada en las sentencias *Texas* v. *Johnson* (1989) y *United States* v. *Eichmann* (1990) hasta el punto de que la tipificación como delito de la quema de la bandera de Estados Unidos se declaró contraria a tal libertad. Nuestro Tribunal Constitucional se ha hecho eco de tales sentencias en los votos particulares a la sentencia 177/2015, de 22 de julio, que deniega el amparo de los condenados por delito de injurias contra la Corona, por la quema de fotos de los reyes.

Piénsese también en la tremenda *Bowers* v. *Hardwick* (1986), que legitimó la sanción penal de las relaciones carnales homosexuales hasta que tal doctrina fue anulada por la sentencia *Lawrence* v. *Texas* (2003). En la llegada a la presidencia de G. W. Bush, tras su victoria final en *Bush* v. *Gore* (2000). O en la escasa cuestión que se hace del aumento de los poderes del Ejecutivo, efectuado por la *US Patriot Act* (Ley Patriota), de octubre de 2001, promulgada tras el 11-S: si en la sentencia *Boumediene* v. *Bush* (2008), el Tribunal Supremo reconoció que el *habeas corpus* era aplicable a los presos de la prisión militar estadounidense de Guantánamo (Cuba), y que correspondía a los jueces federales de Washington conocer de su solicitud, el 11 de junio de 2012, rechazó tomar en consideración varias peticiones de *certiorari*, efectuadas por los presos, contra distintas resoluciones dictadas en apelación por el *D. C. Circuit*, que confirmaban la legalidad de las detenciones con fundamento en la presunción de veracidad de las pruebas del gobierno si no resultaban desvirtuadas por el acusado.

Y para terminar, la sentencia *Obergefell* et al. v. *Hodges, Director, Ohio Department of Health* et al., de 26 de junio de 2015, que reconoce el derecho a contraer matrimonio a parejas del mismo sexo, con fundamento en los derechos al proceso debido (*due process*) y a la no discriminación (*equal protection*).

6. BIBLIOGRAFÍA

La bibliografía sobre el poder judicial en Estados Unidos es ingente y comprende todos los géneros académicos y literarios. Ante este saludable desgobierno de monográficos, artículos y ensayos, conscientes de que importantes trabajos quedan fuera de la relación, se ha optado por incluir en este apartado, junto a los clásicos *El Federalista* y *La democracia en América*, que convierten casi en notas a pie de página cualquier estudio posterior, una sucinta relación de *libros* en español y en inglés, que constituyen herramientas útiles, inteligibles y accesibles para penetrar en la historia, la organización y la función de lo judicial en EEUU.

ALCARAZ, Enrique, CAMPOS, Miguel Ángel y MIGUÉLEZ, Cynthia: *El inglés jurídico norteamericano*, Ariel, Barcelona, 2013.

ALISTE SANTOS, Tomás J.: *Sistema de Common Law*, Ratio Legis, Universidad Internacional de La Rioja, Salamanca, 2013.

BELTRÁN DE FELIPE, Miguel y GONZÁLEZ GARCÍA, Julio V.: *Las sentencias básicas del Tribunal Supremo de los Estados Unidos de América*, Centro de Estudios Políticos y Constitucionales, Madrid, 2.ª ed., 2006.

FALLON, Richard H. Jr., MANNING, John F., MELTZER, Daniel J. y SHAPIRO, David L.: *Hart and Wechsler's The Federal Courts and The Federal System*, Foundation Press/Thomson West, Nueva York, 6.ª ed., 2009 (hay suplementos de 2012 y 2013).

FARNSWORTH, Edward Allan: *An Introduction to the Legal System of the United States*, edit. Steve Sheppard, Oxford University Press, Nueva York, 4.ª ed., 2010.

FINE, Toni M.: *An Introduction to the Anglo-American Legal System*, Thomson Reuters, Aranzadi, Cizur Menor (Navarra), 1.ª ed., 2007, reimp. 2010.

GARCÍA-PELAYO, Manuel: *Derecho Constitucional Comparado* (1959), en *Obras Completas. 3 tomos*, Centro de Estudios Políticos y Constitucionales, Madrid, 2.ª ed., 2009, en tomo I, especialmente el capítulo «El Derecho constitucional de los Estados Unidos», pp. 491-595.

GINSBERG, Benjamin, LOWI, Theodor, WEIR, Margaret y TOLBERT, Caroline J.: *We the People: An Introduction to American Politics*, W. W. Norton & Company, Nueva York, 10.ª ed., 2014. En la versión más reducida de este manual colabora también SPITZER, Robert J.

HAMILTON, Alexander, MADISON, James y JAY John: *El Federalista* (*The Federalist; a Commentary on the Constitution of the United States*, 1787-1788), prólogo y traducción de Gustavo R. Velasco, Fondo de Cultura Económica, México, 2000, especialmente los números 47 a 51 y 78 a 83.

KELSEN, Hans: *Quién debe ser el defensor de la Constitución?* (*Wer soll die Hüter der Verfassung sein*, 1931), estudio preliminar de Guillermo Gasió, traducción de Roberto J. Brie, supervisión Eugenio Bulygin, Tecnos, Madrid, 1995.

LAMBERT, Edouard: *El gobierno de los jueces* (*Le gouvernement des juges et la lutte contre la législation sociale aux Étas-Unis*, 1921), estudio preliminar de Luis Pomed, traducción y adaptación de Félix de la Fuente, Tecnos, Madrid, 2010.

MEADOR, Daniel John: *American Courts*, West Group, St. Paul, Minnesota, 2.ª ed., 2000.

SCHMITT, Carl: *La defensa de la Constitución* (*Die Hüter der Verfassung*, 1931), trad. Manuel Sánchez Sarto con prólogo de Pedro de Vega García, Tecnos, Madrid, 1983.

SCHWARTZ, Bernard: *Los diez mejores jueces de la historia norteamericana* (*The judicial Ten: Americas's Greatest Judges*, 1979), traducción de Enrique Alonso y prólogo de Eduardo García de Enterría, Civitas, Madrid, 1.ª ed., 1980, reimp. 1990.

STARR, Kenneth W.: *First among equals: the Supreme Court in American life*, Warner Books, Nueva York, 2002.
TOCQUEVILLE, Alexis de: *La democracia en América* (*De la démocratie en Amérique*, vol. 1, 1835, y vol. 2, 1840), edición crítica y traducción de Eduardo Nolla, Trotta-Liberty Fund, Madrid, 2010.
VARELA SUANZES-CARPEGNA, Joaquín: *Textos básicos de historia constitucional comparada*, Centro de Estudios Políticos y Constitucionales, Madrid, 1998.

7. PÁGINAS WEB

La reseña de webs especializadas resulta un tanto ociosa desde el momento en que se puede googlelizar cualquier cosa. No obstante, se dejará constancia de alguna página.

http://www.congress.gov/legislation: página del Congreso donde se encuentran todas las leyes federales publicadas desde 1973.
http://www.federalregister.gov: página del *Federal Register*, donde se publica diariamente la normativa administrativa procedente de las agencias federales.
http://www.gpo.gov/fdsys: página del *Code of Federal Regulations*, dividido en cincuenta títulos, donde se compilan las normas administrativas federales más usuales.
http://www.supremecourt.gov/: página del Tribunal Supremo-US, donde están publicadas todas sus sentencias. En el texto se citan indicando la parte demandante, demandada y el año: *Roe v. Wade* (1973). Se ha omitido, por razones de espacio, la cita completa *Roe v. Wade*, 410 US 113 (1973), que indica que está incluida en el tomo 410, página 113, de la recopilación de sentencias del este tribunal (*US Supreme Court Reports*).
http://www.uscode.house.gov/: página del *US Code*.
http://www.uscourts.gov: página de los tribunales federales.

CAPÍTULO 5

PARTIDOS POLÍTICOS Y SISTEMAS DE PARTIDOS

Pedro Francisco Ramos Josa
*Licenciado en Ciencias Políticas por la UNED
Doctor en Paz y Seguridad Internacional
por el Instituto Universitario General Gutiérrez Mellado*
pedrofrjosa@gmail.com

1. ORGANIZACIÓN DE LOS PARTIDOS POLÍTICOS

En Estados Unidos, como en el resto de democracias representativas, los partidos políticos cumplen con importantes funciones al ser claves en la creación de estructuras organizativas estables y en la elaboración de programas políticos que ayudan a identificar al electorado con una determinada ideología, además de seleccionar y presentar a líderes en forma de candidatos, que una vez en el poder, se supone llevarán a cabo el programa por el que fueron elegidos. Lo que caracteriza al sistema de partidos estadounidense es que sus formaciones políticas son menos coherentes que en otros países, siendo más bien coaliciones de intereses que, como veremos en el último apartado, pueden sufrir grandes alteraciones al producirse realineamientos políticos en torno a ciertos asuntos sobre los que no existe consenso. De hecho, los partidos en Estados Unidos no están formados por afiliados, sino por activistas, sobre todo movilizados en época de elecciones, de ahí, como señala Eipstein, que los roles de los partidos en Estados Unidos sean mucho más estrechos que los de sus homólogos europeos. Quizá en ello tenga que ver también la propensión estadounidense a asociarse más allá de la arena política, tendencia observada ya por Tocqueville, quien se sorprendió de la capacidad americana para unirse en torno a cuestiones «religiosas, morales, serias, fútiles, muy generales y muy particulares, inmensas y pequeñísimas».

Como organizaciones que buscan influencia política a través de la elección de sus miembros para cargos públicos, los partidos se han convertido en el principal canal de comunicación entre la ciudadanía y el gobierno, en un proceso interactivo en el que los partidos ayudan al aumento de la participación política, a la promoción de alternativas políticas efectivas y a la regulación de la actividad pública en el Congreso. Aunque también existen aspectos negativos en dicha actividad, como los excesos cometidos por el patronazgo con prácticas como el denominado *Pork Barrel Spending*, consistente en el gasto de fondos federales en proyectos locales de un específico distrito, donde su representante intenta afianzar su dominio a través de la promoción de proyectos de dudosa utilidad pública (se estima que en 2006 hubo 14.000 proyectos asociados a esta práctica, con un gasto total de 30.000 millones de dólares). Generalmente, este tipo de gastos son incorporados a grandes leyes de asignación de fondos mediante pequeñas reservas legislativas que canalizan el dinero público a proyectos especiales, táctica denominada *earmarking*. Contra tales excesos, dieciocho Estados de la Unión tienen regulada la figura del *recall* (retirada), por la que se puede votar para expulsar a los cargos públicos de sus puestos, como en 2003 le sucedió al gobernador de California, Gray Davis, precisamente por la crisis presupuestaria que sufrían los californianos (el *recall* no puede usarse en ningún caso contra el presidente de la nación ni contra los miembros del Congreso en Washington).

En Estados Unidos los dos grandes partidos no circunscriben sus funciones al campo interno, sino que cumplen una destacada labor en el exterior. Así, desde que en 1983 la Administración Reagan creara los Institutos Nacionales Republicano y Demócrata para Asuntos Internacionales (IRI y NDI), éstos se ocupan de la Promoción de la Democracia a nivel global, siendo organizaciones «sin ánimo de lucro, trabajando para fortalecer y expandir la democracia alrededor del mundo... desarrollando partidos políticos, instituciones cívicas, elecciones abiertas, buena gobernanza y el imperio de la ley». De esa forma, tanto el partido Republicano como el Demócrata forman parte del llamado *soft power*, es decir, de los instrumentos culturales e ideológicos con los que cuenta Estados Unidos para influir en terceras naciones, propagando sus principios y valores al considerarlos de aplicación universal.

1.1. La organización interna de los partidos

Al frente de los partidos se encuentra su Comité Nacional, realmente importante en su reunión celebrada cada cuatro años, coincidiendo con las elecciones generales, llamada Convención Nacional. En ella se reúnen los representantes del partido de los 50 Estados de la Unión, con tres funciones principales, elegir los candidatos a presidente y vicepresidente, fijar las reglas de su elección y elaborar el programa político (*Platform*). Las Convenciones Nacionales modernas han perdido el carácter deliberativo que tuvieron en sus inicios, donde se producían importantes demoras por los conflictos internos en la selección de sus líderes, limitándose en la actualidad a ratificar al candidato ganador en las primarias. En el tiempo que transcurre entre una Convención Nacional y otra, el Comité Nacional se encarga de mantener la unidad del partido, recabar fondos para el mismo y de actividades de publicidad. La estructura de cada Comité Nacional varía según cada partido, en el Demócrata está compuesto por los presidentes y vicepresidentes de cada Comité estatal, más doscientos delegados elegidos en toda la nación, mientras que el proceso de selección de delegados del partido Republicano es más complejo, al existir tres tipos, diez delegados independientes por Estado (más una bonificación en función de los últimos resultados electorales), tres por cada distrito electoral al Congreso y otros tres superdelegados por cada Estado.

En un nivel inferior se encuentran los cincuenta Comités Estatales que cada partido posee como delegaciones en cada Estado, que a su vez integran los miles de Comités Locales, encargados de movilizar en primera instancia a los voluntarios y al electorado en general. Además, cada partido cuenta con otro tipo de organismos que ayudan a su administración, así, el Demócrata cuenta con la Asociación Demócrata de Gobernadores, el Comité de Campaña al Senado, el Comité de Campaña al Congreso o el Comité de Campaña Legislativa (uno propio para cada Estado).

De todos modos, la Convención Nacional sólo es el penúltimo escaño del candidato presidencial, antes habrá recorrido un largo proceso donde ha tenido que superar a su rivales políticos en numerosos caucus y primarias, los dos tipos de sistema de elección de candidatos desde el nivel básico de organización, el precinto, hasta el nacional, pasando por el local, el condado y el estatal. El caucus es la forma más antigua de selección de delegados, en él los participantes no sólo eligen a una persona, sino que participan activamente en el debate, procediendo al final de la reunión a la votación del delegado (alzando la mano o colocándose en torno al candidato escogido) que habrá de representarles en el caucus del siguiente nivel. Desde finales del siglo XX fue relegado a favor de las primarias, tras las acusaciones de corrupción contra unas maquinarias partidistas que dominaban los caucus para nominar a sus candidatos favoritos, siendo usados en la actualidad en una decena de Estados. El caucus de Iowa sigue siendo el más famoso, no sólo por ser el primero en celebrarse (para 2016 se convocó por ambos partidos para el lunes 1 de febrero), sino porque sirve para descartar candidatos y apuntar al favorito, de ahí que la victoria en el precinto de Iowa sea tan importante en la dilatada carrera presidencial (las respectivas Convenciones Nacionales se han celebrado en julio de 2016, pero los debates entre candidatos se vienen sucediendo desde agosto de 2015 en el GOP y desde octubre en los Demócratas).

El segundo tipo de selección de candidatos es hoy el más utilizado por los partidos, inicialmente fue una reivindicación del movimiento Progresivista para aumentar la democracia interna de los partidos, y desde principios del siglo XX se ha ido imponiendo sobre el caucus. En las primarias los participantes se limitan a votar por un delegado o candidato, existiendo, como en el caso de los caucus, diversos tipos en función del sistema de votación. Así, los caucus y primarias cerrados son aquellos en los que sólo les está permitido votar a los registrados de un determinado partido, y la participación de los independientes queda prohibida. En los caucus y primarias abiertas, por el contrario, puede participar cualquier votante, independientemente de su filiación política o de su registro en un determinado partido, aunque eso sí, sólo se puede votar en la selección de un único partido. A estas dos variables se han añadido otras dos, como los caucus y primarias abiertas modificadas, introducidas desde el año 2000, donde los votantes registrados votan sólo en un partido y los independientes eligen a cuál votar, si bien en algunos estados el registro en una votación implica el cambio de filiación a favor del partido en el que se vota, por lo que ha de pensarse muy bien participar o no en otro partido, y desde el 2008 se han creado los caucus y primarias modificadas, mezcla de las dos primeras y con diversas variantes, como aquellos en los se cuentan sólo los votos de los afiliados, o los que sólo permiten a los votantes registrados votar en su partido mientras se deja libertad de elección a los independientes.

También existen diversos tipos de primarias en función de las reglas de selección y atribuciones de los delegados en ellas elegidos. En su configuración inicial, en las primarias Demócratas los delegados aparecían en una lista individualmente, y el votante no podía saber a qué candidato apoyaba cada delegado (primarias de tipo Selección de delegados). Las críticas a dicho sistema fueron dando paso a diversos tipos englobados en lo que se denomina Primarias Presidenciales, como las Primarias Consultivas, donde el resultado de sus votos no tiene efecto sobre la distribución de los delegados en la Convención Nacional; las Primarias donde el ganador toma todo, en las que los delegados han de votar al candidato ganador en su respectivo Estado, fuertemente contestadas y que han sufrido reformas encaminadas a un sistema donde el ganador toma casi todo; las Primarias Proporcionales, en ellas la selección de delegados va en proporción a quienes más votos consigan y que logren superar cierto umbral (sistema más usado por los Demócratas que entre los Republicanos); las Primarias con Bonificación, introducidas por el partido Demócrata para superar sus diferencias internas durante los años setenta, consisten en reservar cierto número de delegados para concederlos finalmente al ganador, en realidad se trata de una prima que refuerza su triunfo; y por último las Primarias de Fisura (*Loophole*), las menos frecuentes y que en esencia son una mezcla entre la Selección de Delegados y las Consultivas.

Los caucus no sólo son utilizados por los partidos para seleccionar a sus candidatos, también sirven para organizarse en el Congreso y dentro del mismo partido. Así, los caucus en el Congreso ayudan a la configuración de plataformas dedicadas a la promoción de determinados asuntos y agendas legislativas, uniendo la acción política de distintos congresistas. Por su parte, los caucus dentro de los partidos operan como ramas oficiales donde se reclutan y operan voluntarios que se unen para movilizarse en torno a distintos intereses, como los *Black* e *Hispanic Caucus*, el *Women's Club* o el *Young Democrats* en el partido Demócrata o el *Republican Liberty Caucus* dentro del GOP.

Al margen de las primarias, otra característica particular de los partidos en Estados Unidos es su aparente falta de unidad interna en el Congreso. A diferencia de lo que sucede en muchos países europeos, la democracia interna de los partidos estadounidenses es real, y cada senador y Representante tiene libertad de voto (en ese sentido se siente más obligado por los votos de sus electores que por la política oficial de su partido), por lo que no resulta extraño ver que el presidente de turno tenga que buscar apoyos no sólo en su partido, sino también, en numerosas ocasiones, en los congresistas del partido rival, lo que sin duda favorece el bipartidismo y desdibuja las luchas partidistas. Esa falta de disciplina interna ocasiona a veces graves problemas a los partidos, pues ciertas minorías en su seno pueden ser capaces de perjudicar la agenda presidencial, como le ocurrió a L. B. Johnson con su Gran Sociedad ante la negativa de los Demócratas sureños, los antiguos *Dixiecrats*, a aceptar el fin de la segregación, o como le sucede en la actualidad al partido Republicano con su minoría perteneciente al *Tea Party*, que ha forzado la destitución de su presidente en la Cámara de Representantes y bloquea el nombramiento de su sucesor hasta no encontrar uno de su agrado (a pesar de contar con tan sólo unos 40 miembros de los 435 miembros de la Cámara, de los cuales 247 son Republicanos, cifras del 114.º Congreso). Para mantener cierta unidad dentro de la diversidad, los partidos cuentan en el Congreso con sus respectivos Líderes, que de hecho funcionan como nexo entre el partido (instando a sus miembros a seguir el programa marcado por su dirección) y los Congresistas (que apelan a su Líder para lograr sus necesidades políticas individuales a cambio de su lealtad), algo impensable en la mayoría de Parlamentos modernos, donde los partidos suelen ejercer una disciplina de hierro sobre sus representantes.

El que las minorías sean tan poderosas en el Congreso no es ninguna casualidad, pues, como indica Wood, en la mente de los Padres Fundadores se encontraba precisamente proteger a las minorías de los excesos de la democracia y el poder desmesurado de la mayoría (ya Tocqueville había identificado el dominio aplastante de la mayoría como la mayor amenaza para la democracia estadounidense de inicios del siglo XIX). Uno de los instrumentos más curiosos con los que cuentan los obstruccionistas en el Senado es el famoso filibusterismo, táctica que consiste en retrasar lo más posible la votación sobre una medida haciendo un uso prolongado de su tiempo de intervención (en mayo de 2015, Rand Paul habló durante más de diez horas para entorpecer le renovación de la Ley Patriota, aunque el récord lo mantiene Strom Thurmond, que en 1957 estuvo hablando 24 horas y 18 minutos para impedir la votación sobre la Ley de Derechos Civiles, recitando la Declaración de Independencia, la Carta de Derechos, el Discurso de Despedida de George Washington y otros documentos históricos). El filibusterismo es posible porque el Senado no cuenta con normas que limiten la extensión de los debates, sólo si tres quintas partes de los senadores (generalmente 60 de 100) se ponen de acuerdo para acabar con el debate (figura conocida como *cloture*) se puede poner fin a la dilación intencionada y proceder a la votación. De todos modos, si en el Senado la mayoría de las cuestiones son aprobadas por mayoría simple (50 por 100 de los votos más uno), para los asuntos clave como expulsar a un senador, rechazar el veto presidencial, aprobar una enmienda constitucional, sancionar una destitución, ratificar un tratado o determinar la discapacidad de un presidente se necesita el voto afirmativo de dos terceras partes, con lo que las minorías de bloqueo son más fáciles de construir, teniendo un papel determinante en la historia de Estados Unidos, pues la necesidad de negociar y llegar a acuerdos se convierte en imperativa.

2. LA FINANCIACIÓN DE LOS PARTIDOS

Como se acaba de comprobar, el proceso de selección de candidatos es un camino arduo y complicado para cada aspirante a liderar su partido, dificultad agravada con la aparición de la radio, la televisión y más recientemente Internet, todos medios de comunicación que han acercado a los candidatos a su electorado, principalmente a través de ingentes campañas de publicidad y numerosos debates, y donde la financiación de los partidos y de los propios candidatos ha adquirido especial relevancia. Las primeras propuestas sobre financiación de los partidos datan de 1907 bajo la Presidencia de T. Roosevelt, y aunque con posterioridad hubo numerosas iniciativas legislativas al respecto, hasta 1976 no se creó el primer programa administrado a nivel federal de financiamiento público de los partidos políticos (como indica Ware, tras el escándalo del *Watergate*, surgieron las sospechas sobre el dinero no controlado que Nixon había recaudado para su reelección), apoyado en la *Revenue Act* y la *Ferderal Election Campaign Act* de 1971. Por la primera se abría la posibilidad de financiar públicamente a los candidatos, que no a los partidos, estableciendo a su vez límites de gasto (en 2012 estipulados en 45,6 millones de dólares para las primarias y en 91,2 millones para las generales) y la prohibición de recibir contribuciones privadas (aspecto derogado en parte en 1974 al poner límites a las contribuciones individuales y de los Comités de Acción Política), mientras que con la segunda se obligaba a informar de los gastos y se extendía la financiación a las primarias y a la Convención Nacional, supervisando el proceso la Comisión Electoral Federal. En 1978 la financiación sufrió una gran alteración al considerar dicha Comisión que la legislación sobre la misma sólo es aplicable al dinero destinado a las campañas electorales (el llamado *hard money*), mientras que quedaba fuera de su regulación el destinado a los partidos políticos para su crecimiento (denominado *soft money*), canalizado principalmente para publicidad, siempre que no se pida el voto expresamente para un candidato en particular.

Recientemente, dos sentencias de la Corte Suprema han dado un nuevo giro a la financiación de los partidos. Desde 2010, con la decisión sobre el caso *Citizens United* v. *Federal Election Commission*, los Estados no pueden poner límites a las sumas de dinero que corporaciones, sindicatos y Comités de Acción Política usan para comunicaciones de campaña, siempre que el grupo no se alinee con un candidato en particular (reforma de la que han surgido los llamados *SuperPac*). Y desde 2014, con el fallo sobre *McCutcheon* v. *Federal Election Commission*, se eliminaron las restricciones a las donaciones de dinero, pudiéndose financiar a cuantos candidatos se considere y a todos los partidos y comités durante cada ciclo electoral de dos años (para las generales siguen vigentes los límites de 2.600 dólares para las primarias y la misma cantidad para las generales). De este modo, la prueba de la corrupción ha pasado de prevenirse a tener que ser probada por parte de los Estados.

Junto a los Comités de Acción Política, consistentes en organizaciones que canalizan las ayudas por encima del límite de los 2.600 dólares, representando a diversos sectores como el industrial, el sindical, el comercial, etc., puesto que directamente tales grupos tienen prohibido dar apoyo financiero a los candidatos (hay más de 4.500 registradas en la Comisión Electoral Federal), los candidatos cuentan con otros mecanismos de financiación privada, como los pequeños contribuyentes individuales, quienes aportan menos de 200 dólares y que Barack Obama supo movilizar a su favor en 2008 con una novedosa campaña de captación de fondos a través de Internet, los grandes contribuyentes individuales, al aportar por encima de 200 dólares, y la autofinanciación, reservada para los más acaudalados, como ha ocurrido en las últimas primarias Republicanas con el magnate Donald Trump, que no se ha visto limitado por los techos de gasto impuestos por la financiación pública.

3. CAUSAS DE LA PERSISTENCIA DEL BIPARTIDISMO Y DE LA DEBILIDAD DE LOS TERCEROS PARTIDOS

La gran característica distintiva del sistema de partidos en Estados Unidos es su bipartidismo, donde los terceros partidos siempre han tenido dificultades para enfrentarse al dominio de las dos grandes formaciones políticas de turno. Desde que en 1800 la pugna entre Federalistas y Republicanos concluyera con el primer cambio de poder pacífico tras unas reñidas elecciones, los terceros partidos han sido testimoniales en Estados Unidos. Desde 1832 hasta el presente, tan sólo once a nivel nacional han conseguido cierta relevancia en quince elecciones, si bien sólo siete de ellos lograron votos electorales, siendo el más importante el Partido Progresivista de T. Roosevelt, que en 1912 logró el 27,5 por 100 del voto popular y 88 votos electorales (superando incluso al GOP, aunque derrotado finalmente por los Demócratas de W. Wilson), seguido del Partido Independiente de George Wallace, que en 1968 se alzó con cinco Estados sureños (Arkansas, Alabama, Louisiana, Mississippi y Georgia) con un programa segregacionista al margen del partido Demócrata del que procedía, logrando 46 votos electorales y el 13,5 por 100 del voto popular. A partir de entonces ningún otro tercer partido ha logrado votos electorales, a pesar de que Ross Perot en 1992, con su Partido Reformista, consiguiese el 18,9 por 100 de votos populares, bajando al 8,4 por 100 en 1996. Misma situación vivida por Ralph Nader y su Partido Verde, que en 2004 apenas sumó el 1 por 100 del voto popular, menos de la mitad que cuatro años antes. Más éxito han tenido a nivel local y estatal, donde incluso han llegado al puesto de gobernador, como Jesse Ventura en Minnesota en 1998.

Respecto a las causas del bipartidismo se pueden identificar cuatro razones básicas, a saber: institucionales, históricas, económicas y organizativas. En cuanto a las primeras, el empleo del sistema electoral de distritos uninominales y del colegio electoral siempre ha sido considerado como uno de los principales causantes del bipartidismo. En efecto, el colegio electoral, al instaurar un sistema de voto presidencial indirecto, ha actuado como filtro frente al electorado, desincentivando el apoyo a terceras opciones por la escasa probabilidad de éxito que tienen frente a los dos partidos dominantes (incluso con el colegio electoral se da la paradoja de que no gana siempre quien más votos populares obtiene, como le ocurrió en 1824 a A. Jackson frente a J. Q. Adams, en 1876 a S. Tylden frente a R. B. Hayes, en 1888 a G. Cleveland frente a B. Harrison o en 2000 a Al Gore frente a G. H. W. Bush). La misma situación ocurre con los distritos uninominales, donde, sin importar los votos obtenidos por el perdedor, quien gana se lleva todo, por lo que la concentración de voto es mucho mayor que en sistemas proporcionales. Además, y pese a que cada diez años se dibujan de nuevo los distritos electorales para adaptarlos a los cambios demográficos, los terceros partidos se ven perjudicados por la pugna bipartidista en su diseño, donde destaca la práctica del *gerrymandering*, consistente en la manipulación en el diseño de los distritos para favorecer o perjudicar la concentración de voto de un partido o una minoría.

En lo relativo a las causas históricas cabe señalar en primer lugar que a diferencia de los países europeos, Estados Unidos nació con un proyecto nacional donde el consenso ideológico era bastante alto, en su caso, en torno a los principios del republicanismo y el liberalismo (Wood), de ahí que el espacio político también haya sido menor que en otras democracias. No es extraño, por tanto, que a partidos con una ideología ajena al credo norteamericano les haya sido muy difícil penetrar en su electorado, como afirma Lipset «su pueblo se querella enconadamente sobre cómo aplicar los principios básicos del americanismo que, supuestamente, comparte», pero no sobre esos mismos principios, como ocurre en numerosas democracias. Tampoco ha existido en Estados Unidos la lucha de clases que ha afectado de forma palpable al desarrollo de tantos países europeos, y su espíritu individualista y competitivo ha creado unas estructuras sindicales que en lugar de derivar hacia organizaciones políticas de corte socialista, se han integrado con normalidad en el partido Demócrata. De todos modos, los terceros partidos también lo han tenido difícil por la capacidad de absorción de los grandes partidos, así, el Partido Populista obtuvo más de un millón de votos en 1892 en las áreas rurales del Oeste y Medio Oeste (el 8,5 por 100 del voto popular y 22 votos electorales), pero cuatro años después el partido Demócrata había asumido sus reivindicaciones, lo que supuso su desaparición a finales de siglo; algo similar a lo ocurrido con el Partido Independiente de G. Wallace, cuyos votos fueron a parar al GOP de Nixon en 1972, que barrió a su rival Demócrata con una táctica basada en la atracción de los Demócratas desafectos. Como se ha señalado, esa facilidad para aglutinar distintas reivindicaciones que caracteriza a los dos grandes partidos políticos estadounidenses procede de su flexibilidad organizativa, que aumenta su capacidad de adaptación a las nuevas exigencias del electorado; no en vano, como se ha indicado, los partidos en Estados Unidos no son más que inmensas coaliciones de intereses. Además, para poder votar en Estados Unidos es obligatorio registrarse (en oficinas electorales, en departamentos de tráfico, en agencias públicas de asistencia y otros organismos designados al efecto, además del registro por Internet), por lo que no todos los votantes ejercen su derecho (si bien el porcentaje de registrados ha ido aumentando del 58,2 por 100 de 1958 al 79 por 100 de 2012), reduciéndose aún más las posibilidades de éxito de un tercer partido. A la necesidad del registro se añaden las altas tasas de abstención en las elecciones presidenciales, con una media del 55,4 por 100 desde 1960, que claramente perjudican la emergencia de candidatos alternativos.

Como ya hemos visto en apartados anteriores, tanto las primarias como los sistemas de financiación disuaden también la aparición de terceros partidos en Estados Unidos. Un candidato alternativo tiene tan difícil cumplir con los requisitos de financiación pública como atraer la financiación privada, pues los contribuyentes tienden lógicamente a concentrar sus esfuerzos en aquellos candidatos con posibilidades reales de victoria, mientras que llegar a los requisitos mínimos de la Comisión Electoral Federal no está en manos de todos los candidatos (Rosenstone *et al.*). Además, en la actualidad, el enorme gasto en campañas de publicidad se convierte en un obstáculo infranqueable para la mayoría de los aspirantes fuera de los dos grandes partidos.

Por último, a nivel organizativo tampoco los terceros partidos lo han tenido fácil, pues su arraigo local les ha restado apoyo a nivel nacional, y al no contar con estructuras estables a largo plazo les ha resultado muy complicado superar más de uno o dos ciclos electorales.

En todo caso, los terceros partidos han sido y son importantes en la escena política estadounidense al llevar a la primera línea política asuntos que habían permanecido olvidados para los grandes partidos, como ocurrió con la agenda Progresivista, asumida primero por el GOP de T. Roosevelt y más tarde por los Demócratas, con W. Wilson en la Casa Blanca.

4. EVOLUCIÓN DEL SISTEMA DE PARTIDOS

Como acabamos de ver en el anterior apartado, aunque el sistema de partidos en Estados Unidos se haya caracterizado por el predominio de dos grandes formaciones, tal circunstancia no implica la ausencia de realineamientos políticos en la historia norteamericana. Bien al contrario, y como veremos en las siguientes líneas, la escena política estadounidense ha evolucionado de tal modo que ha transformado por completo su decorado original, siendo un fiel reflejo de la conversión de las antiguas Trece Colonias rebeldes en la nación más poderosa del mundo.

Para empezar, en la mente de los Padres Fundadores nunca estuvo presente crear una democracia representativa basada en el protagonismo de partidos políticos, lo que ansiaban era fundar una República donde la virtud fuese irradiada desde el poder a la sociedad, evitando que las facciones, como por entonces se denominaba a los temidos partidos políticos, pudiesen amenazar la Unión recién alcanzada. Pero la realidad fue imponiendo su tozuda fuerza, y cuando George Washington abandonó la Presidencia ya era plenamente consciente de los indicios que anunciaban el fracaso de su proyecto. En su célebre discurso de despedida, G. Washington advirtió a sus conciudadanos de la peligrosidad de las facciones, pues «para la eficacia y permanencia de vuestra Unión, un gobierno para el conjunto es indispensable», ya que «ninguna alianza entre las partes, por muy estricta que sea, puede ser un sustituto adecuado», pues llevaría al poder a individuos de dudosa moralidad en defensa de los intereses particulares de una minoría, incompatibles con el interés general. Es más, la permanente lucha entre facciones por lograr el poder acabaría con la libertad ganada con la Independencia, pues para Washington «el dominio alterno de una facción sobre otra es en sí mismo un horroroso despotismo».

Quien aceptó la inevitabilidad del surgimiento de partidos políticos fue James Madison, ya que «hasta que la razón humana continúe siendo falible, y tenga libertad de ejercerla, se formarán diferentes opiniones», eso sí, sin eliminar el prejuicio clásico que los concebía como representantes de intereses particulares contrarios al interés de la comunidad. Para Madison, había dos formas de curar sus efectos perniciosos, una eliminando sus causas, que además de ser imposible acabaría con la libertad, y la otra, controlando sus efectos. Un modo de hacerlo era precisamente permitir el aumento de facciones, pues cuantas más existieran menos posibilidades tendría una facción mayoritaria de dominar a las minoritarias, máxime en una República extensa y poblada.

4.1. El primer sistema de partidos, 1796-1816

El sucesor de G. Washington, John Adams, fue la primera víctima de las luchas partidistas, al fraguarse durante su mandato el primer sistema de partidos de la historia de Estados Unidos. Si Adams había alcanzado la Casa Blanca al mando del partido Federalista, el vicepresidente, Thomas Jefferson, lideraba junto a Madison la facción Demócrata-Republicana, cuya visión de lo que debía ser la República americana difería tanto del proyecto federalista como para formar una alternativa de poder.

En la raíz del enfrentamiento entre Federalistas y Republicanos se encontraban tres cuestiones clave, una económica, en torno al Banco Central, otra de política exterior, entre los partidarios de la Francia revolucionaria y quienes apoyaban un acercamiento a Londres, y por último las críticas republicanas a las presuntas tendencias monárquicas de los Federalistas (a éstos se les llamó despectivamente *Monocrats*, mientras que los Republicanos eran tildados de Jacobinos). Todas eran disputas que habían surgido ya en la Administración Washington, pero que se exacerbaron, sobre todo las dos últimas, durante la presidencia de Adams, acosado por la oposición Republicana y la radicalidad del ala conservadora Federalista.

Las diferencias remitían al tipo de nación que se quería construir, así, el sistema de deuda nacional ideado por Alexander Hamilton y que descansaba en el Banco Nacional, era criticado por los Republicanos que lo percibían como un instrumento en manos de una aristocracia financiera del Norte que pronto devendría en política, dispuesta a copiar en todo extremo el modelo británico, en perjuicio de los valores democráticos y republicanos que formaron la Independencia. Para Jefferson el desarrollo de la Nación debía descansar no en el crédito ni en la especulación, sino en el trabajo y producción de los granjeros propietarios de sus tierras, verdadera base de la República. Por el contrario, los Federalistas entendían que sin un sistema financiero a nivel federal, la Nación pronto sería presa de desórdenes económicos de tal magnitud que la harían depender de otras potencias.

Si en el aspecto económico el consenso era muy difícil de alcanzar, en cuestiones de política exterior fue casi inexistente. Mientras los Federalistas consideraron la deriva hacia el Terror jacobino como una muestra más de la anarquía producida por la Revolución Francesa, tan distinta a la protagonizada por ellos mismos unos años atrás, los Republicanos no entendían que Estados Unidos no se solidarizase con un pueblo que se había levantado en armas contra todos los déspotas bajo la bandera tricolor de la igualdad, la libertad y la fraternidad. El Directorio, lejos de calmar las cosas, añadió aún más leña al fuego con su corrupción y sobre todo con su enfrentamiento con Gran Bretaña, país con el que los Federalistas ansiaban normalizar las relaciones, al considerarlo el bastión del orden y la estabilidad en Europa, esenciales para la prosperidad de Estados Unidos. Las relaciones entre Washington y París se enrarecieron en tal extremo que ambos países casi llegaron a enfrentarse en una guerra por el bloqueo comercial naval impuesto por Francia, similar al que Gran Bretaña venía aplicando. Si Adams pudo evitar el conflicto fue por su tenacidad, pues la facción Federalista más radical abogaba por un enfrentamiento inmediato con Francia, mientras los Republicanos criticaban y atacaban al presidente por querer enredar a Estados Unidos en una guerra contra una República hermana. Lo cierto es que Adams sacrificó su reelección en aras del bien común, pues veía un posible conflicto con Francia como una desgracia para la independencia nacional, algo que no consentiría y menos aún por burdos intereses partidistas. Cuando las noticias del acuerdo logrado por la misión estadounidense en París alcanzaron la costa norteamericana era demasiado tarde para el presidente, traicionado por su propio partido, había perdido las elecciones ante sus rivales Republicanos, que supieron canalizar el voto de todos los que habían rechazado las Leyes de Extranjería y Sedición impuestas por el Congreso Federalista en plena fiebre bélica contra Francia.

En efecto, las Leyes de Extranjería y Sedición fueron interpretadas por los Republicanos como la penúltima medida Federalista para subvertir el orden democrático y republicano sancionado por la Constitución y sustituirlo por un sistema aristocrático y monárquico de tipo británico. El error

Federalista fue querer unir a la lucha contra la injerencia externa, la represión de la oposición interna, excesos ante los que se movilizaron los Republicanos, que supieron aprovechar el malestar popular ante una Administración que no sabía reaccionar con proporcionalidad a las críticas recibidas. La promesa de Jefferson de llevar a la Casa Blanca unas prácticas más democráticas triunfó sobre las llamadas al orden de los Federalistas, quienes vieron cómo en años sucesivos iban perdiendo paulatinamente el apoyo popular, incluso en 1824, John Quincy Adams, hijo de John Adams, se convirtió en el sexto presidente de la Nación concurriendo a las elecciones con el partido Republicano.

4.2. El segundo sistema de partidos, 1828-1856

Precisamente la elección de J. Q. Adams dio lugar al nacimiento del segundo sistema de partidos. En 1824 el voto popular lo ganó Andrew Jackson, que como el resto de candidatos se había presentado por el partido Republicano, pero al no conseguir la mayoría de votos requerida en el Colegio Electoral, el presidente fue elegido por el Congreso, donde John Clay, que había quedado cuarto en voto popular, dio su apoyo a Adams a cambio de su nombramiento como Secretario de Estado. Tal acuerdo fue denunciado por A. Jackson como muestra del dominio que las élites ejercían sobre el país, impulsándole a crear su propio partido Demócrata, apelando a los mismos principios y valores que habían llevado a Jefferson años atrás a enfrentarse a los Federalistas. Los Nacional Republicanos de Adams se denominaron a sí mismos Whigs, en referencia al partido británico que había luchado contra la Corona, pues veían en Jackson tendencias bonapartistas muy peligrosas para la democracia norteamericana.

La victoria de Jackson en 1828, con su estilo populista y patriotero, abrió una etapa de claro dominio Demócrata. Los Whigs fueron incapaces de superar la herencia de Jackson, cuya apelación a la profundización en la democratización del sistema, con la ampliación del sufragio masculino blanco, marcó la agenda política durante esta etapa. El programa Whig, dirigido a ampliar su base electoral al apelar a la clase media a través de la intervención del Estado, no tuvo rival en la reivindicación del Estado mínimo demócrata. La lucha de Jackson contra el Banco Central fue un fracaso económico, pero le granjeó el apoyo de las clases bajas antielitistas del Sur y el Oeste, limitando el apoyo Whig al Noreste comercial. Además, las elecciones de 1828 marcaron el inicio de las campañas electorales, con la aparición de los primeros carteles propagandísticos, donde los partidos de notables fueron dando paso a incipientes maquinarias organizativas reforzadas por el *Spoils System* (sistema de rotación de cargos públicos en función del partido en el poder) instaurado por Jackson.

Pero la democratización jacksoniana tenía un reverso militarista y expansionista que llevó la cuestión esclavista al centro de la política estadounidense como nunca antes. En efecto, la guerra contra México durante la

Presidencia de James K. Polk, con la posterior adquisición de California y Nuevo México, condujo primero a la división del partido Demócrata en una facción Norte antiesclavista y otra Sur esclavista, y más tarde a la victoria en 1860 del renovado partido Republicano de Abraham Lincoln, fundado en 1854 de las cenizas del Whig y la adhesión de otros movimientos como el *Free Soil Party*.

4.3. El tercer sistema de partidos, 1860-1892

La Guerra Civil supuso el surgimiento del tercer sistema de partidos, con claro dominio Republicano sobre un partido Demócrata confinado durante esta etapa al Sur segregacionista. La victoria del Norte sobre los estados Confederados unió al país bajo un único modelo de desarrollo, más parecido al defendido por los Federalistas y que el Sur se resistiría a asumir, ya fuera a través de leyes segregacionistas o con su apoyo al bimetalismo propugnado por los Demócratas de W. J. Bryan. Durante este último tercio del siglo XIX, los partidos fueron dominados por sus respectivas maquinarias, donde la práctica del patronazgo para obtener votos fue enturbiando la escena política estadounidense, extendiéndose la sombra de la corrupción del mundo de los negocios y la industria a las sedes de los partidos.

4.4. El cuarto sistema de partidos, 1896-1932

La crisis económica de 1893 puso al descubierto las miserias de un sistema que dejaba fuera del sueño americano a demasiada gente, con unos políticos incapaces de enfrentarse a los excesos de los grandes magnates, tildados por entonces de «barones ladrones». La agenda Progresivista surgida de los grandes centros industriales del país daría comienzo al cuarto sistema de partidos, transformando radicalmente la vida política de la Nación. El Progresivismo fue un movimiento transversal que afectó a los dos grandes partidos, y que tenía dos líneas principales de actuación, la primera sobre democracia interna de los partidos y la segunda, una compleja agenda de regulación federal. Los Progresivistas forzaron el empleo de las primarias como sistema de elección de candidatos, proceso hasta entonces dominado por las maquinarias del partido a través de la manipulación de los caucus, también impulsaron la elección directa de los senadores, dejando de ser las cámaras estatales quienes los designaban, y sobre todo iniciando una implacable lucha contra la corrupción interna de los partidos.

Pero sin duda fue la agenda Progresivista la que marcó esta cuarta etapa, pues por primera vez el Estado Federal comenzó a regular esferas de la vida estadounidense que hasta el momento habían permanecido ajenas a la legislación estatal. Theodore Roosevelt fue el primer presidente en sancionar leyes antimonopolio, afectando de forma extraordinaria a sectores industriales como el ferroviario, se reformó también el régimen laboral, legislando sobre horarios, trabajo infantil o sindicalización; pero hubo también otras medidas como el aumento del sufragio, concedido a las mujeres en 1920 y a los nativos americanos en 1924, la prohibición del alcohol, la llamada Ley Seca que se implantó entre 1920 y 1933, o las leyes que limitaron la inmigración. Fue una era de claro dominio Republicano, donde los Demócratas sólo fueron capaces de extender su base electoral del Sur al asumir el radicalismo granjero del *Populist Party*, alcanzando la presidencia únicamente con W. Wilson, y ello por la división del voto Republicano, al presentarse en 1912 T. Roosevelt con su propio partido Progresivista.

4.5. El quinto sistema de partidos, 1932-1968

Tras los sinsabores de la intervención estadounidense en la Primera Guerra Mundial y el fracaso de la Sociedad de Naciones, los felices años veinte culminaron con la mayor crisis económica jamás vivida por la nación. El *crack* del 29 supuso el fin de la hegemonía Republicana y el nacimiento del quinto sistema de partidos, con claro predominio Demócrata. Herbert Hoover fue el último presidente proveniente del dominio Republicano gestado tras la Guerra Civil, su incapacidad para enfrentarse a una crisis de dimensiones mundiales llevó a la Casa Blanca a Franklin Delano Roosevelt, de la mano de un programa basado en la intervención masiva del Estado federal con el propósito de devolver el progreso a unos Estados Unidos incapaces de zafarse de la depresión económica. Tal giro supuso uno de los grandes realineamientos políticos en la historia nacional, donde nuevas coaliciones de fuerzas se unieron para alcanzar el poder e implementar así su agenda.

El *New Deal* implicó que por primera vez en su historia el partido Demócrata apoyara un gobierno intervencionista, y por tanto, fuerte a nivel federal, algo que hasta el momento había sido patrimonio de los Republicanos. De hecho, la nueva política Demócrata le permitió ampliar su base electoral para añadir al Sur el apoyo de católicos, judíos, sindicatos, inmigrantes y también de influyentes capas urbanas e intelectuales, convertido ya en un partido de alcance nacional donde el Norte votó por primera vez Demócrata, con los Republicanos limitados al apoyo del mundo de los negocios y profesionales, en una clara división del voto en función de la clase. La vida política se transformó por completo con la llegada de las radios y los televisores a los hogares norteamericanos, los partidos políticos se enfrentarían a partir de entonces en grandes campañas mediáticas, donde la publicidad del mensaje comenzaba a ser tan importante como el contenido del mismo.

Tras la recuperación económica con la entrada de Estados Unidos en la Segunda Guerra Mundial, el fin de la contienda supuso unos años de meteórico desarrollo nacional, pero el retorno Demócrata a la Casa Blanca, después de la Presidencia del Republicano D. Eisenhower, supuso el comienzo de una nueva fase de conflicto político. Si el *New Deal* de F. D. Roosevelt pretendió atacar las bases económicas de la desigualdad, la Gran Sociedad de Lyndon B. Johnson, siguiendo el legado de su malogrado predecesor, J. F. Kennedy, lo hizo desde la lucha por los Derechos Civiles, con medidas como la 24.ª Enmienda, por la que se acababa con los requisitos de propiedad para poder votar, y otras dirigidas contra el régimen segregacionista del Sur, lo que sumió al país en un creciente clima de división interna que estalló con la intervención en Vietnam.

Hasta el momento la política exterior sólo había tenido importancia en el primer sistema de partidos, pero la injerencia estadounidense en el Sureste Asiático dividió aún más a Demócratas y Republicanos, alimentando la posterior realineación política. A las luchas de clase propias de los años de depresión, se unió un conflicto intergeneracional por el alma nacional entre los reformadores y los tradicionalistas, que tuvieron en el candidato Republicano Barry Goldwater a su primer exponente. La figura de Goldwater tiene una trascendencia capital en el devenir Republicano, pues el Senador de Arizona cambió el balance de poder dentro del partido hacia el Oeste e impuso su filosofía antigubernamental. La imposibilidad de ganar al Vietcong acabó con el predominio Demócrata, un acosado Johnson descartaba su reelección y daba paso al Republicano Richard M. Nixon, que bajo su promesa de sacar con honor a Estados Unidos de la región, logró su ansiado sueño de llegar a la Casa Blanca.

4.6. El sexto sistema de partidos, 1972-[...]

La presidencia de Nixon supuso el fin del quinto sistema de partidos y la llegada del sexto, caracterizado por la polarización e ideologización de las luchas partidistas, donde los Demócratas están formados por los sectores liberales y seculares de la sociedad, son apoyados por la mayoría de las minorías y ejercen el predominio de ambas costas, por su parte, los Republicanos se caracterizan por movilizar al electorado más conservador y religioso del Sur y Medio Oeste, con claras dificultades para llevar su mensaje más allá de los votantes blancos anglosajones.

Los asuntos clave sobre los que se movilizará el electorado serían el alcance del Estado, es decir, el clásico debate entre el Estado mínimo o una poderosa acción gubernativa, y sobre todo los debates surgidos en torno a lo que se ha dado en llamar Guerras Culturales, término que engloba los conflictos sociales surgidos de cuestiones como el aborto, el matrimonio homosexual, el rezo en las escuelas, el control de armas, el medioambiente y todo lo referente a asuntos morales. En realidad, el término Guerra Cultural, usado por primera vez por Pat Buchanan en la Convención Republicana de 1992, es una metáfora para referirse a los cambios de la sociedad estadounidense, en especial a niveles religioso y político. Aunque la mayoría de la ciudadanía no esté tan polarizada como sus líderes y partidarios más activos, sí que se ha producido un proceso de consolidación partidista en torno a los temas antes mencionados, estabilizándose la adscripción parti-

Las elecciones las ganó Barack Hussein Obama, el primer presidente de raza afroamericana en la historia de Estados Unidos, quien se presentó al electorado como un candidato «pospartido», en un claro intento por apartar los prejuicios raciales apelando a una superación de las diferencias partidistas. Obama actuó en consecuencia, y en su Administración mantuvo y nombró a importantes cargos Republicanos, recuperando en cierto modo la esencia del republicanismo clásico que alimentó las Presidencias de G. Washington y John Adams. De todos modos, su reforma del sistema de salud (el llamado ObamaCare), ha devuelto a la palestra las luchas vividas en los años setenta y ochenta en torno a las Guerras Culturales, con graves acusaciones Republicanas hacia el presidente por querer transformar Estados Unidos en un Estado intervencionista a la europea a manos de una socialdemocracia Demócrata. La intención de Obama de forjar un consenso bipartidista ha dado voz al radicalismo del *Tea Party* y ha desencantado a importantes sectores Demócratas, que no entienden cómo su Presidente no ha ejercido todo su poder para enfrentarse a lo que perciben como fanatismo Republicano. Además, los enfrentamientos raciales, lejos de calmarse con un presidente afroamericano en la Casa Blanca, se han recrudecido debido a las acusaciones de excesiva violencia policial contra la minoría afroamericana (que con el 12-13 por 100 de la población estadounidense, supone el 60 por 100 de la población reclusa masculina), alimentando una vez más el controvertido debate en torno al control de armas en la política estadounidense.

La ideologización continúa, por tanto, marcando la escena política estadounidense a pesar de las intenciones de sus protagonistas. Mientras el partido Demócrata parece favorecido en el proceso al ser capaz de atraer el voto de todas las minorías, corre el riesgo de perder su identidad al presentarse como un partido de masas sin un programa genuinamente americano, lo que podría derivar en futuras divisiones internas; por su parte, el partido Republicano continúa con serias dificultades para lograr apoyos más allá de los votantes blancos conservadores, quienes paulatinamente han ido perdiendo la mayoría demográfica a favor de unas minorías temerosas de su mensaje tradicionalista y liberal, verdadera seña de identidad Republicana que le conecta de forma directa a los principios y valores de los Padres Fundadores, y que constituye la fuente de su fortaleza frente a la flexibilidad Demócrata. El gran perjudicado por semejante escenario es el estadounidense medio, que ha de contemplar cómo la capacidad de sus élites políticas para llegar a acuerdos se difumina a medida que más asuntos se convierten en no negociables, derivando en crisis institucionales con secuestros del presupuesto y cierres de administración incluidos, donde los servicios públicos dejan de funcionar ante la intolerancia de sus representantes. Con seguridad que los estadounidenses recordarán con nostalgia las lúcidas palabras de Tocqueville, que, al describir la sociedad norteamericana que conoció en 1831, aseveró «los gobiernos que se apoyan en una sola idea o en un solo sentimiento fácil de definir pueden no ser los mejores, pero sí son los más fuertes».

5. BIBLIOGRAFÍA

ALDRICH, John H. (2013): *¿Por qué los Partidos Políticos? Una segunda mirada*, CIS, Madrid.
BARTELS, Larry M. (1988): *Presidential Primaries and the Dynamics of Public Choice*, Princeton University Press, Princeton.
CAMPBELL, David E. (2006): «A House Divided? What Social Science Has to Say About the Culture War», *William & Mary Bill Rts.*, vol. 15.
CASADO, Yolanda (2002): «El sistema político de Estados Unidos de América», en VVAA, *Sistemas de organización política contemporánea*, UNED, Madrid.
EIPSTEIN, Leon (1986): *Political Parties in the American Mold*, University of Wisconsin.
GINSBERG, B., LOWI, T. J. y WEIR, M. (2011): *We The People. An Introduction to American Politics*, W. W. Norton & Company, Nueva York.
JOHNSON, Paul (1999): *A History of the American People*, Harper Perennial, Nueva York.
JOSA, Pedro F. R. (2015): *La gran revolución americana. Raíces ideológicas de la política exterior de Estados Unidos*, Ediciones Encuentro, Madrid.
LINDAMAN, Kara y HAIDER-MARKEL, Donald P. (marzo, 2002): «Issue Evolution, Political Parties and the Culture Wars», *Political Research Quarterly*, vol. 55, n.º 1.
LIPSET, Seymour Martin (1996): *El excepcionalismo americano. Una espada de dos filos*, Fondo de Cultura Económica, México D.F.
MARCO, José María (2007): *La nueva revolución americana. Por qué la derecha crece en los Estados Unidos y por qué los europeos no lo entienden*, Ciudadela, Madrid.
MICKLETHWAIT, John y WOOLDRIDGE, Adrian (2004): *The Right Nation, Conservative Power in America*, Nueva York, The Penguin Press.
PATTERSON, James T. (2006): *El gigante inquieto. Estados Unidos de Nixon a G. W. Bush*, Barcelona, Crítica.
ROSENSTONE, S. J., BEHR, R. L. y LAZARUS, E. H. (1996): *Third Parties in America*, Princeton University Press, Princeton.
TOCQUEVILLE, Alexis de (1980): *La democracia en América*, Alianza Editorial, Madrid.
WARE, Alan (1995): *Political Parties and Party Systems*, Oxford University Press, Oxford.
WOOD, Gordon S. (1993): *The Radicalism of the American Revolution*, Vintage Books, Nueva York.
— (2003): *La revolución norteamericana*, Mondadori, Barcelona.

6. PÁGINAS WEB

Archivos Nacionales, www.archives.gov
Casa Blanca, www.whitehouse.gov
Comisión Electoral Federal, www.fec.gov
Congreso de Estados Unidos, www.congress.gov
Election Central, www.uspresidentialelectionnews.com
Partido Demócrata, www.democrats.org
Partido Republicano, www.gop.com
Terceros partidos: America's Party, www.selfgovernment.us
   Constitution Party, http://www.constitutionparty.com
   Green Party, www.gp.org
   Libertarian Party, www.lp.org
   Reform Party, http://reformparty.org
   Veterans Party of America, www.veteranspartyofamerica.org y
   Partidos Socialistas como Freedom Socialist Party, www.socialism.com, Socialist Equality Party, http://socialequality.com/ o Partido Socialista de Estados Unidos, http://socialistparty-usa.net/
Think tanks Demócratas, www.ndn.org, www.progressivepolicy.org y www.thirdway.org
Think tanks Republicanos, www.heritage.org, www.aei.org, www.hoover.org y https://freedomhouse.org/

CAPÍTULO 6

EL COMPORTAMIENTO ELECTORAL EN ESTADOS UNIDOS

Henar Criado Olmos
*Profesora Contratada de Ciencia Política
Facultad de Ciencias Políticas y Sociología
Universidad Complutense de Madrid*
henar@cps.ucm.es

1. INTRODUCCIÓN

En este capítulo se analizarán los determinantes del comportamiento electoral en los Estados Unidos. El comportamiento electoral es una forma de comportamiento político que, brevemente, se podría definir como el ejercicio por parte de los ciudadanos de su derecho al voto en elecciones. Los estudios sobre comportamiento electoral se han centrado en el análisis de la decisión del voto de los ciudadanos (es decir, su decisión entre votar en unas elecciones o abstenerse), en el análisis del sentido del voto (esto es, los determinantes de su elección por uno u otro partido político o candidato), así como el análisis de su participación en toda la serie de actividades vinculadas con las elecciones: asistencia a mítines, voluntariado y contribuciones económicas a las campañas de los partidos políticos, entre otras.

Este capítulo se estructurará de la manera siguiente. A continuación, se analizará la evolución de la participación electoral en Estados Unidos, tanto en elecciones presidenciales como en elecciones a la Cámara de Representantes y al Senado (lo que en conjunto constituye el Congreso de los Estados Unidos), aunque centrándonos fundamentalmente en las primeras. En segundo lugar, se realizará una revisión de las distintas teorías que explican la tendencia descendente de la participación política que se observa en las últimas décadas en Estados Unidos. A continuación, se analizarán cuáles son los determinantes más significativos del voto a partidos políticos y candidatos en Estados Unidos: por qué los ciudadanos votan a unos partidos políticos frente a otros.

2. LA PARTICIPACIÓN ELECTORAL EN ESTADOS UNIDOS Y SU EVOLUCIÓN A LO LARGO DEL TIEMPO

La participación electoral en Estados Unidos, tanto en las elecciones presidenciales como a la Cámara de Representantes y al Senado, ha sido tradicionalmente más baja que en otros países democráticos desarrollados, especialmente que en el caso de los países de Europa occidental. El porcentaje de estadounidenses en edad de votar que participaron en elecciones presidenciales se mantuvo en torno al 60 por 100 en la década de 1960, alcanzando un punto álgido del 62,8 por 100 en 1960, y durante las tres décadas siguientes ha mostrado una creciente tendencia descendente. En 1988, por ejemplo, participó sólo un 50,1 por 100 del electorado (Rosenstone y Hansen, 1993), y en las elecciones presidenciales de 1996, que enfrentaron al presidente Clinton contra el candidato republicano Bob Dole y el independiente Ross Perot, apenas un 49 por 100 de los estadounidenses ejerció su derecho al voto. En la década de 1990 la participación en elecciones presidenciales permaneció en niveles relativamente bajos, y sólo remontó ligeramente en las tres últimas elecciones (correspondientes a la reelección del presidente George W. Bush en 2004 y a las dos victorias electorales del presidente Obama en 2008 y 2012), aunque siempre por debajo del 60 por 100 de participación alcanzado en la década de 1960. En la Figura 1 se puede apreciar esta evolución de la participación en elecciones presidenciales en Estados Unidos.

FIGURA 1
Participación en elecciones presidenciales

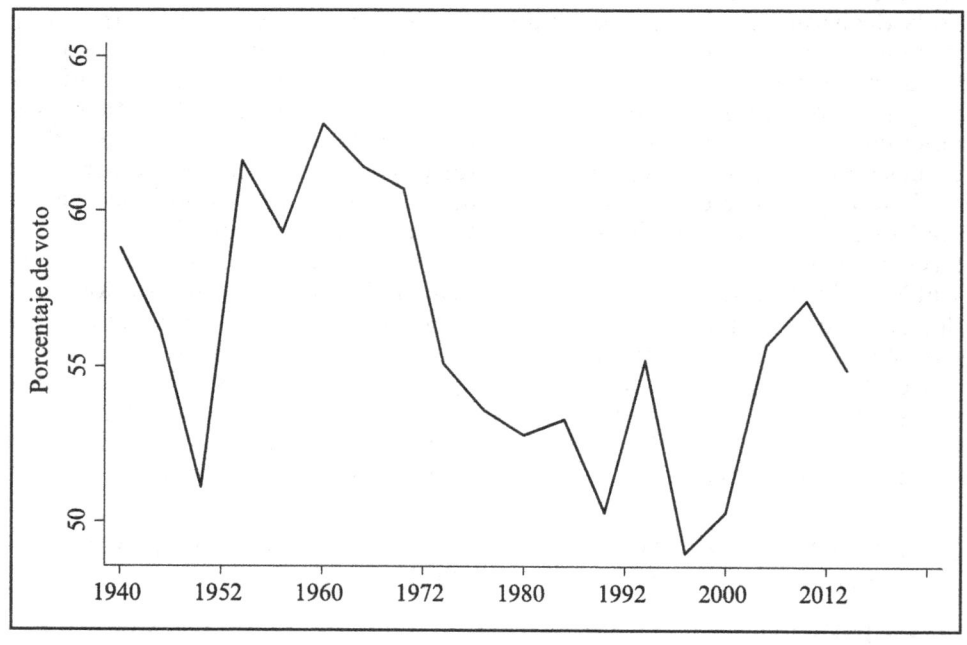

La participación en elecciones al Congreso (Cámara de Representantes y Senado), las llamadas *Midterm elections*, muestra niveles aún más bajos que en el caso de las elecciones presidenciales. En líneas generales, menos de la mitad de los estadounidenses con derecho al voto participan en las *Midterm elections*, y en algunos casos la participación ha caído por debajo del 40 por 100. La evolución en el tiempo ha sido muy similar a la de las elecciones presidenciales, con una tendencia decreciente a partir de la década de 1960. No obstante, y a diferencia del voto en elecciones presidenciales, la participación en elecciones a la Cámara de Representantes y al Senado no ha mostrado ningún ligero repunte en la última década. De hecho, en las últimas *Midterm elections* de 2014, participó sólo un 36,4 por 100 de los ciudadanos con derecho al voto. Se trata de la tasa de participación más baja en unas elecciones de este tipo en los Estados Unidos en los últimos setenta años.

2.1. Algunas teorías sobre la tendencia decreciente de la participación electoral en Estados Unidos

¿Cómo explicar la evolución de la participación electoral en las últimas décadas en Estados Unidos? En este apartado se presentarán las distintas teorías que explican la variación en la participación electoral en Estados Unidos, que, como hemos visto, está marcada por una baja participación con tendencia decreciente. En concreto, analizaremos los siguientes determinantes de la variación en la participación electoral: la movilización electoral, el sistema electoral, la confianza política y el capital social, con una referencia final a la paradoja del voto.

2.1.1. *Movilización electoral*

Por movilización electoral, siguiendo a Rosenstone y Hansen (1993: 25), entendemos «el proceso por el cual los candidatos, los militantes de los partidos y los grupos de interés inducen a otros a participar. Se dice que un actor ha movilizado a alguien cuando ha hecho algo para incrementar su probabilidad de participar». En líneas generales, parece que los estudios empíricos sobre la influencia de la movilización electoral sobre el voto concluyen que la movilización de los partidos (medida habitualmente como el número de personas contactadas por partidos políticos y candidatos durante la campaña electoral) incrementa significativamente la participación electoral. La tesis de Rosenstone y Hansen es que el descenso de la participación electoral en las últimas décadas se debe a un menor esfuerzo movilizador por parte de los partidos políticos norteamericanos. Los partidos políticos cuentan con un menor número de militantes, los ciudadanos acuden a menos mítines, hay menos trabajo voluntario en las campañas y, en general, la participación ciudadana en la movilización electoral ha descendido considerablemente.

2.1.2. *El sistema electoral*

El sistema electoral ha sido tradicionalmente una de las variables fundamentales para explicar el diferencial en participación electoral entre Estados Unidos y otras democracias en países desarrollados. El elemento diferencial más importante señalado por la literatura es la necesidad por parte de los electores de registrase para participar en los procesos electorales, un rasgo compartido por muy pocas democracias. Esto incrementa considerablemente los costes de participación en las elecciones, y, tal como explicaremos más adelante, existe una amplia evidencia empírica, tanto entre países como entre Estados en Estados Unidos, de que cuanto mayores son los costes de participar en un proceso electoral, menor es la tasa de participación.

2.1.3. *Confianza política*

Otra de las explicaciones del declive de la participación electoral en Estados Unidos se ha centrado en el papel de la confianza en las instituciones. La disminución de la tasa de participación en elecciones presidenciales y en *Midterm elections* ha coincidido con un declive paralelo en la confianza en instituciones políticas, especialmente en el gobierno, el Congreso y los partidos políticos. Para algunos autores, ambas tendencias están relacionadas. El aumento de la desconfianza en las instituciones tendría como consecuencia, si esto fuera cierto, un deterioro de la participación electoral. En líneas generales, hay poca evidencia empírica acerca de esta relación, aunque la desconfianza política sí ha tenido un efecto significativo sobre la dirección del voto en elecciones presidenciales (véase, especialmente, Hetherington, 1999). En concreto, la desconfianza política ha propiciado un aumento del voto en elecciones presidenciales a terceros candidatos independientes, es decir, al margen de los dos principales partidos, Demócrata y Republicano. Así, por ejemplo, entre los votantes del candidato independiente Ross Perot en la década de 1990 había un porcentaje alto de ciudadanos que expresaban una fuerte desconfianza en las instituciones políticas. En elecciones presidenciales sin un tercer candidato independiente, la desconfianza política ha tendido a afectar negativamente al voto al candidato que ocupa la Presidencia en ese momento.

2.1.4. *Capital social*

El capital social es un concepto que ha ganado importancia en las ciencias sociales, tanto en sociología como en ciencia política y en economía, en las últimas tres décadas. Aunque hay varias definiciones del capital social disponibles en la literatura, se puede decir que en líneas generales se refiere al conjunto de recursos, que incluyen crucialmente información, obligaciones de reciprocidad y relaciones de confianza, que se derivan de la participación de un individuo en redes sociales, sean éstas formales (como, por ejemplo, participación en asociaciones voluntarias) o informales (como, por ejemplo, la pertenencia a un círculo de amigos o conocidos). Uno de los autores más influyentes de esta línea de investigación, el politólogo Robert D. Puntam, argumentó en su libro *Bowling Alone. The Collapse and Revival of the American Community* que el declive del capital social —medido fundamentalmente en este caso como participación en asociaciones voluntarias— en Estados Unidos ha estado vinculado a un declive paralelo de la participación electoral, y, en general, de la vinculación de los estadounidenses con la gestión de su comunidad política. Uno de los supuestos efectos de la participación en asociaciones voluntarias sobre el individuo es el desarrollo de virtud cívica, entendida como la voluntad de participar en la consecución del bien común de la comunidad política, aún a costa en ocasiones de los intereses privados. La vinculación entre participación en asociaciones y virtud cívica no figuraba ciertamente en el ideario político de los Padres Fundadores de la República Americana (que en general consideraban este tipo de asociaciones como una forma de faccionalismo incompatible con el bien común), pero sí era una de las ideas centrales de *La Democracia en América* de Alexis de Tocqueville. De acuerdo con Putnam (fiel seguidor de Tocqueville a este respecto), si el ideal tocquevilliano de la participación en asociaciones voluntarias se ha deteriorado, esto tendría como consecuencia un declive de la virtud cívica, y, a su vez, de la participación política. Uno de los problemas de esta teoría es la demostración de la vinculación entre participación en asociaciones y virtud cívica. Aunque algunos autores aparte de Putnam han sostenido que participar en asociaciones puede de hecho producir un cambio de preferencias hacia una suerte de «egoísmo ilustrado» (precisamente la idea defendida por Tocqueville), lo cierto es que la mayoría de los análisis empíricos apuntan a que la dirección de causalidad es más bien la contraria: son aquellos individuos con preferencias más virtuosas y más sesgadas a favor de la participación los que con una mayor probabilidad se unirán a asociaciones voluntarias.

2.1.5. *La paradoja del voto*

Una cuestión que ha marcado los debates en ciencia política en torno a la participación electoral es la llamada «paradoja del voto». Esta cuestión es heredera del dilema de acción colectiva presentado en el ya clásico libro de Mancur Olson, *The Logic of Collective Action*. No vamos a extendernos aquí demasiado en el problema de la paradoja del voto, pero creemos que en todo caso vale la pena mencionarla, tanto por su importancia en general para la ciencia política, como por el hecho de que algunos de los debates más relevantes al respecto se han producido entre autores vinculados al análisis del comportamiento político en los Estados Unidos. La paradoja del voto supone básicamente que, dado que la probabilidad de que el voto de un ciudadano sea determinante en el resultado de la elección es prácticamente cero, un individuo racional debería decidir no votar, ya que los costes de votar superan ampliamente los beneficios. La paradoja estriba en que, en realidad, un alto porcentaje de ciudadanos vota. Podemos encontrar en la literatura de ciencia política varias soluciones más o menos factibles a la paradoja del voto. Varias de ellas, como las de Riker y Ordeshook han destacado la importancia del voto como un deber cívico, una forma de colaborar al bien común. Otros, como Oberbye, añaden a ello que cumplir con ese deber cívico además es positivo para tu reputación. Otros consideran que los costes de participar no son realmente tan altos. Todas estas explicaciones podrían resultar plausibles. En todo caso, una contribución interesante del problema de la paradoja del voto a las explicaciones sobre la variación en la tasa de participación entre elecciones está relacionada con la facilidad del voto, algo a lo que nos hemos referido anteriormente. Numerosa evidencia empírica indica que cuanto más fácil (menos costoso) es votar, mayor es la participación electoral. Una gran parte de esta evidencia empírica se basa en datos de participación entre Estados de Estados Unidos. Aquellos en los que las leyes electorales hacen más fácil registrase para votar son los que, en líneas generales, muestran mayores tasas de participación.

3. LOS DETERMINANTES DEL VOTO EN ESTADOS UNIDOS

Hasta ahora hemos analizado cuál ha sido la evolución de la participación electoral en los Estados Unidos y hemos revisado las teorías más influyentes para explicar esa evolución. En este apartado nos ocuparemos de qué explica el voto de los ciudadanos estadounidenses, por qué votan a unos candidatos y partidos políticos sobre otros.

La explicación del voto es uno de los desafíos más importantes a los que se enfrenta la ciencia política. Como veremos a continuación, en un principio, se destacó la importancia de las emociones psicológicas de los votantes y su vinculación con los partidos políticos para explicar las dinámicas a largo plazo del voto de los electores estadounidenses. Estos autores estaban agrupados en lo que se conoce como la «Escuela de Michigan». Otra línea de investigaciones basada en supuestos racionales (vinculada a la llamada teoría del «votante mediano») ha puesto el énfasis en el componente instrumental del voto de los ciudadanos. A continuación nos referiremos a cada una de estas aproximaciones al comportamiento electoral de los ciudadanos en los Estados Unidos.

3.1. LA ESCUELA DE COLUMBIA

Los primeros estudios sistemáticos sobre el comportamiento electoral en Estados Unidos se desarrollaron en torno a la llamada «Escuela de Columbia». La obra fundamental de la Escuela de Columbia es *The*

People's Choice. How the Voters Make up His Mind in a Presidential Campaign, de Lazarsfeld, Berelson y Gaudet. Estos autores basaron sus conclusiones en un estudio sobre una muestra de electores en Ohio durante la campaña presidencial de 1940. Su objetivo era el estudio de la decisión de voto de los ciudadanos en elecciones presidenciales. Su conclusión fue que el voto estaba determinado por sus lealtades ideológicas enraizadas en la religión y la clase social, y reforzadas por las interacciones informales con sus vecinos y conocidos con una identidad ideológica parecida. Las campañas electorales no hacían sino reforzar lealtades partidistas previas, y apenas tenían efectos sobre el cambio de voto de los ciudadanos (el denominado «efecto conversión»).

3.2. La Escuela de Michigan

En el trabajo, digamos, canónico, de la llamada «Escuela de Michigan», *The American Voter*, Campbell, Converse, Miller y Stokes sostenían que el comportamiento electoral a largo plazo de los norteamericanos se explica por su vinculación emocional psicológica con uno de los dos grandes partidos: Demócrata o Republicano. Aquellos que dicen identificarse con el Partido Republicano tienden a votarle a largo plazo, y lo mismo cabe decir de los que se identifican con el Partido Demócrata. Los norteamericanos adquieren esta identificación partidista a una edad muy temprana a través de la socialización familiar y se mantiene estable a lo largo del tiempo. Un resultado sorprendente de los estudios originales de la Escuela de Michigan, en este sentido, es que las abrumadoras victorias electorales de 1952 y 1956 del republicano Eisenhower no tuvieron efectos sobre la mayoritaria identificación partidista de los norteamericanos con el Partido Demócrata.

Uno de los resultados más provocadores de este trabajo pionero sobre el comportamiento electoral de los ciudadanos es su retrato de los votantes norteamericanos como individuos poco informados políticamente y que demuestran muy poco interés hacia las cuestiones políticas. Los ciudadanos, al parecer, evaluarían la realidad política a través de su identificación con los partidos políticos.

Un último elemento a resaltar de las aportaciones de la Escuela de Michigan es su distinción entre determinantes del voto a largo y a corto plazo. Los determinantes a largo plazo son las lealtades partidistas inculcadas en la familia, mientras que los determinantes a corto plazo tiene que ver con el contexto de la elección, la situación de la economía y la campaña electoral. Las predisposiciones políticas derivadas de la socialización familiar dan estabilidad al comportamiento electoral a largo plazo de los norteamericanos y moderan el efecto de los determinantes coyunturales del voto.

En la Figura 2 se muestra la evolución de la identificación partidista en Estados Unidos desde 1960, que, como hemos dicho, es la variable clave aportada por la Escuela de Michigan para la explicación del comportamiento electoral. Tal como se puede apreciar, hay una tendencia decreciente en la identificación con el Partido Demócrata, desde un porcentaje de en torno al 50 por 100 durante la presidencia de Kennedy hasta poco más del 30 por 100 en la actualidad, con algún repunte coyuntural, como el coincidente con la victoria electoral de Barack Obama en 2008, pero que en líneas generales no interrumpe la tendencia decreciente. La identificación con el Partido Republicano a lo largo de esta serie ha sido significativamente menor que con el Partido Demócrata, especialmente al comienzo del período descrito en la Figura 2, y tras remontar durante las décadas de 1980 y 1990, ha caído en los últimos años a niveles próximos a los que alcanzó en la segunda mitad de la década de 1970. Otra tendencia interesante que se muestra en la Figura 2 es el ascenso de los que se identifican como «independientes», es decir, al margen de los dos grandes partidos, el Demócrata y el Republicano. A comienzos de la década de 1960 eran apenas un 20 por 100 del electorado, pero desde entonces han seguido una fuerte tendencia ascendente, por lo que en la actualidad el porcentaje de independientes supera en un amplio margen a los identificados con el Partido Demócrata.

FIGURA 2
Identificación partidista en Estados Unidos

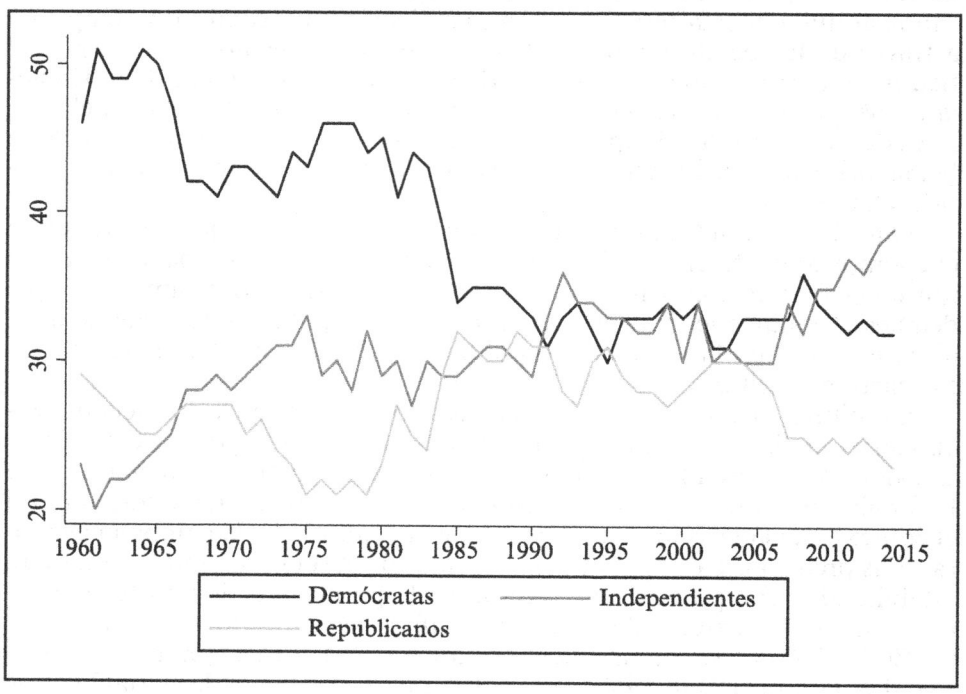

FUENTE: *Pew Research Center*.

3.3. Declive de la identificación partidista: el nuevo votante americano

En *The American Voter*, por tanto, se ofrecía una explicación para la estabilidad del comportamiento electoral en Estados Unidos durante la época del consenso del New Deal. Sin embargo, a partir de la década de 1960, esa estabilidad en el comportamiento político se vio profundamente afectada por cambios sociales, políticos y culturales asociados al Movimiento de los Derechos Civiles, la Guerra del Vietnam y los disturbios que se sucedieron en las principales ciudades de Estados Unidos en la segunda mitad de esta década. En términos electorales, se produjo un realineamiento de los votantes en torno a los grandes partidos. El sur del país, tradicionalmente una de las más sólidas bases electorales del Partido Demócrata, cambió su lealtad hacia los Republicanos, debido en gran medida al apoyo demócrata a varias de las medidas defendidas por el movimiento de los derechos civiles. Todas estas transformaciones se reflejaron en nuevos desarrollos en el análisis del comportamiento electoral.

La movilización en torno a la guerra del Vietnam y el movimiento de los derechos civiles cuestionaban la idea preponderante en la Escuela de Michigan de unos votantes mal informados y pasivos políticamente. Frente a ello, los nuevos desarrollos sobre el comportamiento electoral destacaron los siguientes determinantes del voto:

a) Los conflictos específicos de cada legislatura y de cada elección tienen una importancia más destacada en el voto que lo que argumentaba el modelo de Michigan. A su vez (y tal como hemos visto en la Figura 2), la identificación partidista juega un papel mucho menor en el comportamiento electoral de los ciudadanos que el que jugaba en la década de 1950.

b) Los nuevos análisis electorales mostraron una mayor consistencia ideológica en los votantes que lo sostenido por la Escuela de Michigan.

3.4. Voto económico y votante retrospectivo

Las críticas que acabamos de mencionar sobre el Modelo de Michigan han sido, a su vez, revisadas por trabajos posteriores que han cuestionado la supuesta coherencia ideológica de los votantes norteamericanos y la excesiva relevancia concedida por estos trabajos «revisionistas» al voto basado en conflictos coyunturales (el llamado «*issue voting*»). No obstante, en los análisis actuales sobre el comportamiento electoral de los ciudadanos, el *issue voting* ha acabado siendo el paradigma teórico dominante. Habría que distinguir, concretamente, dos variantes de este nuevo paradigma teórico: el votante retrospectivo de Morris Fiorina (1981) y Key (1966) y el modelo downsiano de voto espacial.

En el modelo de voto retrospectivo, los votantes deciden su voto basándose en el desempeño del gobierno en la legislatura anterior. En líneas generales, si consideran que su situación personal ha mejorado durante la última legislatura, votarán probablemente al partido o candidato del gobierno, mientras que si consideran que su situación personal se ha deteriorado, votarán a la oposición. Dentro de este paradigma, la cuestión fundamental sobre la que los votantes evalúan retrospectivamente la acción del gobierno es la economía.

En el modelo de voto espacial de Downs, los votantes se distribuyen en un continuo ideológico, los partidos escogen políticas dentro de ese continuo y los votantes escogen votar a los partidos que se encuentren más próximos a su posición ideológica. La predicción del modelo bipartidista presentado por Downs en su *Teoría Económica de la Democracia* era una convergencia de los partidos políticos en torno a las posiciones ideológicas del votante mediano.

En conclusión, se podría decir que la explicación del comportamiento electoral en Estados Unidos en la actualidad se basa, o bien en alguna versión del voto retrospectivo en su forma de voto económico, o bien en una interpretación de la convergencia de las posiciones de los partidos en torno a la ideología del votante mediano.

4. BIBLIOGRAFÍA

CAMPBELL, Angus, CONVERSE, Philip, MILLER, Warren y STOKES, Donald (1960): *The American Voter*, Wiley, Nueva York.
DOWNS, Anthony (1973): *Teoría Económica de la Democracia*, Aguilar, Madrid.
FIORINA, Morris (1981): *Retrospective Voting in American National Elections*, Yale University Press, New Haven.
HETHERINGTON, Marc J. (1999): «The effect of Political Trust on the Presidential Vote, 1968-1996», *American Political Science Review*, 93 (2).
LAZARSFELD, Paul, BERELSON, Bernard y GAUDET, Hazel (1948): *The People's Choice. How the Voters Make up His Mind in a Presidential Campaign*, Columbia University Press, Nueva York.
OLSON, Mancur (1965): *The Logic of Collective Action*, Harvard University Press, Cambridge.
PUTNAM, Robert D. (2000): *Bowling Alone. The Collapse and Revival of the American Community*, Simon and Schuster, Nueva York.
ROSENSTONE, Steven J. y HANSEN, John Mark (1993): *Mobilization, Participation and Democracy in America*, Longman, Nueva York.
TOCQUEVILLE, Alexis de (1995) [1835]: *La Democracia en América*, Alianza Editorial, Madrid.

5. BASES DE DATOS Y PÁGINAS WEB DE INTERÉS PARA EL ESTUDIO DEL COMPORTAMIENTO ELECTORAL EN ESTADOS UNIDOS

American National Election Study (http://www.electionstudies.org)
Pew Research Center (http://www.pewresearch.org)
World Values Survey (http://www.worldvaluessurvey.org/wvs.jsp)
Gallup (http://www.gallup.com)
The Electoral Integrity Project (https://sites.google.com/site/electoralintegrityproject4/home)
United States Census Bureau (http://www.census.gov/hhes/www/socdemo/voting/index.html)

CQ Press Voting and Elections Collection (http://library.cqpress.com/elections/)
United States Election Assistance Comision (http://www.eac.gov/research/default.aspx)
Federal Election Comission (http://www.fec.gov)
Lijphart Elections Archive (http://libraries.ucsd.edu/resources/data-gov-info-gis/ssds/guides/lij/index.html)
The Washington Post US Congress Votes Database (http://projects.washingtonpost.com/congress/)

CAPÍTULO 7

INTERESES Y GRUPOS DE PRESIÓN EN LA DEMOCRACIA AMERICANA

ESTHER DEL CAMPO
Catedrática de Ciencia Política
Instituto Complutense de Estudios Internacionales
Universidad Complutense de Madrid
http://www.ucm.es/icei

> Estadounidenses de todas las edades, de todas las condiciones y de todas las mentalidades están siempre formando asociaciones. No sólo tienen asociaciones comerciales e industriales de las que todos son miembros, sino de otras diversas clases: religiosas, morales, serias, fútiles, muy generales y muy particulares, inmensas y pequeñísimas [...] Si en Francia veis al gobierno y en Inglaterra a un gran señor a la cabeza de las nuevas empresas, contad con que en los Estados Unidos hallaréis una asociación. En las naciones democráticas el saber cómo asociarse es el origen de otras formas de conocimiento; de su progreso depende el de todas las demás.

Alexis de Tocqueville, Tomo II, Libro 2, capítulo 5 (1840)

1. INTRODUCCIÓN: ¿CÓMO APARECEN LOS INTERESES?

Si bien los redactores de la Constitución estadounidense esperaban que la búsqueda del bien común inspirara tanto a los funcionarios del gobierno como al pueblo en general, así mismo entendieron que uno de los principales retos del gobierno sería desarrollar la habilidad de conciliar una gran variedad de intereses en conflicto. Su temor al faccionalismo, así como su aceptación de los grupos de interés como un rasgo permanente de la vida política, está muy bien recogido por James Madison en *El Federalista*, n.º 10:

> Entre las numerosas ventajas que promete una Unión bien construida, ninguna merece ser tan precisamente desarrollada como su tendencia a romper y controlar la violencia del faccionalismo [...] La inestabilidad, injusticia y confusión que han sido introducidas en los consejos públicos verdaderamente han sido las enfermedades mortales ante las cuales los gobiernos populares han perecido en todas partes.

Los americanos han estado siempre preocupados por los efectos de los grupos de interés o las facciones, como eran denominados por la generación de los Fundadores. Madison consideraba una facción: «un número de ciudadanos [...] que están unidos por [...] algún impulso común o pasión, o de interés, contrarios a [...] los permanentes y agregados intereses de la comunidad» (*El Federalista*, n.º 10).

Pese a esta preocupación, Madison entendía que existían límites naturales a los impactos que los grupos de interés podían tener sobre el gobierno nacional. Estos límites venían definidos por el tamaño de la nueva nación así como los primitivos medios de comunicación que dificultaban las posibilidades de coordinación entre los distintos intereses. Por tanto, concluía que los grupos e intereses en la sociedad se controlarían unos a otros, mientras que el gobierno tendría más libertad para defender el bien común. Estas consideraciones parecían razonables durante la primera mitad del siglo XIX, aunque la situación cambió mucho a partir de ese momento.

Como señala Truman para el caso americano: «la formación de asociaciones se ha producido en sucesivas olas». La primera, entre 1830 y 1869, significó la aparición de las primeras asociaciones nacionales de la historia norteamericana.

Después de la Guerra de Secesión o Guerra Civil (1861-1865), el desarrollo de la industrialización y de la urbanización se aceleró. Las empresas que habían sido locales se convirtieron en conglomerados regionales y algunas llegaron a ser corporaciones nacionales. Estos nuevos y poderosos intereses empresariales compraron o, al menos comprometieron, a los legisladores nacionales para asegurarse un trato de favor y controlar el nombramiento de los senadores. Estos representantes nacionales, amigos de los empresarios, fueron conocidos en el tardío siglo XIX como el «Club de los Millonarios»[1] y hasta hoy siguen manteniendo esta situación privilegiada.

Entre 1900 y 1920 surgieron grandes organizaciones como la Cámara de Comercio[2] y las asociaciones de granjeros[3]. La urbanización y el desarrollo económico permitieron también la aparición de una nueva clase de profesionales en la banca, en la industria, en el derecho, en la medicina, en la educación, en la ciencia o, en muchas otras profesiones especializadas. Las asociaciones profesionales se formaron para proteger a sus miembros del poder empresarial y de la competencia económica. Los grupos comerciales y las

---

[1] Este hecho se ha replicado en las sucesivas legislaturas. Según el *Center For Responsive Politics*, analizando los datos personales de la situación financiera de los representantes nacionales, de los 534 miembros actuales del Congreso, al menos, 268 tenían un patrimonio neto promedio de 1 millón de dólares o más en el 2012. El patrimonio neto medio para los 530 legisladores fue de 1.008.767 (frente a 966.000 dólares del año anterior). Véase: http://www.opensecrets.org/news/2014/01/millionaires-club-for-first-time-most-lawmakers-are-worth-1-million-plus/

[2] La Cámara de Comercio de Estados Unidos (*US Chamber of Commerce*) es un *lobby*, no una agencia del gobierno americano, que representa los intereses de numerosos negocios y asociaciones profesionales (http://www.uschamber.com).

[3] La *American Farm Bureau Federation* se fundó en 1919 por un pequeño grupo de agricultores de treinta Estados que pronto se convirtieron en «la voz de la agricultura a nivel nacional». Se trata de una organización independiente, no gubernamental, voluntaria, gobernada por y en representación de los intereses de los agricultores (http://www.fb.org).

asociaciones profesionales fijaron nuevos estándares educativos, controlaron la entrada a la profesión respectiva, compartieron información y trabajaron para impulsar los intereses sociales y económicos de sus miembros.

Sin embargo, podemos decir que el entramado moderno de los grupos de interés cristalizó en dos períodos: las eras de *Progressive* y *New Deal* de comienzos del siglo XX y *The Great Society* (la Gran Sociedad) impulsada por Lyndon B. Johnson en los años sesenta.

Hasta los años setenta, el legado de Franklin D. Roosevelt y el *New Deal* determinaron los grandes rasgos de la política interior estadounidense. En mayor o menor medida, las fuerzas políticas estaban de acuerdo en mantener las grandes transformaciones de los años treinta:

— Un gran incremento en el papel y el poder del Estado.
— Un papel significativo de los sindicatos en la marcha de la economía.
— Un compromiso con el Estado de Bienestar (*Welfare State*), aunque en una versión más reducida que la de su equivalente europeo.
— Una aceptación a regañadientes de la necesidad de resolver los problemas de las minorías.

La influencia de estas políticas se confirmó con la elección de los presidentes demócratas Harry Truman (1945-1952), John F. Kennedy (1960-1963) y Lyndon B. Johnson (1963-1968). Incluso durante el gobierno republicano de Dwight Eisenhower (1952-1960) no se produjo ningún cambio esencial en la política general. El propio Eisenhower reconocía en 1954:

> Si algún partido político intenta abolir la Seguridad Social y eliminar las leyes laborales [...], ese partido desaparecerá de nuestra historia política.

Fueron años de prosperidad económica y grandes cambios sociales. La sociedad se terciarizó y, así para 1979, el 47 por 100 de la población trabajaba ya en el sector servicios. Las ciudades se extendieron y muchos norteamericanos se fueron a vivir a las zonas suburbanas, conformando un mundo de casas con jardín y enormes centros comerciales (*malls*). El automóvil se convirtió en el bien esencial para unas familias que se rodearon de múltiples electrodomésticos de todo tipo.

En este contexto de modernización económica y social, el impulso político reformista, interrumpido por el asesinato del presidente Kennedy en 1963, se vio reforzado con su sucesor Johnson que lanzó el programa de la Gran Sociedad. Las líneas maestras de este programa declaraban la «guerra a la pobreza», aprobándose así diversas leyes de apoyo a los sectores más desfavorecidos (asistencia sanitaria para los jubilados, alimentos para los necesitados, casas sociales, reformas educativas...).

Este malestar social se verá fortalecido por la cuestión racial que se desbordará en los años cincuenta. La población negra protagonizó en esos años una larga serie de protestas para acabar con su marginación legal y la segregación racial en la educación y la vida cotidiana, destacando en la lucha contra la desigualdad racial el pastor protestante Martin Luther

King, asesinado en 1968. Finalmente, el movimiento por los derechos civiles triunfó cuando el presidente Johnson se decidió a actuar legalmente. En 1964, se aprobó la Ley de Derechos Civiles, que puso fin a la segregación y discriminación en los centros de trabajo y en las instalaciones públicas, y en 1965, la Ley de Derecho de Voto que eliminó los obstáculos a los que se enfrentaba la población negra para ejercer el sufragio en los Estados del Sur.

Las reformas de Johnson, sin embargo, no aplacaron el descontento social. Dos grandes líneas de protesta confluyeron en la segunda mitad de los años sesenta. Por un lado, en los *ghettos* negros de las grandes ciudades, la juventud era más receptiva a los líderes nacionalistas radicales negros como Malcolm X que a las prédicas pacifistas de Martin Luther King; por otro, la escalada militar en Vietnam y el consiguiente alistamiento obligatorio engendraron un amplio resentimiento en una juventud que buscaba una nueva forma de vida alejada del modelo de sus padres (música pop, movimiento hippie, libertad sexual, extensión del uso de drogas...). Los «años de protesta» cambiaron aspectos esenciales de la sociedad norteamericana, pero, a la vez, desencadenaron una reacción que llevó a que una parte importante de la población abrazara la causa de «la ley y el orden». Esta contrarreforma vino de la mano del presidente republicano Richard Nixon (1968-1974), que frenó las reformas de Johnson.

Además de los cambios tecnológicos, el creciente tamaño y ámbito del gobierno contribuyó a la expansión de los grupos de interés. No sólo se incrementó el número de grupos empresariales a la par que el gobierno extendía sus actividades y su alcance regulatorio, sino que apareció un sólido entramado de grupos de interés público que presionó al gobierno en temas tales como los derechos civiles, el bienestar, la salud, la educación, la agricultura, o incluso, los parques y entretenimientos. Tan denso es el moderno sistema de grupos que nueve de cada diez americanos pertenecen al menos a una de estas asociaciones voluntarias o grupos profesionales, iglesias, clubes sociales u organizaciones de derechos civiles.

Podríamos decir que la última etapa en el desarrollo de los grupos se está produciendo en la actualidad y tiene que ver con la influencia que las nuevas tecnologías tienen sobre los intereses y la forma en que éstos se comunican, planean, se organizan y actúan, más globalmente y a menor coste.

Más aún, Robert Salisbury ha señalado que el sistema de grupos de interés se extiende más allá de la membrecía a los grupos para incluir una

> diversa gama de empresas individuales, gobiernos estatales y locales, universidades, centros de investigación, y la mayoría de otras instituciones del sector privado. Del mismo modo, no deben pasar desapercibidas las multitudes de representantes en Washington, independientes y de alquiler, incluyendo abogados, empresas de relaciones públicas, y otra multitud de consejeros.

En 1995, cuando el analista político Kevin Phillips denigró la cultura parasitaria de Washington había 7.000 *lobbies* registrados. A finales de la década del 2000, el número de «lobistas» registrados alcanzó los 35.000.

2. LOS GRUPOS DE INTERÉS Y EL SISTEMA POLÍTICO AMERICANO

Los grupos de interés son unos actores muy relevantes a la hora de comprender el funcionamiento del sistema político americano. En los primeros días de la República, los ciudadanos se aliaban con frecuencia para hacer valer ante el gobierno su derecho de petición, literalmente presentando sus solicitudes a los representantes electos. Frecuentemente los grupos designaban a un individuo para actuar en su nombre, reuniéndose con legisladores o miembros del Ejecutivo[4]. La Primera Enmienda de la Constitución de los Estados Unidos garantiza el derecho de petición de cada ciudadano ante el gobierno.

Hoy día, existen miles de grupos que trasladan los intereses de distinta índole y dimensión en todos los temas imaginables hacia el sistema político. La mayoría de los estadounidenses pertenecen al menos a un grupo de interés y muchos pertenecen a varios a la vez (la media de un americano adulto es pertenecer a cuatro grupos). Dicha participación se produce por una gran variedad de razones y los grupos de interés se centran en los múltiples puntos de acceso que existen en el sistema de gobierno americano.

Buena parte de la literatura se muestra de acuerdo al señalar la gran importancia que una sociedad civil fuerte y cohesionada, articulada en torno a numerosos grupos de interés y asociaciones, tiene sobre el gobierno americano y los beneficios que de la influencia de estos grupos se derivan para el funcionamiento del sistema en su conjunto. Para los pluralistas, la fragmentación del poder presente en una sociedad hace que las decisiones sean el resultado de un complejo proceso de interacciones e intercambios entre los grupos, desempeñando éstos un papel fundamental. Como tal, la influencia de los grupos de interés y grupos de presión sobre la política es esencialmente benigna y no subvierte lo que los políticos consideran el interés nacional o bien común.

Un buen exponente de este pluralismo clásico en Robert Dahl, *Who Governs? Democracy and Power in the American City* (1961), que partiendo del análisis de una comunidad típica de los Estados Unidos, New Haven, concluye que las desigualdades en la utilización de los recursos políticos son un hecho, pero que éstas presentan una tendencia no acumulativa; es decir, que la forma en que los recursos políticos están distribuidos, fortalece el pluralismo, en última instancia, la poliarquía. El poder está disperso entre varios grupos de la sociedad, con fuerza diferente, representando intereses diversos, y el proceso de intercambio de esos intereses se realiza a través de los organismos y agencias gubernamentales. Las políticas públicas en una

---

[4] El primer oficial estadounidense que presuntamente actuó como mediador fue William Hull, quien fue contratado por veteranos del Estado de Virginia en 1792, pertenecientes al ejército continental, con el fin de persuadir al Congreso para que les otorgase compensaciones adicionales por sus servicios durante la Guerra de Independencia (http://www.c/span.org/questions/week175.asp)

democracia como la americana están condicionadas por los procesos de negociación de estos grupos, que representan distintos intereses. La resolución de los conflictos, a través de la negociación y el intercambio en mercados libres gobernados por un contrato social que convierte en vinculantes las promesas electorales, sería el ideal de este modelo pluralista. En esta sociedad, los intereses opuestos se encuentran en equilibrio, y la fortaleza de la sociedad hace que ningún interés importante se encuentre fuera de estos mecanismos de intercambio.

Los principales argumentos a favor de esta posición han resaltado los beneficios de un equilibrio entre los diferentes intereses sociales y económicos, tanto aquellos que cuentan con recursos económicos como aquéllos que poseen recursos participativos y simbólicos; la flexibilidad que favorece la negociación en cualquier momento y en todas partes; y la posibilidad de elegir entre una multiplicidad de demandas durante el proceso de representación.

Sin embargo, como han señalado otros autores (Baumgartner y Leech), la capacidad de estos grupos para organizarse, movilizarse y sobrevivir a lo largo del tiempo está en función de su disposición de personal, recursos financieros, y liderazgo. Su capacidad para influir en las decisiones públicas variará en función de su representatividad, el alcance y cuán universales sean los intereses que dicha organización representa, los recursos disponibles para producir bienes públicos y privados para sus miembros, y el grado de profesionalización de estas organizaciones. De hecho, algunos grupos son mucho más influyentes que otros, especialmente los grupos económicos y, en particular, los intereses corporativos, que han tenido un extraordinario éxito en su capacidad de influencia sobre el sistema americano en detrimento del interés público. En lo que ha venido a denominarse «triángulos de hierro» (o *subgovernments*), las decisiones sobre políticas sectoriales se toman en la mayor parte de los casos por un número relativamente pequeño de personas desde el Congreso, la burocracia y los grupos de presión.

Aunque otros autores (como Theodore Lowi) argumentan que el problema de la influencia de los grupos de interés en Estados Unidos es que todos ellos (económicos, no económicos, ideológicos, preocupados por un solo tema o más) son, en mayor o menor medida, exitosos en el proceso de influir sobre la toma de decisiones. A fin de cuentas, la competencia dentro y entre los grupos de interés ofrece una importante contribución a la calidad de la democracia estadounidense, asegurando que el gobierno responda a las preocupaciones del público no sólo en época de elecciones, sino también entre las mismas. Sin embargo, mientras que contar con una evidencia clara de cómo los políticos son cercados y, en ocasiones, comprados por los intereses existentes es muy difícil de reunir; no cabe duda que la influencia de los grupos de interés es muy desigual. En décadas recientes, se ha mostrado cómo algunos de estos grupos se formaron más fácilmente que otros y que el entramado de grupos es más complicado y diverso de lo que se había pensado previamente. Empresarios, corporaciones e intereses profesionales están bien representados mientras que otros intereses tienen mayores dificultades de acceso al sistema político. En particular, existe un fuerte sesgo en el sistema hacia los ricos, que sólo se ve compensado parcialmente por otras formas de participación política de las masas como el voto.

La participación política en Estados Unidos toma muchas formas más allá del voto: firmar peticiones, escribir cartas, unirse a demostraciones, enviar *e-mails* y hacer contribuciones a las campañas electorales de los candidatos y de los partidos. Entre todas estas actividades, participar en los grupos de interés es una de las más importantes, especialmente por los condicionantes institucionales de la propia democracia americana, que hacen que muchas de las decisiones surjan del debate y, en última instancia, del acuerdo entre distintas posiciones; sobre todo, porque la política en Estados Unidos es por naturaleza de coalición.

La arquitectura del sistema político norteamericano promueve la iniciativa individual de cada senador o congresista, que puede impulsar por su cuenta un proyecto de ley y que sabe que para garantizarse la reelección necesita satisfacer las demandas concretas de los votantes de su circunscripción, lo que diluye intensamente la disciplina de partido. Así, en cada decisión confluyen muchos intereses de por medio y, como siempre, nadie quiere perder. Esto ha atraído históricamente a la capital federal a numerosos grupos de presión de toda índole, para defender desde causas sociales o políticas hasta otras de calado internacional. El crecimiento de los grupos de presión y de los *lobbies* se ha disparado a partir de los años noventa, multiplicando no sólo su presencia, sino también el dinero destinado a esta tarea, engrasando una poderosa maquinaria aparentemente invisible a la sombra de la clase política pero que en realidad ejerce una influencia enorme y bien palpable. Entre 1999 y 2010 la inversión de estos grupos pasó de 1.400 millones de dólares a 3.500 millones de dólares, según las estadísticas del Senado recopiladas por el *Center for Responsive Politics* (CRP).

Parte de la explicación puede encontrarse en un cambio de mentalidad en la relación entre la élite empresarial y la clase política, dado que a mediados de los años noventa, con unas cámaras de representantes más proclives al mundo de los negocios, los empresarios empezaron a ser requeridos para opinar en los grandes debates legislativos. Y fue a partir de entonces cuando descubrieron cómo podían beneficiarse inmensamente de algunas decisiones políticas, como la normalización de las relaciones comerciales con China o la liberalización de las telecomunicaciones. Se trata, por tanto, de un «efecto bola de nieve». Poco a poco las empresas han ido siendo más agresivas al darse cuenta que cuanto más *lobby* hacen se involucran en más asuntos, tienen más intereses en juego y, por tanto, ejercen de nuevo más presión. Pero el verdadero punto de inflexión es que han constatado que se trata de una inversión muy rentable. Por otra parte, algunos importantes debates legislativos de los últimos años, que amenazaban con trastocar de arriba abajo algunos sectores, como el sanitario o los nuevos reglamentos del sistema financiero, tras el estallido de la crisis en 2008, los subsidios a la producción de etanol, la reforma agrícola o la educativa, fortalecieron esta decisión. Las estadísticas así lo certifican: el gran salto en la inversión de los *lobbies* se produce en 2008 y se consolida en 2009, coincidiendo con la entrada de Barack Obama a la Casa Blanca.

Frente a otros sistemas políticos, donde los grupos de interés y de presión actúan, pero no conforman un entramado particular y diferenciado a otras instituciones y actores, conviene señalar que en el caso de Estados Unidos, existe un sistema de grupos de presión institucionalizado (*an institutionalized interest group system*), lo que implica no sólo la continuidad, permanencia, recursos e identidad de los grupos, sino que se dan las condiciones institucionales para que éstos actúen de forma estable en el sistema político.

3. ¿QUÉ INTERESES? Y ¿CÓMO INFLUYEN? DEFINICIÓN, TIPOS DE GRUPOS Y ESTRATEGIAS DE PRESIÓN

Un grupo de interés es una asociación de individuos o de organizaciones que se juntan para avanzar o defender los intereses particulares que comparten. En numerosas ocasiones, los grupos de interés deciden ir más allá, fortalecer sus organizaciones y desarrollar estrategias e instrumentos para presionar sobre los centros de decisión, ya sea en el ámbito del Legislativo o del Ejecutivo y de las diferentes organizaciones y administraciones públicas, para promover sus intereses, constituyendo entonces un grupo de presión. A diferencia de los partidos políticos, los grupos de presión no buscan ocupar el gobierno, sino influir sobre él.

David Truman, en *The Governmental Process*, distingue entre los grupos de presión y los grupos potenciales, respondiendo estos últimos a actitudes compartidas, intereses ampliamente difundidos en la sociedad que inciden en el proceso político, aunque no se encuentren organizados formalmente. Considera, por tanto, que la formalización organizativa y la existencia de un «mínimo de interacción» son elementos que definen a los grupos de presión. De este modo, los grupos de interés se conforman como grupos de presión cuando en cumplimiento de su propia y específica finalidad, influyen sobre el gobierno, el Congreso, la administración pública, los partidos políticos o la opinión pública. Hablaremos de grupos de intereses de manera abarcadora para referirnos a ambos grupos.

¿Cuáles serían, entonces, las características de los grupos de presión?

1. Tienen una organización permanente, con órganos propios que los dirigen y representan.
2. El factor que une y reúne a sus integrantes es la defensa de un interés común ente ellos y que es particular con referencia a la sociedad global.
3. Sus integrantes no ocupan cargos de gobierno.
4. Se politizan al desplegar una acción encauzada a ejercer influencia en la adopción de decisiones políticas, pero no se proponen obtener cargos de gobierno para sus miembros, ni participan por tanto directamente en los procesos electorales.

Por su parte, Samuel E. Finer (*El Imperio anónimo*) utiliza por primera vez en 1955 el término *lobby*[5] para referirse a estos grupos. La expresión, tomada de los corredores de los edificios parlamentarios, indicaba que algunos grupos o individuos desarrollaban una actividad de intermediarios, poniendo en conocimiento de los legisladores, o de los que participaban o adoptaban las decisiones, los deseos y los intereses de los grupos de presión. Por tanto, en este contexto, la tarea específica de ejercer el *lobby* (el *lobbying*) es una transmisión de mensajes de los grupos de presión a los centros de decisión por medio de representantes especializados y, que además, se encuentran legalmente autorizados para realizar tal función. Existen además otra serie de figuras afines, próximas a los grupos de presión, como los *grass roots* (organizaciones de base que se organizan para presionar a nivel local, regional o nacional), los GOP (*Grand Old Party* en referencia al Partido Republicano), los caucus (grupos informales de congresistas y senadores en defensa de unos intereses concretos), los consultores políticos, los *think tank* o los *Political Action Committee* (encargados de recaudar dinero para apoyar la nominación o la elección de una o varias personas a un cargo público, ya sea a nivel federal o de un Estado).

De este modo, la característica definitoria de estos grupos es que articulan las reivindicaciones y las necesidades de la sociedad y las transmiten al proceso político. Es decir, en los sistemas políticos democráticos, estos grupos son los encargados de transmitir demandas pragmáticas específicas a los partidos políticos; los partidos agregan estas demandas, las integran en un programa general y consiguen apoyo para ellas, mientras que los Parlamentos y las burocracias las traducen en leyes y políticas y las llevan a la práctica. Esta especialización funcional de los diferentes actores de un sistema político tiende a estabilizarse, y frecuentemente sirve para consolidarlo. En la medida en que un sistema no logra canalizar adecuadamente los intereses de importantes sectores sociales, está minando los cauces políticos e institucionales para la representación de éstos y la misma base del sistema en su conjunto.

¿Qué tipo de grupos podemos encontrar en el sistema político americano?

El estudio más comprehensivo de los grupos de interés en América viene del trabajo de Frank Baumgartnert y Beth Leech. Estos autores señalan que tres cuartas partes de los grupos de interés reflejan la estructura ocu-

---

[5] Se suele decir que el famoso término lo acuñó Ulysess S. Grant, quien tras ser nombrado presidente de Estados Unidos en 1869, visitaba con frecuencia el elegante Hotel Willard, situado a escasos metros de la Casa Blanca, en cuya entrada —*lobby* en inglés— se relajaba degustando brandi y fumando cigarros. El mito popular asegura que, cansado de que cada vez más personas quisieran invitarle a bebidas o se le acercaran para pedirle un trabajo o un favor legislativo, Grant los tildó un día de «esos malditos "lobistas"». Sin embargo, el concepto nació dos siglos antes, en 1640 en los pasillos del Parlamento británico, y se volvió de uso común en la Inglaterra de 1840, cuando se esperaba a los miembros del Parlamento en la antesala o *lobby* de sus oficinas.

pacional del país. El cuarto restante gira en torno a las preocupaciones ciudadanas, que han venido creciendo y consolidándose, desde mediados del siglo XX.

— Corporaciones y empresas: son los mejor financiados y más conocidos. Pueden representar individual o colectivamente a empresas dentro de algún sector en particular, aunque algunos consisten en organizaciones más amplias y generales: por ejemplo, la Asociación Nacional de Fabricantes (NAM).

— Sindicatos: a pesar de que estos grupos son una de las fuentes de apoyo más visible para el Partido Demócrata, menos del 15 por 100 de la mano de obra de Estados Unidos se encuentra ahora sindicalizada, lo cual representa un severo retroceso en las últimas cuatro décadas.

— Asociaciones de profesionales: desde abogados hasta médicos, e incluye a empleados públicos, quienes frecuentemente representan de manera directa a los sectores menos favorecidos de la población.

— Grupos intergubernamentales que han ido adquiriendo importancia en las dos últimas décadas, a medida que el peso y la responsabilidad relativos del gobierno federal en diversas áreas del sector público han disminuido. Algunos de estos grupos incluyen a la Asociación Nacional de Gobernadores o la Liga Nacional de Ciudades.

— Grupos de interés público: estos grupos defienden una amplia variedad de temas que no tienen por qué ofrecer beneficios inmediatos y directos a sus miembros, sino que expresan valores, convicciones e ideas. Estas organizaciones comenzaron a desarrollarse rápidamente en la década de los sesenta, junto con el movimiento de los derechos civiles, el movimiento feminista, y el ambientalista. También han surgido grupos de tinte más conservador, como la Unión Nacional de Contribuyentes (NTU).

Diversos tipos de grupos o afiliaciones políticas se alinean frecuentemente con algún partido en particular. Así, mientras la mayoría de los grupos empresariales y de negocios prestan mayor apoyo a los Republicanos, otros apoyan a los Demócratas como forma de asegurar su presencia. Los grupos de trabajadores apoyan mayoritariamente al Partido Demócrata, mientras que las asociaciones de profesionales y los grupos de interés público dividen su apoyo dependiendo de sus preferencias en cada tema.

Existen también un gran número de organizaciones no lucrativas (*non-profit-organizations*), que conviene distinguir de las organizaciones empresariales con las que comparten ser organizaciones privadas y voluntarias. Al sector se le denomina frecuentemente como tercer sector. La característica principal de estas organizaciones en Estados Unidos ha sido su capacidad de relacionarse verticalmente con el Estado; eso ha contribuido a que hayan tenido gran impacto no sólo en términos de suministrar servicios comunitarios, sino también en formar e influir en los debates políticos, a menudo desde afuera en forma de movimientos sociales para después convertirse en organizaciones más formales. Aunque sus fines no son políticos, ofrecen grandes ventajas al funcionamiento de la democracia e incluso al de la economía.

Existe además una gran tradición filantrópica, que significa movilizar recursos, incluyendo dinero, tiempo y donaciones en especie, a favor de las asociaciones. Entre los padres fundadores de los Estados Unidos, Benjamin Franklin no sólo desempeñó un papel importante en la creación de un número importante de estas instituciones que sobreviven hasta nuestros días, sino que también contribuyó con donaciones. El movimiento por una filantropía organizada experimentó un momento decisivo a finales del siglo XX gracias a los esfuerzos de Andrew Carnegie y de John D. Rockefeller. Merece destacarse la importancia del impacto del marco legal y fiscal en la fortaleza del tercer sector y la creación de una cultura de donación: en el caso de los Estados Unidos, las organizaciones sin fines de lucro están exentas del pago de impuestos por el hecho de que no reparten utilidades a sus miembros; por otra parte, las donaciones realizadas a estas organizaciones son completamente deducibles de impuestos[6]. Hay que destacar que gran parte de las contribuciones caritativas provienen de los estadounidenses de a pie que donan semanalmente a la iglesia y endosan cheques para una amplia gama de causas. De hecho, muchas de las instituciones sociales más importantes de los Estados Unidos, incluyendo hospitales, universidades y museos, son privadas, no lucrativas, en vez de ser instituciones gubernamentales, y el monto de su financiación proviene de donaciones y apoyos sociales.

¿Cuáles son las principales actividades de los grupos?
Sus principales actividades incluyen:

— Cabildeo: a través del cual intentan influir en el diseño y la ejecución de las políticas públicas mediante negociaciones con miembros de los Poderes Ejecutivo y Legislativo. En general, esta tarea la realizan «lobistas» profesionales que ofrecen información privilegiada así como algún otro tipo de aportaciones a las campañas políticas.

— Comparecencias judiciales: los grupos de interés también recurren al Poder Judicial para lograr sus objetivos, a menudo cuando fracasan en el cabildeo con el Congreso o con el Ejecutivo.

— Mediación: los grupos intentan influir en la opinión pública para dar lugar a ciertos debates que puedan incluirse en la agenda o a ciertos resultados electorales convenientes para ellos. En los últimos años, esta actividad se ha vuelto muy común como consecuencia de las reformas a la ley dirigidas a limitar las contribuciones a las campañas políticas.

— Persuasión electoral: esta actividad incluye proveer de fondos u otros formas de apoyo (votos, financiación u otras) para elegir o para derrotar a algún candidato particular. El mecanismo legal para llevar a cabo esta actividad es mediante un comité de acción política (PAC). Ésta es la

---

[6] Guía para las leyes que afectan a las organizaciones cívicas: http://www.icnl.org/knowledge/pubs/OSI_Guidelines_Spanish.pdf

más notoria de las actividades de los grupos de presión pues se halla íntimamente relacionada con las ideas acerca de que los grupos buscan comprar influencias, otorgando donaciones a cambio de favores políticos. Las cantidades que los comités pueden donar a los candidatos y a los partidos está limitada por la ley y sujeta al dominio público a través de la Comisión Federal Electoral. Junto a esto, los grupos pueden impulsar las candidaturas entre sus miembros y movilizar a sus bases para alcanzar sus intereses.

Mientras que la mayoría de los grupos de interés hace uso del cabildeo y muchos otros de las comparecencias, relativamente pocos se involucran en actividades electorales directas o en campañas políticas. La razón es que no desean comprometerse de forma permanente con ningún partido político, y posicionándose en una campaña es una manera segura de hacerlo.

CINCO DE LOS *LOBBIES* MÁS PODEROSOS EN ESTADOS UNIDOS

1. Te vendo una guerra: el complejo de la industria militar

El complejo de la industria militar estadounidense es uno de los *lobbies* más poderosos del mundo. Su impacto fuera de las fronteras del país norteamericano adquiere la forma de guerras e invasiones; dentro, se plasma en el llamado Triángulo de Hierro formado por el Pentágono, los contratistas militares y los cabilderos. Los más importantes de esta industria son las multinacionales Lockheed Martin, Boeing y General Dynamics. Lockheed Martin se convirtió en el año 2008 en la compañía que más cobró por contratos con el Estado: 36.000 millones de dólares según cálculos de FedSpending.org. La cifra supone un tercio de lo que el país se gastó en educación ese mismo año.

Sólo en las gestiones directas y registradas, Lockheed se gasta cada año unos 15 millones de dólares, según OpenSecrets. La Lockheed Martin es, por ejemplo, el principal contribuyente de las campañas electorales de Howard McKeon, el jefe del Comité de Servicios Armados de la Cámara de Representantes. Otros dos de sus principales contribuyentes son, precisamente, Boeing y General Dynamics.

2. No sólo Chevron: el *lobby* energético

Barack Obama propuso en el 2013 dejar expirar los créditos fiscales que había concedido su antecesor George W. Bush a las empresas petroleras y de gas estadounidenses. Esas ventajas fiscales habían sido el resultado de intensos esfuerzos de cabildeo de petroleras como Halliburton o Chevron con la Administración Bush. Muchos apuntan a que fue clave en esta decisión el hecho de que el entonces vicepresidente, Dick Cheney, hubiera sido CEO de Halliburton o que la secretaria de Estado, Condoleeza Rice, fuera en el momento directora de Chevron.

También el grupo de las renovables obtiene apoyo de la Casa Blanca. Obama quiere extender los mismos créditos fiscales a las renovables y aumentar hasta los 80.000 millones de dólares el fondo para las energías limpias. Y todo después del escándalo de Solyndra, una empresa de paneles solares que quebró después de que el Gobierno le concediera avales para un crédito de más de 500 millones de dólares.

El tercer grupo en discordia es el del carbón, que ha gastado unos 100 millones de dólares en los últimos años en cabildeo abierto para convencer a los legisladores de que el carbón limpio es una fuente local de energía que reduce las emisiones de carbono a la atmósfera. El *lobby* del petróleo y el del carbón en EEUU tienen tal influencia que se les considera clave en las reiteradas negativas de Washington a unirse al resto de países avanzados en la firma del protocolo de Kioto y en la lucha contra el cambio climático.

3. Rescátame y vete: el *lobby* financiero

Los *lobbies* financieros perdieron, tras el estallido de la crisis económica en 2008, gran parte del crédito que les permitía ser juez y parte en la redacción de la regulación bancaria. Wall Street confía en la actualidad en los casi 500 millones de dólares que se gasta cada año en cabildeo para presionar a los legisladores.

En 1999 se anuló, ante la intensa presión de los banqueros, el acta Glass-Steagall, que impedía desde 1933 que los bancos comerciales tomaran los riesgos propios de los bancos de inversión. Para gran parte de los analistas ese fue el momento en el que comenzó a gestarse la crisis actual. Los gobiernos estadounidense y europeos movilizaron enormes cantidades de dinero público para rescatar a los bancos. Cuatro años después, y tras haber devuelto gran parte del dinero, los cabilderos de firmas como JP Morgan Chase, Goldman Sachs, Citigroup, Morgan Stanley o Bank of America, entre otras, centran sus esfuerzos en oponerse a la regulación con la que se intenta corregir los excesos de aquella época. En esta dirección, han aguado el contenido o impedido directamente la redacción de decenas de las más de 200 provisiones del Acta Dodd Frank para la Reforma de Wall Street y la Reforma del Consumidor.

4. El entramado sanitario

El sanitario es el *lobby* que más dinero se gasta al año en Washington. En los últimos trece años, casi 2.500 millones de dólares, según OpenSecrets.org. Lideran estos gastos empresas como Pfizer, Amgen, Eli Lilly y Pharmaceutical Research and Manufacturers of America. La sanidad es esencialmente privada, pero hay una potente protección a personas mayores y sin recursos que paga el Estado, los llamados Medicare y Medicaid: en 2011, el país se gastó casi 900.000 millones de dólares en el departamento de Sanidad.

El gasto en cabildeo se intensificó considerablemente en 2009, cuando se trataba de influir en la nueva ley sanitaria estadounidense, conocida popularmente como Obamacare. Finalmente, se aumentaron los beneficios de estas compañías, promulgando la obligatoriedad de tener un seguro médico y todo sin cambiar la esencia del sistema de sanidad privada.

5. El poder del bit: el *lobby* tecnológico

El *lobby* de Internet ha conseguido paralizar dos leyes contra la piratería digital (las llamadas Ley para Parar la Piratería en Internet, SOPA, en inglés, y la Ley para la Protección de la Propiedad Intelectual, PIPA) impulsadas por los generadores de contenidos. De ser aprobada, la legislación obligará a las compañías de Internet a bloquear el acceso a las páginas que permitan descargas ilegales y prohibirá a los anunciantes colgar su publicidad en estas web.

El tecnológico se ha gastado alrededor de 400 millones en cabildeo, destacando compañías como Apple, Cisco o Microsoft.

FUENTE: Mario Saavedra, 22 de febrero de 2012. (http://www.esglobal.org/cinco-de-los-lobbies-mas-poderosos/).

4. LA REGULACIÓN DE LOS INTERESES: EL *LOBBY* Y LOS «LOBISTAS»

Como se ha señalado previamente, la orientación estadounidense consiste en institucionalizar, regular la acción de los grupos de presión y establecer límites a su actividad. No será sino hasta finales del siglo XIX, cuando esta práctica se reconozca y se regule, al menos en parte, de la mano de los congresistas estadounidenses, a fin de diferenciar la presión legítima de la corrupta. Así, ya en 1876, la Cámara de Representantes aprobó una resolución, aunque sólo para aquella sesión del Congreso, que exigía el registro de los «lobistas» en el secretariado de la Cámara, *Clerk House* (cuestión básica en las siguientes propuestas de regulación y que continúa vigente hasta nuestros días); obligación que fue impuesta seguidamente en varios Estados de la Unión. Históricamente hablando, la primera legislación efectiva se daría en el Estado de Georgia en 1877, que lo tipificó como delito, y posteriormente, en el Estado de Massachusets, en 1890 donde se reguló su actividad.

Entre 1890 y 1920, desde distintos ámbitos se culpaba a los «lobistas» de corromper a los políticos. Un efecto derivado en gran parte de esa gestión discreta con que el *lobby* se había estado conduciendo y que había hecho que ya en la década de 1930, el senador por Alabama, Hugo Black, recomendara que los «lobistas» registraran sus nombres, sus salarios, sus gastos mensuales y los fines de sus actividades. El recelo, justificado por ciertas pruebas documentales, ante la corrupción política encubierta por la presión legítima, provocó la primera propuesta legislativa en 1913; sin embargo, hubo que esperar hasta la década de los años cuarenta para encontrarnos con dos leyes, muy significativas para la regulación del *lobby*.

La primera es la *Foreign Agents Regulation Act* (Ley de Regulación de los Agentes Extranjeros, FARA) de 1938, que fue el primer intento de regulación a nivel federal. El objetivo principal era el de limitar la influencia de agentes extranjeros (en primer lugar, el nazismo y, posteriormente, el comunismo) en la política estadounidense. La FARA ponía más atención a la revelación del *lobbying* que a la regulación de su conducta. Definía a los *foreing agents* como cualquier cabildero, representante de relaciones públicas o abogado para una *foreign principal* (o sea, organizaciones, corporaciones o partidos políticos extranjeros). Así, la FARA proponía que:

— Las personas que trabajaban para un *foreign principal* debían registrar sus nombres, sus direcciones y sus clientes extranjeros en la Secretaría de Estado.

— Cualquier tipo de escrito o información diseminada por un *foreign agent* tenía que estar visiblemente etiquetada como tal.

— Los *foreign agents* tenían que anotar todos los contactos que tuvieran con los «lobistas», las fechas, las compensaciones recibidas y los fondos desembolsados, los asuntos y las personas con quienes habían trabajado, y hacer públicas estas informaciones al Secretario de Estado.

La corrección más significativa llegó en 1966, cuando la FARA empezó a ser, no una herramienta contra la propaganda, sino un instrumento para regular, por un lado, el *grassroot lobbying* (o, también conocido como *lobbying* indirecto) y, por otro, el *lobbying* hecho en el Congreso por representantes de intereses extranjeros.

Pero sin duda, la ley más importante en la regulación del *lobby* se aprueba en 1946, año en que se dictó la *Federal Regulation of Lobbying Act* (Ley Federal de Regulación del Lobby, FRLA). La FRLA se proponía como objetivo la inscripción de los «lobistas» que intentaban influir al Congreso; intentando dar a conocer públicamente la existencia de presiones políticas; aunque esta Ley no consiguió del todo regularizar la conducta ni la actividad financiera de los mismos. En este caso, la FRLA requería que cualquier individuo, cuyo propósito principal fuese influenciar o derribar la legislación en el Congreso, se registrase en la *Clerk House* y en la Secretaría del Senado, además de presentar trimestralmente sus informes financieros. En estos últimos, tendrían que aparecer: el nombre, la dirección del «lobista» y de los clientes, sus ingresos, quién y en qué medida contribuyen al esfuerzo del *lobbying*, informe detallado de los gastos, y publicaciones en las que ha participado o sobre las que ha influido. La violación de estas reglas suponía una multa máxima de 5.000 dólares o un año de encarcelamiento y, además, la prohibición de ejercer la profesión durante tres años.

La FRLA fue una ley poco eficaz y mal redactada, que se debilitó cuando la Corte Suprema redujo su ámbito de actuación solamente a los «"lobistas" pagados» que «entran en contacto directo» con los miembros del Congreso para discutir sobre «las leyes pendientes». Así, la ley hacía referencia sólo a los que se interesaban directamente en un específico proyecto de ley; mientras que los que pasaban la mitad de su tiempo hablando con los miembros del Congreso sobre las propuestas legislativas que se podían aprobar estaban exentos de dar este tipo de informaciones. Uno de sus puntos débiles fue que no cubriría al personal del Congreso ni al Ejecutivo y algunas partes de las bases del *lobbying*.

En 1953, a raíz de una comisión de investigación del Congreso y una sentencia de la Corte Suprema, se diferencian ya dos tipos de *lobbying*: el directo (reuniones con los Representantes y comparecencias ante las comisiones de las Cámaras por parte de los agentes de los grupos) y, el indirecto (convencer a la opinión pública para que sea ésta la que presione al legislador), algo profundamente ligado a la libertad de expresión, según la Corte Suprema. Siendo senador por Massachusets, John F. Kennedy (más tarde 35.º Presidente de los EEUU) los defendía así:

> Los «lobistas» tienen como función, en la mayoría de las ocasiones, explicar de forma clara y explicativa complejas cuestiones. Ellos deben entrar en discusiones personales con los miembros del Congreso a los que explican con detalle las razones de las posturas y posiciones por las que ellos abogan. Los «lobistas» preparan informes, memorandos, análisis legislativos, borradores para el uso de los diversos comités y miembros del Congreso; ellos son necesariamente maestros en su ámbito [...]

Pero el cambio más significativo en el papel de los *lobbies* se produjo al calor de las nuevas necesidades de los candidatos para hacer frente a unas campañas electorales, cada vez más mediáticas y, por tanto, más costosas. Así, los *lobbies*, que se habían centrado hasta entonces en influir sobre los parlamentarios ya elegidos, comenzaron a apoyar a candidatos a ambas Cámaras a través de los Comités de Acción Política (PAC), con el objetivo de recaudar fondos y asegurar su elección (hábil jugada, ya que sus patrocinados no eran aún cargos públicos y su control legal era mucho menor). Por otra parte, la creciente complejidad del marco legislativo, combinada con una presión creciente, condujo a otro fenómeno que el cine ha hecho famoso: los *earmarks*[7] o cómo añadir adendas a una ley en el último minuto antes de ser aprobada, a fin de desviar fondos a otros proyectos más impopulares.

Los *lobbies* han alcanzado tanto desarrollo en las últimas décadas del siglo XX, que la necesidad de personal ha llevado a reclutar como agentes a los ayudantes de senadores y congresistas, cargos que antes se mantenían durante decenios, ahora quedan vacantes a los pocos años cuando sus ocupantes se pasan al sector privado, dado su mayor y mejor conocimiento del entramado interno de las Cámaras, el «quién es quién» de las mismas y las inclinaciones de sus señorías y de los candidatos a sustituirles. Otro tanto se puede decir de antiguos congresistas y excargos electos del poder legislativo. Una práctica antes mal vista, aunque no prohibida: en el año 2007, doscientos antiguos miembros de las Cámaras trabajaban en *lobbies* atraídos por unos sueldos muy altos, a causa de la superior demanda de este servicio.

En 1991, un estudio realizado por el Despacho de la Responsabilidad del Gobierno (*GAO U.S. Government Accountability Office*) mostró la deficiencia de la ley: el 60 por 100 de los «lobistas» registrados no hacían referencia a ninguna actividad financiera; el 90 por 100 no mostraban los gastos, salarios, honorarios ni comisiones; el 95 por 100 no registraban gastos por publicidad o relaciones públicas; y sólo el 32 por 100 de los informes constaban de un número exacto e informaciones específicas de las leyes en las que habían intervenido.

Después de cincuenta años, durante los cuales se intentó sin éxito tapar las lagunas del decreto de 1946, fue en 1995 cuando el Congreso aprobó la amplia *Lobbying Disclosure Act* (LDA), movidos en parte por el escándalo *Wedtech*[8]. Las investigaciones mostraron la insuficiencia de las leyes sobre el *lobbying*, ya que fueron muchos los «lobistas» implicados en el

---

[7] Se trata de una disposición legislativa (especialmente del Congreso) que dirige los fondos aprobados para ser gastados en proyectos específicos, o que dirige exenciones específicas de impuestos o cuotas obligatorias.

[8] Durante la Administración Reagan, saltó el escándalo de las actividades de Edwin Meese, por entonces Procurador General de los EEUU (contactando con Robert McFarlane, entonces Consejero Nacional de Seguridad), en apoyo de la aspiración de Wedtech Corporation de construir un oleoducto en Irak.

escándalo. Al adoptar la LDA, el Congreso americano sostuvo expresamente que

> «un Gobierno representativo responsable requiere que el público esté al tanto de los esfuerzos de "lobistas" pagados para influir en el proceso de toma de decisiones públicas tanto en el Ejecutivo como el Legislativo» y «que la divulgación pública y efectiva de la identidad y la extensión de los esfuerzos de "lobistas" pagados para influir sobre funciones federales en la conducción del Gobierno aumentará la confianza pública en la integridad del Gobierno».

¿En qué consistieron estas mejoras?:

— La clarificación de los sujetos sometidos a la regulación con definiciones más apropiadas de «lobista» y «actividad de *lobbying*».

— Una definición más medida y clara de los requisitos necesarios para la inscripción de los «lobistas» y la obligación de entregar un informe con sus actividades financieras dos veces al año.

— Los «lobistas» que representasen a gobiernos y partidos políticos extranjeros seguían registrándose como había previsto la FARA; mientras que los «lobistas» que representen intereses privados extranjeros pueden seguir la LDA.

La ley reconoce dos clases de «lobistas»: el interno o *in house lobbyst* de una organización o negocio —empleados de esa organización que son compensados, al menos en parte para hacer *lobby* a su favor—; y externo o *outside lobbyst* —miembros de una firma de *lobby* o empresa que representa clientes externos—. Cuando el registro es requerido a un «lobista» remunerado, tal registro es realizado por la firma de *lobby*. Es decir, las empresas que tienen «lobistas» internos deben registrarse e identificar a sus empleados que realizan *lobby*. Por su parte, las firmas de *lobby* —aunque sean entidades unipersonales—, que hacen *lobby* o tengan empleados, socios o asociados que hacen *lobby* a favor de clientes externos, deben rellenar un registro separado por cada cliente representado, identificando cosas tales como el «lobista», el cliente y el asunto objeto de *lobby*.

Como vemos, la LDA presenta también algunas limitaciones como la publicación inadecuada —los informes financieros de los «lobistas» no son tan accesibles—, la aplicación inadecuada —porque ni el Congreso, ni la *Clerk House* ni el Secretario de Estado tienen interés en verificar las informaciones ni tampoco un efectivo poder sobre ellos—, y una regulación de conducta inadecuada —por ejemplo, son muchos los casos de *revolving door* (puertas giratorias) existentes—.

El 14 de septiembre de 2007, el Presidente G.W. Bush firmó el *Honest Leadership and Open Government Act of 2007* (Acta legislativa de Transparencia y Responsabilidad). Este proyecto de ley refuerza los requisitos de información pública en relación con la actividad de cabildeo y su financiación, impone más restricciones en regalos para los miembros del Congreso y su personal, y prevé la divulgación obligatoria de asignaciones en las facturas de gastos. La ley pretendía abordar el tema de las «puertas giratorias», estableciendo limitaciones en la capacidad de los miembros del gobierno para servir como grupos de presión tras el final de su mandato.

El proyecto de ley requiere que si un miembro del Senado recibe más del 75 por 100 de su sueldo normal, o si ha dejado su cargo para convertirse en un «lobista» registrado, no pueda hacer *lobby* a ningún miembro, oficial o empleado del Senado hasta que no pase un año de su retirada (lo que se ha denominado *cooling off period*). Además, un miembro no puede llevar a cabo ninguna negociación para ocupar un empleo privado hasta que su sucesor no haya sido elegido, excepto si presenta un informe a la Secretaría del Senado, haciéndolo público en un plazo máximo de tres días después de que haya empezado la negociación. Se requiere que un miembro que propone un fondo, una tarifa objetivo o un beneficio tributario certifique que ni él mismo ni su esposo/a tienen un interés financiero en la operación. Esta ley prohíbe además que se paguen viajes a los miembros del Congreso sin una certificación escrita en la que se declare que el viaje no fue pagado, ni en todo ni en parte, por un «lobista» registrado ni por un *foreign agent*. Además se tiene que certificar que la persona no haya aceptado, directa o indirectamente, ningún fondo para financiar los gastos del viaje, que el viaje no fuera organizado por un «lobista» o un *foreign agent*, y que éstos no van a participar en el mismo. La ley pretende arrojar luz sobre el *lobbying* pidiendo que se publiquen *online* todos sus movimientos. Por ejemplo, los «lobistas» que contribuyen a campañas para congresistas y senadores que requieren fondos y van a enfrentarse a debates *online* y los que contribuyen con más de 15.000 dólares tienen que revelar sus gastos en la Web. Esta ley presentada por la mayoría demócrata en el Congreso de la Unión, es calificada por el después presidente Obama como «*la reforma más radical desde Watergate*»[9].

5. CONCLUSIONES: LOS INTERESES Y LOS RETOS DE LA DEMOCRACIA ESTADOUNIDENSE

Para el historiador francés Alexis de Tocqueville, la peculiaridad del sistema estadounidense estribaba en la interacción de su cultura política y las instituciones que emanaban de ella. Maravillado por la interrelación que operaba entre el comportamiento individual y el comunitario (representado

---

[9] En la misma dirección, el entonces senador Barack Obama, promovió dos leyes importantes. La primera, conocida como Ley de transparencia Coburn-Obama (*Coburn-Obama Transparency Act*), mediante la cual se autorizó el establecimiento de un motor de búsqueda por Internet con la dirección www.USAspending.gov, permitiendo al público visualizar los gastos federales en cualquier momento. En segundo término, el 3 de junio de 2008, en colaboración con los senadores Thomas R. Carper, Tom Coburn y John McCain presentó una ley conocida como Fortalecimiento de la transparencia y la rendición de cuentas (*Strengthening Transparency and Accountability in Federal Spending Act*), con el propósito de garantizar la transparencia en los gastos gubernamentales.

por las iglesias o las asociaciones civiles), el respeto por las decisiones de las mayorías, las autoridades, las instituciones y, en síntesis, el orden constitucional, Tocqueville considera que la democracia en los Estados Unidos resulta de la amalgama perfecta entre «religión, leyes, cultura y entorno físico (geográfico)» (*La democracia en América*).

Como hemos visto en las páginas anteriores, la combinación de una sociedad fuerte y organizada, y un Estado que fue ganando espacio de intervención y regulación, especialmente en el ámbito económico, permitieron el desarrollo y profusión de grupos de intereses en Estados Unidos. Pero, ¿cómo explicar el crecimiento tan importante y sostenido de estos grupos desde los años sesenta?, ¿ha contribuido este crecimiento a consolidar o debilitar la democracia en los Estados Unidos? Mientras que muchos señalan los valores culturales (como la participación y el ejercicio de los derechos, y especialmente, el amplio catálogo de libertades individuales) o las características del sistema político estadounidense (como el federalismo o la existencia de un Poder Judicial activo), cabe también hacer referencia a algunos factores institucionales que han venido cambiando desde los años sesenta.

El primer factor es el incremento de la participación del gobierno en la economía, y con él, el deseo de los empresarios de ver representados sus intereses ante quienes los regulan. Esto ha significado, como hemos señalado, un crecimiento exponencial de las organizaciones que recogen estos intereses.

En segundo lugar, está el hecho de que muchos movimientos ciudadanos que comenzaron con protestas callejeras han cambiado sus tácticas, o las han diversificado para adecuarlas a las propias de los grupos de presión. De hecho, la mayor parte de las asociaciones civiles han terminado convirtiéndose en este tipo de organizaciones.

Por otra parte, el resultado final de una mayor intervención del gobierno y de mayores niveles de participación política *es más conflicto social, que no menos democracia*: en un contexto de debate, cada parte siente la necesidad de defender sus intereses y, consecuentemente, con el surgimiento de un movimiento o asociación de intereses en una dirección, surgirán otros contramovimientos en sentido opuesto.

Sin embargo, como hemos advertido, a pesar de que los grupos de interés proveen de una voz activa y plural a los ciudadanos en las instituciones políticas, resulta inquietante que los más adinerados y las grandes empresas mantengan un contacto tan estrecho con las instituciones públicas, condicionando la agenda de las mismas, y centrándola en sus propios intereses, a expensas del bien común.

Michael D. Layton destaca cuatro tensiones o preocupaciones íntimamente relacionadas con la organización de los intereses:

— No todos los intereses están igualmente representados. Esto puede resumirse en la expresión: «La gente *vs.* los poderosos»; en las elecciones presidenciales del 2000 los candidatos demócratas hicieron de éste su lema al final de la campaña.

— Participación cívica *vs.* dinero: aunque cada ciclo electoral impone un nuevo récord en cuanto a los recursos recaudados y gastados, lo cual ha levantado inquietudes acerca de si los candidatos están siendo comprados por sus donantes, no se elabora registro alguno que recabe información en términos de la participación de los votantes.

— Receptividad *vs.* política responsable. Mucha gente considera a los políticos de los Estados Unidos como extremadamente sensibles a las variaciones más insignificantes en las encuestas de opinión pública, mientras que muestran su irresponsabilidad en términos de los intereses nacionales a largo plazo; la falta de reformas a la seguridad social es un gran ejemplo de ello.

— Abstencionismo *vs.* fanatismo. La preocupación en torno a quienes deciden no votar y abstenerse de toda actividad política, mientras que la esfera pública se llena de voces más extremistas.

Sin duda, la comprensión de la democracia americana precisa de conocer el funcionamiento de estos grupos y su articulación en la arquitectura institucional de este régimen político.

6. BIBLIOGRAFÍA

BAUMGARTNER, Frank R. y LEECH, Beth L. (1998): *Basic Interests. The Importance of Groups in Politics and in Political Science*, Princeton University Press, Princeton.

CALDEVILLA DOMÍNGUEZ, David y XIFRA TRIADÚ, Jordi (2013): «Historia de los *Lobbies*: una forma de escribir la historia», *Historia y Comunicación Social*, vol. 18, n.º especial diciembre, pp. 879-892.

DAHL, Robert A. (1961): *Who Governs? Democracy and Power in the American City*, Yale University Press, New Haven.

DEL CAMPO, Esther (1997): «Los grupos de presión», en *Materiales interpretativos e interactivos sobre una política para una ciudadanía activa*, editado por el Área de Ciencia Política y de la Administración, Facultad de Derecho, Universidad de Salamanca (http://campus.usal.es/~dpublico/areacp/materiales/Gruposdepresion.pdf).

JEREZ, Miguel (1997): «Los grupos de presión», en Rafael del Águila (ed.), *Manual de Ciencia Política*, Trotta, Madrid, pp. 291-317.

JORDANA, Jacint (1996): «La acción colectiva y las asociaciones de intereses», en Miquel Caminal (coord.), *Manual de Ciencia Política*, Tecnos, Madrid, pp. 288-314.

KEY, Vladimir (1962): *Política, partidos y grupos de presión*, Instituto de Estudios Políticos, Madrid.

LAYTON, Michael D. (2008): «Vínculos intermediarios entre el gobierno y la sociedad: partidos políticos, grupos de interés y sociedad civil organizada», en Rafael Fernández de Castro y Hazel Blackmore (coords.), *¿Qué es Estados Unidos?*, Fondo de Cultura Económica, México, pp. 349-373.

LOWI, Theodore J. (1979): *The End of Liberalism*, W.W. Norton, Nueva York.

MEARSHEIMER, John J. y WALT, Stephen M. (2006): *The Israel Lobby and US Foreign Policy*, Journal Compilation, Middle East Policy Council, pp. 29-87.

OLSON, Alison Gilbert (1992): *Making the Empire Work: London and American Interest Groups, 1690-1790*, Harvard University Press, Cambridge and London.

OLSON, Mancur (1992): «La lógica de la acción colectiva», en Albert Batlle (comp.), *Diez textos básicos de Ciencia Política*, Ariel, Barcelona, pp. 203-220.

PUTNAM, Robert (2000): *Bowling Alone. The Collapse and Revival of American Community*, Simon & Schuster, Nueva York.
RUBIO, Rafael (2003): *Los grupos de presión*, Centro de Estudios Políticos y Constitucionales, Madrid.
SMITH, Martin (1994): «Pluralismo, pluralismo reformado y neopluralismo. El papel de los grupos de presión en la elaboración de políticas», *Zona Abierta*, n.ᵒˢ 64/68, pp. 136-170.
TOCQUEVILLE, Alexis de (1969): *La democracia en América*, Guadarrama, Madrid [título original: *De la démocratie en Amérique*, 2 vols., 1835 y 1840].
TRUMAN, David B. (1951): *The Governmental Process: Political Interests and Public Opinion*, Knopf, Nueva York.
WATTS, Duncan (2007): *Pressure Groups*, Edinburgh University Press, Edinburgh.

7. PÁGINAS WEB

Center for Responsive Politics (CRP) —Centro para una Política Responsable—
Organización sin fines de lucro, no partidista, radicada en Washington, que buscar descubrir los efectos del dinero y del *lobbying* sobre las elecciones y la política pública. OpenSecrets.org es el recurso más completo para conocer las contribuciones a las campañas y los recursos de los *lobbies*. http://www.opensecrets.org

Council on Foundations (COF) —Consejo de Fundaciones—
Organización con más de 2000 miembros de organizaciones filantrópicas alrededor del mundo; creada en 1956, provee experiencia e información legal a sus miembros y al público en general para promover una filantropía responsable y eficaz. http://www.cof.org/

Federal Electoral Commission (FEC) —Comisión Federal Electoral—
Es la web de la Federal Electoral Commission, agencia reguladora independiente creada para administrar y hacer cumplir la ley que regula la financiación de las elecciones federales. www.fec.gov

GAO U.S. Government Accountability Office —Oficina de Responsabilidad Gubernamental—
La Oficina de Responsabilidad Gubernamental (GAO) es una agencia independiente, no partidista que trabaja para el Congreso. A menudo conocido como el «perro guardián del Congreso», la GAO investiga cómo el gobierno federal gasta el dinero de los contribuyentes. http://www.gao.gov/

Independent Sector —Sector Independiente—
Es el foro líder para obras de caridad, financiamiento y programas institucionales de asistencia dedicado a promover el bien común y fortalecer a la comunidad en los Estados Unidos, y alrededor del mundo. Su coalición apartidista de aproximadamente 600 organizaciones dirige, fortalece y moviliza a la comunidad filantrópica para fomentar la visión de una sociedad más justa e incluyente y una saludable democracia de ciudadanos, instituciones eficaces y comunidades llenas de vitalidad. http://www.independencesector.org/

Lobbying Disclosure Act of 1995. Public Law n.os 104-65-December 19, 1995 109 STAT. 691 —Ley de Regulación del Cabildeo de 1995—.

Lobbying Disclosure Technical Amendments Act of 1998. Public Law n.os 105-166- April 6, 1998 STAT. 38 —Ley de modificaciones técnicas de Regulación del Cabildeo de 1998—.

Lobbying Disclosure Act Guidance. Effective January 1, 2008. Review December 15, 2014/Last Revised February 15, 2013 —Guía a la Ley de Regulación del Cabildeo—.

Honest Leadership and Open Government Act of 2007. Public Law n.os 110-81 September 14, 2007, STAT. 735 —Ley de Liderazgo Honesto y Gobierno Abierto—. http://lobbyingdisclosure.house.gov/

Project Vote Smart – The Voter's Self Defense System —Proyecto Voto Inteligente—.
Organización sin fines de lucro y no partidista que ofrece información gratuita, imparcial y en profundidad acerca de los funcionarios públicos, los candidatos, los problemas, la legislación y la votación. Describen también cómo perciben los grupos de interés a estos mismos candidatos, trazando sus registros de votación. http://www.vote-smart.org

8. PRINCIPALES GRUPOS DE INTERÉS

American Civil Liberties Union (https://www.aclu.org/)
AFL/CIO – American Federation of Labor/Congress of Industrial Organizations (http://www.aflcio.org/)
American Israel Public Affairs Committee (http://www.aipac.org/)
Americans for Democratic Action (http://www.adaction.org/)
AARP- American Association for Retired Persons (http://www.aarp.org/)
Americans United for the Separation of Church and State (https://www.au.org/)
Amnesty International USA (http://www.amnestyusa.org/)
The Christian Coalition (http://www.cc.org/)
Common Cause (http://www.commoncause.org/)
The Concord Coalition (http://www.concordcoalition.org/)
Democratic Leadership Council
(http://rightweb.irc-online.org/profile/Democratic_Leadership_Council)
Democrats.com (http://www.democrats.com/)
Democratic Congressional Campaign Committee (http://dccc.org/)
Democratic Senatorial Campaign Committee (http://www.dscc.org/)
The Electronic Policy Network (http://www.movingideas.org/)
Families USA (http://familiesusa.org/)
Family Research Council (http://www.frc.org/)
The Federalist Society (http://www.fed-soc.org/)
The Feminist Majority (http://www.feminist.org/)
Free-Market.net(http://www3.free-market.net/)
Greenpeace USA (http://www.greenpeace.org/)
Human Rights Campaign (http://www.hrc.org/)
The Interfaith Alliance (http://www.interfaithalliance.org/)
The John Birch Society (http://www.jbs.org/)
The Militia Watchdog (http://archive.adl.org/)
National Abortion and Reproductive Rights Action League (http://www.prochoiceamerica.org/)
NAACP - National Association for the Advancement of Colored People (http://www.naacp.org/)
National Committee for an Effective Congress (http://www.ncec.org/)
National Organization for Women (http://www.now.org/
National Republican Congressional Committee (https://www.nrcc.org/)
National Republican Senatorial Committee (https://www.nrsc.org/)
National Rifle Association (https://home.nra.org/)
National Right to Life Committee (http://www.nrlc.org/)
People for the American Way (http://www.pfaw.org/)
People for the Ethical Treatment of Animals (http://www.peta.org/international/)
Planned Parenthood Federation of America (https://www.plannedparenthood.org/)
The Right Side of the Web (http://www.rightside.co/)
The Sierra Club (http://www.sierraclub.org/)
Southern Poverty Law Center (https://www.splcenter.org/)
Veterans of Foreign Wars (http://www.vfw.org/)

ANEXO I: MATERIAL FÍLMICO

Relación de documentales, películas, docudramas y series de televisión que ilustran la vida política, el sistema político, las tendencias sociales y culturales, actitudes y comportamientos cuyo contenido está relacionado con la temática del libro:

Capítulo 1: Historia de la Fundación, la vida y desafíos en las colonias y el paso a constituirse en Estados. La elaboración de la Confederación y de la Constitución:

— *America* (1924), D. W. Griffith.
— *April Morning* (1987), Delbert Mann.
— *Benedict Arnold: A Question of Honor* (2003), Mikael Salomon.
— *Beyond the Mask* (2015), Chad Burns.
— *Cardigan* (1922), John W. Noble.
— *Drums Along the Mohawk* (1939), John Ford.
— *Independence* (1976), John Huston.
— *Jefferson in Paris* (1995), James Ivory.
— *John Adams* (2008), serie TV, Tom Hooper.
— *John Paul Jones* (1959), John Farrow.
— *Johnny Tremain* (1957), Robert Stevenson.
— *La Fayette* (1961), Jean Dréville.
— *Revolution* (1985), Hugh Hudson.
— *Sons of Liberty* (1939), Michael Curtiz.
— *Sons of Liberty* (2015), serie TV, Kari Skogland.
— *The Crossing* (2000), Robert Harmon.
— *The Devil's Disciple* (1959), Guy Hamilton.
— *The Howards of Virginia* (1940), Frank Lloyd.
— *The Patriot* (2000), Roland Emmerich.
— *The Scarlet Coat* (1955), John Sturges.
— *Thomas Jefferson* (1997), Ken Burns.
— *Williamsburg: the Story of a Patriot* (1957), George Seaton.

Capítulo 2: El Congreso Federal, la peculiar organización y funcionamiento del Senado, el poder de los presidentes de Comités y el filibusterismo, la función de consentimiento de los nombramientos del Presidente:

— *Advise & Consent («Tempestad sobre Washington»)* (1962), Otto Preminger.
— *Mr. Smith Goes To Washington («Caballero sin espada»)* (1939), Frank Capra.
— *Lincoln* (2012), Steven Spielberg.

Capítulo 3: La Presidencia y los roles presidenciales, su evolución y el retrato de la vida y aportación de algunos de los presidentes decisivos en la historia del país; criterios para valorar el liderazgo presidencial. Recreación documentada de los procesos políticos clave y su relación con la acción presidencial:

— *El Ala Oeste de la Casa Blanca*, serie TV.
— *Rumores de Guerra, Robert S. Mc Namara* (2003), E. Morris (Documental).
— *Citizenfour* (2015), Laura Poitras (Documental).
— *Sally Hemings* (2000), Charles Haid.
— *Lincoln* (2012), S. Spielberg.
— *El Joven Lincoln* (1939), J. Ford.
— *Abraham Lincoln* (1930), D. H. Griffith.
— *JFK* (1991), O. Stone.
— *Tempestad sobre Washington* (1962), O. Preminger.
— *John Adams*, serie TV.
— *El Desafío: Frost contra Nixon* (2008), R. Howard (Documento histórico).
— *Selma* (2014), A. DuVernay.
— *Nixon* (1995), O. Stone.
— *Los Kennedy*, serie TV.
— *Trece Días* (2000), R. Donaldson.
— *Black Hawk Down* (2001), R. Scott.
— *Tras la Línea Enemiga* (2001), J. Moore.
— *La Cortina de Humo* (1997), B. Levinson.
— *Dave* (1993), I. Reitman.
— *Air Force One* (1997), W. Petersen.
— *Fail-Safe* (2000), S. Frears, film TV.
— *The American President* (1995), R. Reiner.
— *The Contender* (2000), R. Lurie.
— *Wilson* (1944), D. F. Zanuck.
— *Dr. Strangelove* (1963), S. Kubrick.
— *Todos los Hombres del Presidente* (1976), A. J. Pakula.
— *Argo* (2012), B. Affleck.

Capítulo 4: El Poder Judicial: El Tribunal Supremo fundamentó su decisión de mantener las advertencias Miranda al detenido en que «se habían incrustado en la rutina policial hasta el punto de que estas advertencias se han convertido en parte de nuestra cultura nacional» (*Dickerson* v. *United States*, 2000). El cine, la televisión e Internet se convierten así en garantes de ese mundialmente famoso «me acojo a la quinta enmienda», *made in USA*, cuyo reclamo puede ilustrarse con la siguiente selección:

— *Judge Priest* (El juez Priest) (1934), John Ford.
— *The Caine Mutiny* (El motín del Caine) (1954), Edward Dmytryk.

— *12 Angry Men* (Doce hombres sin piedad) (1957), Sidney Lumet.
— *Anatomy of a Murder* (Anatomía de un asesinato) (1959), Otto Preminger.
— *Sergeant Rutledge* (El sargento negro) (1960), John Ford.
— *Inherit the Wind* (La herencia del viento) (1960), Stanley Kramer.
— *Judgment at Nuremberg* (Vencedores o vencidos) (1961), Stanley Kramer.
— *To Kill a Mockingbird* (Matar a un ruiseñor) (1962), Robert Mulligan.
— *The Life and Times of Judge Roy Bean* (El juez de la horca) (1972), John Huston.
— *The Verdict* (Veredicto final) (1982), Sidney Lumet.
— *Music box* (La caja de música) (1989), Costa-Gavras.
— *Presumed Innocent* (Presunto inocente) (1990), Alan J. Pakula.
— *A Few Good Men* (Algunos hombres buenos) (1992), Rob Reiner.
— *The Firm* (La tapadera) (1993), Sidney Pollack.
— *Philadelphia* (Filadelfia) (1993), Jonathan Demme.
— *Dead Man Walking* (Pena de muerte) (1996), Tim Robbins.
— *The Rainmaker* (Legítima defensa) (1997), Francis Ford Coppola.
— *Amistad* (Amistad) (1997), Steven Spielberg.
— *A Civil Action* (Acción civil) (1998), Steven Zaillian.
— *Runaway Jury* (El jurado) (2003), Gary Fleder.
— *Bridge of Spies* (El puente de los espías) (2015), Steven Spielberg.
— Y las series televisivas: *Hill Street Blues* (Canción triste de Hill Street, NBC, 1981-1987), *Night Court* (Juzgado de Guardia, NBC 1984-1992) o *The Good Wife* (CBS, 2009-).

Capítulos 5 y 6: Recreación de la vida partidaria americana en la evolución del sistema de partidos hasta la actualidad con un énfasis en el desarrollo de las campañas electorales centradas en el candidato. Documental ilustrador de las disfunciones del sistema electoral con análisis de casos:

— *Cortina de humo* (1997), Barry Levinson, New Line Cinema.
— *El Candidato* (1972), Michael Ritchie, Warner Bross. Pictures.
— *El estado de la Unión* (1948), Frank Capra.
— *Electoral Dysfunction* (2012), Trio Pictures (Documental).
— *House of cards* (2013), Beau Willimon (serie TV).
— *Barack Obama: Camino hacia el cambio* (2009) (Documental HBO).
— *John Adams* (2008), Tom Hooper.
— *Los Idus de Marzo* (2011), George Clooney.
— *Primary Colors* (1998), Mike Nichols.
— *The Choice* (2012), PBS.
— *The Killing* (2011-2012), Temporadas 1 y 2, Veena Sud.
— *W.* Oliver Stone (2008).
— *Show me a hero* (2015), Paul Haggis.
— *Milk* (2008), Gus Van Sant.

— *Todos los hombres del Presidente* (2006), Steven Zaillian.
— *Freedom on my mind* (1994), Connie Field y Marilyn Mulford.

Capítulo 7: Medios e instrumentos que utilizan para influir los grupos de interés. Algunos de los grupos de presión más importantes:

— *Vender la guerra (1997)*. Vídeo.
— *Farenheit 9/11* (2004), Michael Moore. Vídeo.
— *Limiting the Influence of Special Interests* (2010).
— *Congress corrupt to core'-US lobby probe scapegoat* (2012). Vídeo.
— *AIPAC. El lobby más poderoso de los Estados Unidos* (2012). Vídeo.
— *US Gun Lobby Says It's Fighting a «Culture War»* (2013)
— *The Money Lobby* (2013). Vídeo.
— *What Is Lobbying and Can It Be Good?* (2015). Matt Lieberman. Vídeo.
— *The Israel Lobby* (2015). Vídeo.
— *El Informe Pelícano* (1993), Alan J. Pakula.
— *El dilema* (1999), M. Mann.
— *Bowling for Columbine* (2002), M. Moore.
— *Gracias por fumar* (2005), J. Reitman.
— *Syriana* (2005), S. Gaghan.
— *Una verdad incómoda* (2006), D. Guggenheim.
— *Sicko* (2007), M. Moore.
— *La guerra de Charlie Wilson* (2007), M. Nichols.
— *K Street*, S. Sodebergh (serie TV).
— *Scandal*, S. Rhimes (serie TV).
— *Veep*, A. Ianucci (serie TV).

ANEXO II: PLANTA JUDICIAL DE LOS TRIBUNALES FEDERALES DE EEUU

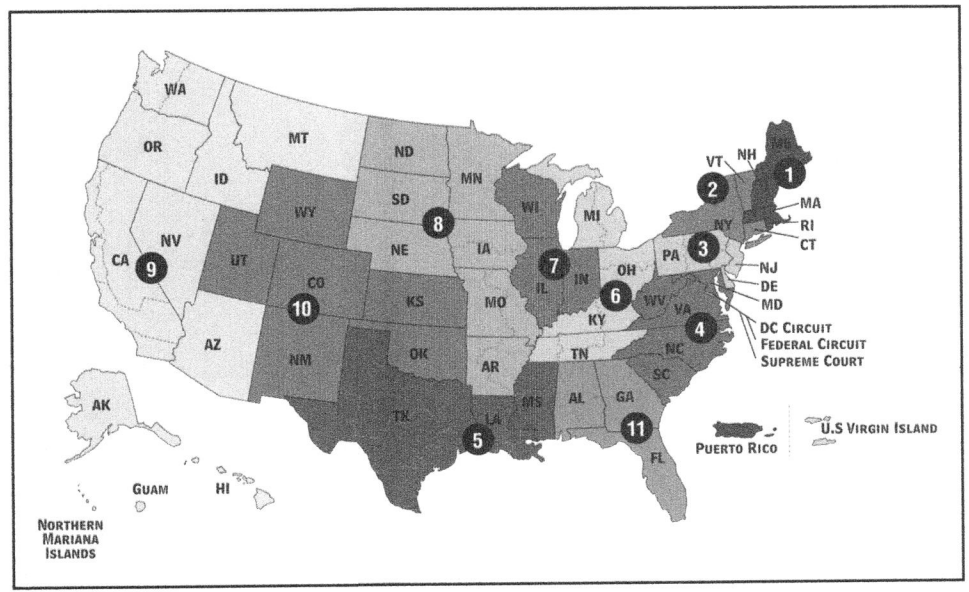